KB188310

온톨로지 알고리즘 I

기록 · 정보 · 지식의 세계

斉藤孝 지음 | 최석두 · 한상길 옮김

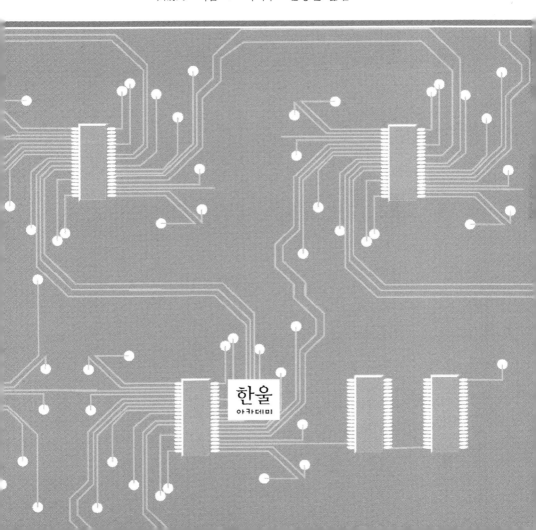

한울
아카데미

「記録・情報・知識」の世界

オントロジ・アルゴリズムの研究

斉藤孝 著

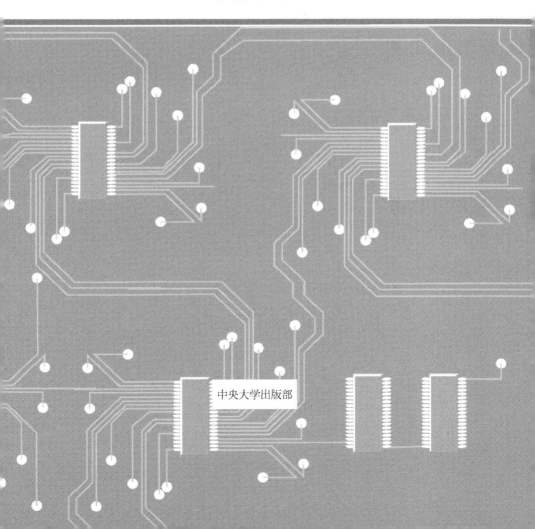

中央大学出版部

「記録・情報・知識」の世界
by 斉藤孝

역자 서문

　우선, 본 번역서의 서명에 대하여 설명하고자 한다. 일본어 서명은 『記錄·情報·知識の世界: オントロジ・アルゴリズムの硏究』(기록·정보·지식의 세계: 온톨로지 알고리즘의 연구)였다. 그런데 동 저자는 『意味論からの情報システム: ユビキタス·オントロジ·セマンティックス』(정보시스템의 의미론: 유비쿼터스·온톨로지·시맨틱스)라는 저서를 후속편으로 출판하였다. 두 저서가 전·후편으로 이어져 있다는 것과 주제는 같으나 관점이 다르다는 것을 나타내기 위하여 본 서명을 일치시키고 번호와 부서명을 붙이는 방안을 저자와 상의하였다. 결과적으로 본서의 서명은 『온톨로지 알고리즘 I: 기록·정보·지식의 세계』로 하고, 후속편은 『온톨로지 알고리즘 II: 정보시스템의 의미론』이라는 서명으로 바로 이어서 간행하기로 하였다.

　팀 버너스 리가 1998년 제안한 시맨틱 웹은 인터넷의 리소스(웹 문서, 각종 파일, 서비스 등)에 대한 정보와 자원 사이의 관계를 온톨로지 형태로 표현하고, 이를 컴퓨터가 의미를 바탕으로 처리할 수 있도록 하는 프레임워크이자 기술이다. 이것은 새로운 정보처리혁명을 일으키리라고 기대하고 있으나 현재의 상황은 아주 초보단계이다. 예컨대, 온톨로지를 처리하기 위한 소프트웨어는 규격화되고 급속하게 일반화되고 있으나 그 처리의 대상이 되는 온톨로지 자체의 구축이나 일반화가 어렵기 때문이다.

모든 문제의 발단은 기계로 "의미"를 처리하겠다는 데 있다. 의미의 처리란 매우 복잡하고 어려운 일이며 이론과 실제는 거리가 멀기 때문이다. 그러나 문헌정보학 분야에서는 알게 모르게 개념, 지식 및 의미와 관련된 방대한 정보처리의 연구결과를 축적하고 있다. 예컨대, 오랜 역사를 가지고 있는 분류, 목록, 시소러스, 전거, 색인, 메타데이터, 검색 등이 그 중심이다. 본서는 우리가 지금까지 당연한 것으로 여겨오던 이와 같은 일들을 의미와 관련시켜 무엇을 어떻게 음미해야 하고, 연구, 보완, 발전시켜야 하며, 재편성해야 할지를 깊이 고민하게 한다. 그것은 바로 현 상황을 타개할 수 있는 실마리가 될 것이다.

번역서의 간행을 허락해주시고 대학출판부를 설득해주신 저자 斉藤孝 교수님께 진심으로 감사를 드린다. 까다로운 계약조건을 이해해주시고 출판을 허락해주신 도서출판 한울과 기획실 윤순현 과장님께 감사드린다. 또한 원고를 읽고 정확한 지적을 해주시는 등 많은 신세를 진 편집부 김현대 선생님께 고개 숙여 감사를 드린다.

2008년 5월
역자 識

한국어판 서문

무엇보다 먼저 저의 책을 한국어로 번역해주신 한성대학교 최석두 교수에게 깊은 감사의 말씀을 드립니다. 이 번역본은 저에게 매우 큰 영광이라고 생각합니다. 한국과 일본은 과거 일시적으로 불행한 시대가 있었습니다만 역사적으로 오랫동안 친교를 맺어왔습니다. 문화나 인정도 매우 비슷하여 한 시간만 이야기를 나누면 서로의 마음속까지 이해할 수 있으리라 생각합니다. 그중에도 언어는 언뜻 보면 다른 것 같지만 그 심층구조를 살펴보면 다른 언어와는 달리 매우 유사한 구조를 가지고 있습니다. 두 언어 모두 교착어이며 훌륭한 한글문자를 고안한 것 또한 일본이 가나문자를 고안한 것과 매우 비슷합니다. 한국과 일본은 여러 외국에서 여러 가지 문화와 종교를 받아들였습니다만 그것을 슬기롭게 자국의 것으로 재창조하였습니다. 이와 같은 의기는 한국과 일본이 공통적으로 가지고 있는 역사적인 위업이라고 생각합니다.

그런데, 제가 시소러스의 연구를 시작한 것은 1965년 慶応義塾대학 대학원의 학생이었을 때입니다. 저는 의학도서관에서 津田良成 慶応義塾대학 명예교수의 지도 아래 미국국립의학도서관(National Library of Medicine)의 MEDLARS를 일본에 도입하는 프로젝트를 시작하였습니다. 저는 MEDLARS(MEDLINE)의 시소러스인 MeSH의 훌륭한 기능에 매료되었습니다. 그러나 문제는 일본어의 한자 의학용어와 MeSH의 디스크립터가 대응되지 않는다는 것이었습니다. 일본어라는 교착어는 어떤 단위어와도 쉽게 결합될 뿐만 아니라 개념을 적확하게 나타낸다는 이점이 있습니다. 예컨대, 「실험적 흉막 종양 조직 배양 세포주 수립(実験的胸膜腫瘍組織培養細胞株樹立)」이라는 한자 의학용어가 있습니다. 이것은 하나의 색인어로 사용할 수도 있습니다. 게다가 복수의 개념을 나타내고 있기 때문에 일본인에게는 직관적으로 이해가 됩니다. 그런데 영어로는 「Tissue culture of an experimental pleural tumor and retranslation of the tissue culture cells」라는 문(phrase)에 대응되기 때문에 일본인에게는 생소한 구문문법이 됩니다. 따라서 MeSH의 영어 디스크립터를 그대로 일본어 디스크립터로 번역하여도 정확하게 의미를 전달할 수가 없습니다. 의학정보 시소러스에서는 일본어와 영어의 차이를 고려하지 않을 수 없었습니다. 이런 연유로 저는 정보검색시스템에는 의미가 중요하다는 것을 알게 되었으며, 이것이 제 정보학의 원점이 되었습니다. 저의 저서는 그 원점에서 출발하여 저의 긴 연구경험 끝에 태어난 것입니다.

정보학의 중핵이 되는 분류와 의미를 다루는 시소러스에는 온톨로지라는 모든 인간의 공통된 개념형성의 지적 알고리즘이 반영되어 있다고 생각합니다. 온톨로지의 관점에서 개발되고 있는 최석두 교수의 OntoThesaurus의 성과를 크게 기대합니다.

끝으로, 이 번역본이 한국과 일본 양국의 친교를 한층 더 깊게 하고 정보학의 연구에 공헌할 수 있기를 희망합니다.

2008년 4월 벚꽃이 만발한 날

머리말

　세상은 「사물」로 가득 차 있다. 기록과 그 정보도 「사물」임에 틀림없다. 이와 같은 「사물」의 「존재」를 묻는 것이 「존재론」이다. 「존재론」을 그리스 어로 온톨로지(ontology)라 한다. 온톨로지는 모든 존재자에 대하여 존재자 로서의 공통성질이나 그 근거를 고찰하기 위한 「인식론」이기도 하다. 현대 식으로 해석하면 「아이덴티티」에 상당하며 존재를 증명하는 것이다. 무엇 이 존재하는가? 그것이 무엇인지를 어떻게 하면 알 수 있을까? 존재의 증명기능을 다한다는 것은 무엇을 말하는가? 인간은 지성일지 모른다. 그 증명요소를 밝혀 보자. 도대체 인간의 지성이란 무엇인지 자문하게 된다.

　인간은 본질적으로 로고스라는 지적 체계를 갖는 존재이며 언제 어디에 있더라도 무엇이나 체계화하려는 욕망을 가지고 있다. 그 체계화의 결정(結晶)은 분류라 생각된다. 자료를 단순히 날짜순으로 나열하여서는 인간의 지적 본능이 참지를 못한다. 「안다」는 것은 「나눈다」는 것이며 그것은 바로 분류하는 일이다. 인간은 나누기 위하여 헤매고 고뇌하고 날마다 고심하였지만 그 아픔이 바로 지성이 되어 먼저 개인의 암묵지(暗默知)가 되고 결국 주지의 형식지(形式知)로서 응축된다. 온톨로지 알고리즘(개념의 시방서)은 이 지적 아픔의 결정이라 할 수 있다.

IT 사회에서는 누구나 컴퓨터로 정보를 간단히 검색할 수 있게 되었다. 그 결과 언뜻 보면 지식을 획득하는 일이 수월해진 것으로 생각할 수 있다. 그러나 여기에는 나눈다는 과정을 생략하고 무질서한 수작업에만 의존한다는 것에 경악하게 된다. 전문(全文) 검색으로 모아 자루에 넣어 한결같이 책장에 쌓아 놓을 뿐이다. 직감적·찰나적 지적 활동으로 무질서하게 일상생활을 보낸다. 그것을 한층 더 조장하는 인터넷 등 망라적인 정보검색 서비스의 폐해도 크다. 그리고 어디까지나 트롤선의 저인망 어법에 유사한 검색 엔진은 일망타진의 검색을 반복한다. 여기에서는 어군 탐지기를 사용하는 지적 조작이나 경험·지식에 의한 치밀한 포획 전략은 경시된다. 이와 같은 기계적인 과정을 반복함으로써 인간의 나누는 능력은 저하되고 「안다」는 인간의 머릿속에 있는 온톨로지 알고리즘도 파괴되어 간다.

역사를 알고 날마다 철학하는 일, 이것이 온톨로지 알고리즘의 원점이다. 지식 연구에서는 그 장소의 분위기나 환경이 중요하다. 외견상으로는 그레코로만 양식의 도서관을 생각할 수 있다. 아마도 IT 시대에서 보면 정보기기나 네트워크가 제 기능을 하지 않는 불편한 설비일 뿐일 것이다. 그것은 단지 도서관 골동품이거나 문화유산에 지나지 않는 건물이다. 그 어둡고 교회의 돔처럼 생긴 높은 천장에는 그리스 신화와 철학자의 모습이 그려져 있다. 또한 그리스어로 쓴 소크라테스와 아리스토텔레스의 말이 플라네타륨의 성좌와 같이 빛나고 있다. 천장 사방의 벽면에는 소크라테스, 갈릴레이, 에라스뮈스, 볼테르, 칸트 등 동서고금의 철학자, 현자, 논리학자, 수학자, 예술가, 문학자, 역사가 등 지식의 발전에 기여한 사람들의 초상화나 조각상이 있다. 그 속에는 역사를 그린 그림, 철학의 계보, 과학의 발전, 탐험과 모험, 발견과 발명, 분류의 역사 등에 대한 도해도 포함되어 있다. 그런 그림으로 둘러싸인 공간에 장서를 배열한 서가와 열람 테이블이 있으며 사람들은 각자의 생각대로 책을 읽으며 지적 명상에 빠져 있다. 그 지적 공간에서는 장서 수나 IT의 이용환경 등은 절대로 화제가 되지 않는다. 그곳은 독서한다거나 열람한다고 하기보다는 지적 이미지네이션을 활성화시키는 장소인 것이다. 건물로서의 도서관에는 반드시 이와 같은 공간이 필요하다. 그런 도서관은 온톨로지 알고리즘을 밝히는 도장이 될 것이다. 원래 도서관은 온톨로지 알고리즘이 응축된 공간이었다. 장서보다 그곳에 포함되어 있는 지식을 체계화하는 분류 시스템에 가치가 있었다. 사람들은 분류 시스템을 통하여 시대의 가장 앞선 지식(State-of-the-Arts)을 확인할 수 있었다. 만약 분류할 수 없다면 그것은 새로운 지식일 것이다. 그 시대의 분류 시스템에서 체계화되지 않을 때 그 기성 개념은 수명을 다한 것이라 판단하며, 「나누는」 것이 불가능하므로 패러다임 시프트 혁명의 필요성을 느끼게 된다. 도서관이란 장서의 집적뿐만 아니라 분류 시스템의 상징이며 온톨로지 알고리즘의 공간이었다. 그런데 언제부터인가 분류는 장서를 배열하는 기준으로 이용되었으며 이와 함께 차츰 온톨로지 알고리즘도 잊어버리게 되었다.

본서의 목적은 기록정보학을 가로지르고, 기록정보학에 필요불가결하며, 기록정보학의 전통적 계승인 온톨로지 알고리즘을 재구축하는 데 있다. 온톨로지 알고리즘은 인간의 지성을 밝히는 지식 모형이다. 그것은 인간의 지적 과정의 원점이라고도 하는 「알기」 위해서 「나눈다」는 소박한 인식론에서 출발하여 역사학, 논리학, 수학, 언어학, 기호론, 분류학 등 리버럴 아츠에 의하여 그 기초 원리가 확립되었다. 그리고 컴퓨터의 출현에 따라 정보과학, 인지과학, 지식 공학, 소프트웨어 공학, 기록정보학 등 학제학의 지식 모형으로 연구되고 있다. 이 지식 모형에서는 개념 형성과 분류라는 지적 과정을 지식 지도로 나타낸다.

기록정보학에서의 지식 연구도 동일한 접근방법으로 온톨로지 알고리즘을 재구축한다. 그 온톨로지 알고리즘(개념의 시방서)의 관점은 다음 두 가지로 요약할 수 있다.

① 자기류의 분류 시스템과 시소러스를 작성할 수 있는 능력
② 기존의 분류 시스템과 시소러스를 활용할 수 있는 능력

즉, 「분류와 활용능력」을 재확인하는 것이며, 「개념을 조작하는 사고 기법」이다.

분류는 지식의 결정(結晶)이며, 분류화의 지적 과정에는 「안다」는 것은 「나눈다」는 온톨로지에서 시작되는 인류의 지식 획득과 지식 표현의 역사(시간)가 새겨져 있으며 그 결과는 지식 지도(공간)로 나타나게 된다.

본서는 필자의 논문들을 정리한 것이며 아직도 연구 중인 미숙한 내용임을 알면서도 발표하였다. 여러분의 많은 편달과 격려를 바란다. 38년 전 대학원 시절에 정보와 철학의 만남을 지도해주신 藤川正信 선생님, 그리고 컴퓨터와 나를 만나게 해주신 津田良成 선생님께 깊이 감사를 드린다.

집필의 시작은 2002년부터 객원교수로 체재하였던 캘리포니아 대학에서였다. 파란 캘리포니아의 하늘 아래에는 북구와 같은 어두운 철학적 분위기는 없지만 기품 있는 캠퍼스의 교실과 도서관, 그리고 세련된 연구자와 나누는 매일의 지적 대화는 나의 온톨로지 정신을 일깨워 주었다. 또한 스스로 교과서의 필요성을 느끼기도 하였다. 불행하게도 지금까지 문헌정보학, 기록정보학, 지식정보학 등의 정보학에서 「응용 온톨로지학적」인 관점에 초점을 맞춘 교과서, 특히 사회정보학의 문맥에서 본 교과서는 어디에서도 찾아볼 수 없었다. 中央대학의 사회정보학과는 1990년 일본에서 처음으로 개설되어 나름대로 실적을 쌓아왔지만 명확한 이론 형성을

게을리하였다는 자기반성도 그 동기가 되었다. 독단과 편견을 가진 한 마리 이리와 같은 나를 늘 비호해주신 林茂樹 선생님, 山崎久道 선생님, 宮野勝 선생님을 위시하여 사회정보학과 여러 선생님의 지원 없이는 본서가 완성될 수 없었다. 또한 宮田聡子 선생님, 長谷川明子 씨와 대학원생 제군의 연구 성과에도 마음 깊이 감사하는 바이다. 아울러 참고문헌으로 열거한 많은 저작의 내용을 본서의 내용으로 인용·활용할 수 있게 해주셔서 깊이 감사드린다.

마지막으로 여기에 모두 거명하지는 않겠지만 저자에게 여러 가지 학문적 자극을 주신 三和義秀 선생님, 高木美佳 씨, 小林久恵 씨, 그리고 많은 선배와 친구들, 학생 여러분에게 감사를 표한다. 또한 아내 栄子와 가족의 인내와 지원에도 감사하고 싶다.

2004년 신춘

斉藤孝

차례

이 연구의 목적은 컴퓨터라는 최신 도구를 사용하여 온톨로지 알고리즘을 재확인하는 데 있다. 한마디로 말하면 「IT에서 온톨로지로」가 된다. 이와 반대로 「철학에서 컴퓨터로」라는 역사적 전개를 근거로 한 저작은 많았지만 본서는 이들과 다르다. IT에 숨어 있는 분류와 철학으로 원점회귀하기 때문이다. 온톨로지 알고리즘이란 인간의 지적 본능이라 할 수 있는 「알기」 위해서 「나눈다」는 분류를 이용한 지식 표현을 말한다. 이것은 개념 형성과 분류, 그리고 분류 시스템으로 도해할 수 있다.

온톨로지 알고리즘은 다음 두 가지로 요약할 수 있다.

① 자기류의 분류 시스템과 시소러스를 작성할 수 있는 능력
② 기존의 분류 시스템과 시소러스를 활용할 수 있는 능력

즉, 「분류하고 활용하는 능력」이라 할 수 있으며, 「개념을 조작하는 사고 기법」이기도 하다.

분류는 지식의 결정(結晶)이며, 분류화의 지적 과정에는 「안다」는 것은 「나눈다」는 온톨로지에서 시작되는 인류의 지식 획득과 지식 표현의 역사가 새겨져 있다. 그런데 본서에서는 온톨로지의 해석에 대하여 다음 세 가지를 논하고 있다는 것을 먼저 말해두고 싶다.

① 철학적 온톨로지 : 원점이 되는 「존재론」과 「인식론」에서의 계보
② 사전적 온톨로지 : 자연언어 처리의 개념 사전과 시맨틱 웹의 온톨로지 기능
③ 정보학적 온톨로지 : 본서의 온톨로지 알고리즘

1. IT 사회와 온톨로지 알고리즘

인간은 질서가 없는 세계(아나키한 체제)에서는 살 수가 없다. E. 프롬의 『자유로부터의 도피』는 그것을 역설적으로 분석하였다. 반면에 아나키즘과 같이 모든 질서나 규범, 기성 개념을 모조리 파괴하는 혁명사상에도 동조하는 경향이 있다. 그러나 인간의 본질은 로고스라는 지적 체계를 가진 존재이며, 언제 어디에 있더라도 무엇이나 체계화하려는 욕망을 가지고 있다. 이와 같은 체계화의 결정(結晶)이라 생각할 수 있는 것은 분류이다. 자료를 단순히 날짜순으로 배열하는 것만으로는 인간의 지적 본능을 자제할 수 없다. 「안다」는 것은 「나눈다」는 것이며 그것은 바로 분류하는 것이다. 인간은 나누기 위하여 헤매고 고민하고 여러 날을 괴로워하지만 이 괴로움이 바로 개인의 암묵지가 되고 결국은 주지의 형식지로 응축된다. 온톨로지 알고리즘은 이와 같은 지적 고민의 결정이라고 할 수 있다.

컴퓨터에 의한 IT 사회에서는 누구라도 간단히 정보를 검색할 수 있게 되었다. 그 결과 언뜻 보면 지식을 획득하는 일이 수월해진 것처럼 생각할

수 있다. 그러나 여기에는 나눈다는 과정을 생략하고 무질서한 수작업에만 의존한다는 것에 경악하게 된다. 전문 검색으로 모아 자루에 넣어 한결같이 책장에 쌓아 놓을 뿐이다. 직감적·찰나적 지적 활동으로 무질서하게 일상생활을 보낸다. 그것을 한층 더 조장하는 인터넷 등 망라적인 정보검색 서비스의 폐해도 크다. 그리고 어디까지나 트롤선의 저인망 어법과 유사한 검색 엔진은 일망타진의 검색을 반복한다. 여기에서는 어군 탐지기를 사용하는 지적 조작이나 경험·지식에 의한 치밀한 포획 전략은 경시된다. 이와 같은 기계적인 과정을 반복함으로써 인간의 나누는 능력은 저하되고, 「안다」는 인간의 머릿속에 있는 온톨로지 알고리즘도 파괴되어 간다.

2. 기록

먼저 여기에서는 「기록, 정보, 지식」의 세계에 대한 전체상을 논한다. 그 이론적 근거를 거론하게 되므로 가능한 한 평이하게 설명하고자 한다.

우선, 용어설명부터 시작하기로 하자.

「기록 정보」는 보는 바와 같이 「기록」과 「정보」의 두 단어로 구성된다.

먼저 「기록」을 보기로 하자. 「기록」이라는 말의 정의를 새삼스레 밝힐 필요도 없을 것이다.

"저 선수는 세계 신기록 보유자입니다", "이 태풍은 기록적으로 큰 비를 내렸다", "저 귀중한 데이터는 기록되어 있습니다" 등과 같이 일상적으로 사용되고 있다. 또한 영화를 녹화한다거나 음악을 녹음한다 등도 「기록」의 파생어이다.

다소 진부하고 딱딱한 이미지를 주기 때문에 최근에는 「레코드」라는 외래어로 바꾸어 쓰는 일도 많아졌다. 좀 더 정확하게 말하면 「레코딩

(recording)」에 해당한다.

「기록」은 행위를 나타내는 것으로, 「기록화」와 그 결과인 「기록물」을 포함하는 것이라 할 수 있다.

전술한 바와 같이 recording과 record에 대응하지만, 기록정보학에서는 「기록물」을 나타내는 영어 document에 해당된다. 다만 documenting이라는 용어가 없기 때문에 document에는 「기록화」라는 행위가 포함된 의미를 가지게 되었다.

그런데 「기록」이 의미하는 것은 넓지만, 기록 정보의 대상은 「기록물」로서의 형태를 갖춘 것이며, 구체적으로는 도서·문헌, 신문, 영화, 음악, 그리고 멀티미디어 출판물, 전자 출판물 등이 있다. 이 형태라고 하는 것은 물리적인 것뿐만 아니라 논리적인 것도 포함하고 있기 때문에 프로그램의 성과물인 소프트웨어나 인터넷상에 떠다니는 웹도 「기록물」이라 할 수 있다. 어쨌든 중요한 것은 기록이라고 하는 행위에서는 「주제」를 명확하게 설정하고 그것을 중심으로 편집이나 출판이라는 기록처리(Documentation)가 이루어진다는 점이다. 「주제」가 정해지지 않아 모호한 것은 기록이 아니다. 잡문이나 잡음은 「기록」에서 제외된다. 또한 이 「주제」라는 것을 넓은 의미로 「정보」라고도 하지만 기록 정보에서는 혼란을 초래할 수 있기 때문에 그것을 「주제」라 한다.

3. 정보

그 다음의 용어는 「정보」인데, 단독적인 의미는 별로 가치가 없다고 생각된다. 여기에서는 전술한 바와 같이 정보학에서는 「주제」를 「정보」라 해석하기도 한다는 점을 충분히 인식하고 「정보」를 단독으로 해석하는 것은 보류해두기로 하자.

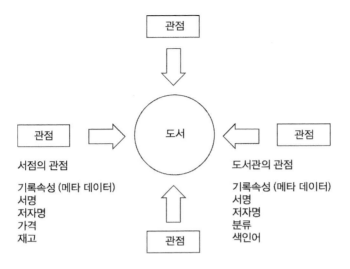

기록정보   기록의 관점에서 기록속성을 정의한 것.
서지정보   도서관의 관점에서 도서의 기록속성을 정의한 것.
도서판매정보 서점 등 도서판매관리의 관점에서 도서의 기록속성을 정의한 것.

<그림 1-1> 관점: 이용자가 본 기록 속성

　　기록 정보에서의 「정보」란 「기록화」와 「기록물」에 관계되는 기록 속성을 말한다. 예컨대 <그림 1-1>에서 도서·문헌이라는 기록에 관련된 「정보」는 도서관의 관점에서 결정한 「서지 속성」에서 가지고 온 것으로 소위 「서지 정보」라 하는 것이다. 그것은 서명, 표제, 저자명, 출판사, 출판년, 색인어, 분류, 초록 등의 서지 항목이 「기록 속성」으로 정의되고 목록·색인규칙이라는 사전으로 제어된다. 그래서 「기록 속성」이 밝혀지게 되면 각 항목에는 대응되는 「값」이 대입된다. 예컨대 "표제＝유비쿼터스 사회, 저자명＝君田孝洋, 출판사＝中大南出版, 출판년＝2003, 색인어＝고도 정보화 사회" 등의 기록 정보(서지 정보)가 완성된다. 이러한 기록 구조에서는 항목을 「메타 데이터(metadata)」, 그 값을 「데이터(data)」라고 부른다.

여기에서 메타 데이터에 대하여 상세히 설명하고자 한다. 「기록 속성」을 기술하기 위해서는 "표제와 유비쿼터스 사회"라는 데이터가 필요하게 되지만 어느 쪽이나 데이터라고 생각할 수 있다. 그러나 "표제"는 데이터의 의미를 나타내는 데이터이고, "유비쿼터스 사회"가 그 대상이 되는 데이터라는 차이가 있다. 같은 데이터라 하더라도 그 차이를 분명히 하기 위하여 전자를 「메타 데이터」라고 부른다.

이와 같이 「정보」를 해석하면 「기록 정보」라는 것이 일상사에 다양한 형태로 존재하고 있음을 알 수 있다. 예컨대 「명부」라고 하는 기록 정보를 생각해보자. 일반적으로는 「명부」를 「기록」할 때는 「기록 속성」으로 이름, 주소, 전화, 소속 등의 항목(범주)을 설정할 것이다. 그리고 각 항목에 대응하는 지인(知人)의 데이터를 기입한다. 그렇게 하면 누구나 생각할 수 있는 명부 정보가 만들어진다.

즉, 「기록 정보」의 요점은 「기록 속성」의 설계이며, 그것은 「메타 데이터」와 「데이터」를 어떻게 구별할 것인가라는 개념 형성과 분류(범주) 과정이라 할 수 있다.

4. 관점

영화라는 「기록」에 관한 「정보」는 필름 라이브러리의 관점에서 보면 타이틀, 장르, 국별, 출연자, 연대 등의 기록 속성을 가질 것이다. 음악에서도 뮤직 라이브러리의 용도(관점)에서는 영화와 유사한 기록 속성이 설정된다.

지금까지 설명을 정리하면, 「기록 속성」이라는 것이 중요하며, 그것은 도서관, 서지 데이터베이스, 필름 라이브러리 등 용도별로 설정된다. 각각의 용도가 다르면 기록 속성도 달라진다. 이 용도란 정보를 이용하는 사람의 입장에 따라 결정되는 것이기 때문에 정보 이용자의 관점이라고 볼 수도 있다.

분명히 같은 도서에 관한 정보일지라도 도서관과 서점의 「관점」은 다르다. 물론 공통의 기록 속성으로 서명·저자명을 생각할 수 있으나 도서관에서는 서지 정보로서 중요한 분류나 색인어를 항목으로 추가한다. 한편 서점에서는 도서 판매·관리가 목적이기 때문에 가격이나 재고라는 기록 속성을 중시한다.

따라서 분명해진 것은, 「기록 속성」은 「관점」에 의하여 결정된다는 것이다. 이 관점이란 정보를 요구하는 이용자의 입장을 의식한 것이며, 그들의 목적과 용도에 따라 정해지는 것이라 할 수 있다.

5. 온톨로지 알고리즘의 발전 사이클

<그림 1-2>는 주제(Subject), 기록(Document), 정보(Information), 지식(Knowledge)이라는 구성 요소로 온톨로지 알고리즘의 발전 사이클을 보인 것이다. 이것은 「기록, 정보, 지식」 세계의 약도이기도 하다(斉藤 2003b).

5.1 기록 사이클과 기록 알고리즘

최초의 단계는 주제(Subject)와 기록(Document) 간의 관계에 존재하는 기록 사이클이다. 이것은, 기록(기록물)이란 어떤 주제를 바탕으로 기록되며, 거기에는 기록을 위한 구조화 편집(Authoring), 선형처리(Text), 비선형처리(HyperText)라 하는 「기록 알고리즘」이 필요하다는 것을 나타내고 있다. 즉, 기록 사이클은 「기록화(주제)」가 목적이며 그 상호작용으로 기록 피드백이 있다. 그것은 기록화의 결과를 주제에 반영하는 회로다. 또한 이와 같은 기록물을 「정보 미디어」라 부르기도 한다.

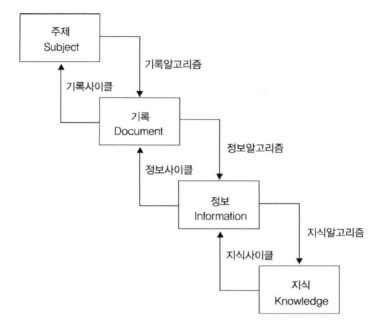

<그림 1-2> 온톨로지 알고리즘의 발전 사이클

5.2 정보 사이클과 정보 알고리즘

다음 단계는 기록(Document)과 정보(Information) 간의 관계에 존재하는 정보 사이클이다. 기록(기록물)을 정보화할 때는 그 관점에 따라 기록 속성을 정의하고 정보 알고리즘에 근거하여 기록 정보를 생성한다. 이 정보 알고리즘의 사고방식은 정보 처리 알고리즘과 동일한 것이며 「데이터」와 「프로그램」의 관계에서 「프로그램」에 해당한다. 또한 「데이터」와 「메타 데이터」의 관계에서 「메타 데이터」에 해당한다. 정보 알고리즘에는 그 집합체라고도 할 수 있는 「정보 시스템」도 포함된다. 정보 시스템이란 「기록」을 입력하고 정보 알고리즘에 따라 처리하여 「기록 정보」를 출력하는 구조(도구)인 것이다.

도서관, 정보 센터, 정보검색 시스템, 데이터베이스 시스템 등은 정보 시스템이며, 각각 개별 정보 알고리즘을 갖고 이용자가 어떠한 용도로 응용할 것인가라는 관점에 근거하여 설계·개발된다.

따라서 정보 사이클은 「정보화(관점)」가 목적이며 정보 알고리즘으로 기술된다. 또한 그 상호작용으로 정보 피드백이 있게 되며 정보화의 결과를 기록에 반영하는 회로가 준비되어 있다.

예컨대 도서관의 정보 알고리즘은 도서·문헌의 주제 분석과 분류, 색인, 목록 등 서지 처리나 메타 데이터의 설계, 축적과 검색을 위한 절차, 나아가 정보 시스템의 설계방식 등도 포함한다.

5.3 지식 사이클과 지식 알고리즘

<그림 1-2>는 정보(Information)와 지식(Knowledge) 간의 관계에 지식 사이클이 존재하며, 그것에 필요한 것은 「지식 알고리즘」이라는 것을 나타 내고 있다.

정보는 지식 알고리즘으로 처리되어 지식이 생성된다. 이 경우의 지식이 란 이용자가 기록 정보를 다루기 위한 「기록 정보 지식」이며 일반적으로 말하는 「지식」과는 다르다. 「기록 지식」의 대상은 기록 정보를 둘러싸고 있는 이용자와 관련된 것이며, 그들이 기록 정보를 어떻게 생산하였는지, 어떻게 축적하였는지, 어떻게 검색하였는지, 어떻게 활용하였는지, 어떻게 유통시켰는지 등 이용자가 획득한 기록 지식이다. 그리고 지식 알고리즘은 함수 「지식화(인간)」로 나타낸다.

다만 이 지식 알고리즘은 알고리즘이라 할 만큼 형식화(형식지(形式知))된 것은 아니다. 아직 「지식 알고리즘」의 구축은 발전 과정에 있으며 시행착오 를 거쳐 제안된 다양한 지식 모형으로 그 형식화가 시도되고 있다.

6. 주제

여기에서는 「온톨로지 알고리즘의 발전 사이클」의 첫 요소인 「주제」에 대하여 분명히 하고자 한다. 전술한 바와 같이 「주제」는 기록 정보의 핵심이 되는 것으로, 흔히 「내용」을 지칭하며 「주제＝정보」로 해석되는 경우도 있다.

예컨대 문헌정보학에서는 정보를 효과적으로 활용하기 위하여 정보나 지식이 무엇인가를 알고 그것을 기반으로 정보의 특성과 이론의 체계화, 정보에 관한 기술, 사고활동 순으로 응용하게 된다. 좀 더 상세하게 설명하면, 정보란 의학, 화학, 문학, 경제, 사회학 등과 같이 명확한 주제를 가지며, 정보 시스템에 의하여 조직화되고, 문헌 등의 기록매체(기록물)에 의하여 구체화된 것이라 할 수 있다. 즉, 정보의 본질이 아니라 이용자의 「원하는 정보」가 중심이 된다.

기록정보학에서는 정보에 관련된 속성을 중시하여 도구(Tool), 매체(Media) 및 주제(Subject)를 결부시킨다. 예컨대 "도구＝컴퓨터, 매체＝도서, 주제＝의학"이라 하면 「정보」를 함의(含意)하는 「무엇」이 된다. 틀림없이 컴퓨터 과학에서의 「정보」, 도서관에서의 「정보」, 의학에서의 「정보」는 이와 같은 대응 관계로 인식되고 있다.

그 출발점은 기록(기록매체)에 둔다. 그것은 생산자에 따라 「주제」에 근거하여 「기록 알고리즘」으로 처리된 생산물(1차 정보라고도 한다)이다. 그리고 도서관이나 정보 센터, 나아가 정보검색 시스템 등의 정보 시스템이 기록 정보(2차 정보라고도 한다)를 만들기 위하여 주제를 분석하게 된다.

말할 것도 없이 정보 시스템(정보 알고리즘)은 이용자를 최우선으로 고려하여 설계되고 이들 1차 정보 및 2차 정보라는 기록 정보를 제공한다. 즉, 기록 정보의 성립 조건은 「주제와 이용자 지향」이라는 키워드로 나타낼 수 있을 것이다.

이를 위한 서비스의 효율이나 질과 같은 정보 알고리즘이 「요구되는 정보」를 결정하게 된다. 그리고 기록 정보는 이용자의 정보검색 효율에 따라 정량화할 수 있는 것이다.

7. 기록정보학의 연구 초점

「온톨로지 알고리즘의 발전 사이클」에 따라 기록정보학의 영역이 분명하게 된다. 그리고 온톨로지 알고리즘은 다음 세 가지로 나눌 수 있다.

① SD	Subject-Document		기록 사이클(기록 알고리즘)
	DA	Document Algorithms	기록화(주제)
② DI	Document-Information		정보 사이클(정보 알고리즘)
	IA	Information Algorithms	정보화(관점)
③ IK	Information Knowledge		지식 사이클(지식 알고리즘)
	KA	Knowledge Algorithms	지식화(인간)

이와 같은 기법(記法)을 사용하면 기록정보학의 연구 영역을 명쾌하게 설명할 수 있다.

종래의 도서관학(Library Studies)에서는 DI(정보 사이클)에 초점을 맞췄다. 또한 고전적인 도큐멘테이션(Documentation : Document Studies)에서는 DI에 SD(기록 사이클)을 추가한 것에 초점을 맞췄다. 그리고 이것이 발전한 정보학(Information Science)에서는 SD, DI, IK의 전 영역에 걸쳐 초점을 맞췄다. 기록정보학도 정보학과 거의 같은 영역을 대상으로 하고 있지만, 「정보」와 「지식」의 해석에는 다소 차이가 있어 보인다.

그것은 기록에 관한 정보이며, 그 기록을 다루는 인간의 지식이다. 어느

쪽이나 「기록」을 중심으로 발전된 것이며 「기록」이 없으면 정보도 지식도
존재하지 않는다.

8. 정보 시스템

　지금까지 문헌정보학이나 정보학도 마찬가지로 DI에 초점을 맞추고
있다. 목록, 분류, 색인, 초록, 주제 분석, 정보 조직화, 서지 데이터베이스의
구축, 검색 모형, 정보검색 시스템 등 다양한 명칭으로 부르고 있지만
모두 정보 알고리즘에 속하는 것이며 DI의 관심 화제라 할 수 있다. 이들은
기록 정보 시스템(정보 시스템의 서브시스템)에 필요한 「도구」가 되며 정보
시스템의 구성 요소가 된다. 그러므로 정보 시스템에 대하여 명확히 해둘
필요가 있다.
　정보 시스템의 전형적인 모형은 컴퓨터 시스템에서 볼 수 있을 것이다.
컴퓨터 시스템은 <그림 1-3A>와 같이 입력, 처리, 출력으로 구성되는
시스템이다. 이 정보 처리 모형에서는 데이터가 입력되면 처리 단계에서
주어진 프로그램을 따라 데이터가 처리되고 그 결과가 정보로서 출력된다.
이와 같은 정보 처리 모형에서는 프로그램이 정보 처리 알고리즘(정보
알고리즘)이며, 입력되는 데이터의 측면에서 보면 그 데이터를 가공하고
그것을 지령(의미)하는 메타 데이터이기도 하다.
　<그림 1-3B>의 기록 정보 시스템 모형에서는 데이터와 메타 데이터의
관계를 명확히 보여주고 있다. 즉, 입력된 것은 정보 속성(관점)에서 필요로
하는 데이터와 메타 데이터(정보 알고리즘)이며 그 처리 결과로 기록 정보
가 출력된다.
　정보 시스템의 구체적인 예로 도서관을 생각해보자. 도서관에서는 도서·
문헌이 입수되어 장서로서 보관·관리된다. 그 용도는 이용자에 대한 서지

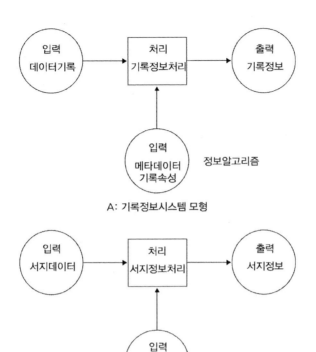

A: 기록정보시스템 모형

B: 도서관시스템·서지정보검색시스템

<그림 1-3> 기록 정보 시스템 모형

정보의 제공과 장서의 대출 서비스다.

정보 시스템으로 보면 서지 정보의 축적과 검색에 초점을 맞추게 된다. 입력 내용은 도서·문헌의 기록 속성(서지 사항)이며 그 관점은 서지 정보이므로 이를 위한 서지 메타 데이터가 결정된다. 이것이 서지 알고리즘(정보 알고리즘의 부분집합)이 된다. 그리고 다양한 도서·문헌 데이터는 서지 알고리즘에 따라 처리되어 서지 데이터베이스에 축적(출력)되고 이용자나 레퍼런스를 위해서 검색(출력)된다.

이와 같은 도서관의 정보 시스템을 설계하기 위해서는 하드웨어의 선택이나 기록 속성의 설계가 중요하며, 그중에서도 정보 시스템을 이용자가 원활히 활용하기 위한 검색 모형(검색 방식)과 그 인터페이스 설계의 연구에 주목하고 있다. 또한 이것은 검색 모형에 큰 영향을 주는 주제 분석 기법과 색인어의 설계 등 서지 알고리즘(정보 알고리즘)을 포함한다.

그런데 언급하고 싶은 것은 기록(Document)에는 전통적 매체(종이에 활자 인쇄 등)에 의한 아날로그 기록(Analog Document)과 전자적 매체에 의한 디지털 기록(Digital Document)이 존재하며, 전자는 「텍스트 기록 알고리즘」에 의하여 처리되고, 후자는 「하이퍼텍스트 기록 알고리즘」에 의하여 처리된다는 점이다.

이것은 정보 시스템의 상위기관인 도서관과 디지털 도서관에 각각 대응한다. 즉, 도서관은 아날로그 기록을 위한 정보 시스템이고, 디지털 도서관은 디지털 기록을 위한 정보 시스템이 된다. 전자는 정보 알고리즘에서 텍스트 정보 알고리즘에, 후자는 하이퍼텍스트 정보 알고리즘에 대응된다.

9. 지식 연구

지식 연구에서는 온톨로지 알고리즘의 발전 사이클을 재귀적으로 회전시킴으로써 지식의 심층구조를 해명한다. 이것은 암묵지(暗黙知)에서 형식지(形式知)로, 다시금 형식지에서 암묵지로의 변환 과정을 반복하면서 지식을 응축해가는 나선 과정이라 할 수 있다.

여기에서 넓은 지식 중 한정된 기록 지식에 대하여 <그림 1-4>를 이용하여 살펴보기로 한다. 기록 지식은 기록 정보를 다루는 인간(이용자)이 개별적으로 획득하는 지식(암묵지)이라 할 수 있다.

예컨대 A씨가 기록 정보의 서지 정보(서지 데이터베이스 검색 시스템)를

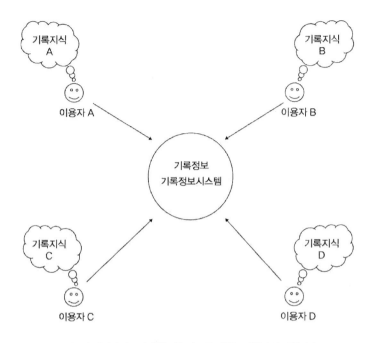

기록지식(기록정보지식)은 기록정보를 다루는 이용자의 지식이다.

<그림 1-4> 기록 지식(기록정보지식)의 해석

이용하여 자신에게 필요한 기록 정보를 검색한다고 하자. 검색 과정에서 다른 사람의 지도, 자기학습, 시행착오의 이용에 의하여 노하우, 수법, 요령 등 탐색 지식이 쌓여 간다.

이와 같이 생각하면 「지식」과 「정보」의 차이는 명백하다. 기록 정보는 「관점」에 근거한 기록 속성과 그 정보 알고리즘에 의하여 정보화된다. 또한 그것은 관점에 의하여 형식화(범용화)된 것이며 「관점」을 공유한 것이다. 따라서 그것을 정보(형식지)라 부른다.

한편 기록 지식은 다양한 이용자의 개성적인 관점에 따라 생성된다. 정보가 외재화된 지식(형식지)이라 하면, 기록 지식은 인간에 의존한 지혜(암묵지)라 할 수 있을 것이다. 「온톨로지 알고리즘의 발전 사이클」은 암묵지에서 형식지로, 그리고 다시 암묵지에 이르는 나선 과정이다.

S → D에 관한 지식   주제에서 기록에 이르는 지식(형식지)

D → I에 관한 지식   기록에서 정보에 이르는 지식(형식지)

I → K에 관한 지식   정보에서 지식에 이르는 지식(암묵지)

K → S에 관한 시식   지식에서 주제로 회귀하는 지식(암묵지)

예컨대 I → K에서는 인간에게 의미 있는 지식을 창출하는 것, 즉 정보를 지식으로 바꾸는 데 무엇이 필요한가를 연구한다. 어떤 지식이라도 필요로 하는 사람에게는 가치가 있다. 이것은 필요로 하는 사람이 바로 검색하여 그 지식을 끄집어낼 수 있다는 것이 조건이다. I → K와 같이 정보가 지식이 되기 위해서는 적절한 구조가 있어야 한다. 그것을 어떻게 체계화(개념화)

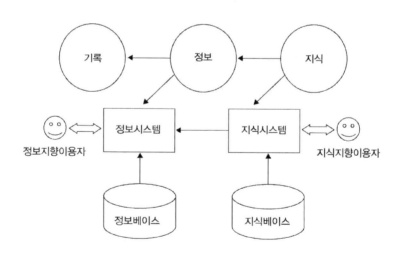

도구의 연구   정보시스템과 지식시스템, 그 알고리즘에 대하여 연구
인간의 연구   도구를 다루고 그 주변에 있는 이용자의 연구

<그림 1-5> 지식(기록 지식)시스템과 연구의 초점

할 것인가는 그 지식의 이용자의 관점에서 결정된다. 즉, 이 경우의 지식이란 이용을 목적으로 분류된 정보라고 할 수 있을 것이다.

이와 같은 기록 지식의 연구 성과는 <그림 1-5>에 보이는 정보 시스템과 지식 시스템에 응용된다. 전자는 종래의 정보검색 시스템을 이용하는 이용자에게 새로운 정보 지향 인터페이스를 제공하게 된다. 또한 후자는 지식 시스템을 이용한 지식 지향 이용자의 지적 인터페이스라 할 수 있다.

10. 온톨로지 알고리즘의 영역

온톨로지 알고리즘은 철학에서 시작되어 그 배경인 역사학·논리학·수학·언어학·기호론에 의하여 확립되고, 분류학(분류 시스템)이라는 기본 원리로 집대성된다. 이 기본 원리는 20세기가 되면서 컴퓨터의 출현과 함께 정보과학, 인지과학, 지식 공학, 기록정보학에서 응용 원리로 연구된다.

온톨로지 알고리즘은 다음과 같은 영역으로 넓어진다.

① 기록 알고리즘　　주제 생성, 하이퍼텍스트와 구조화 편집
② 정보 알고리즘　　주제 분석, 정보 시스템의 설계와 개발
③ 지식 알고리즘　　지식의 획득과 그 표현
④ 기초 원리　　철학(인식론, 존재론), 논리학(수학), 분류학, 언어학(기호론)
⑤ 응용 원리　　지식 공학, 인지과학, 소프트웨어 공학, 지식 관리
⑥ 지식 지도의 도해 기법(K-Agent와 K-Map)　 온톨로지 알고리즘의 지식 지도

11. K-Map과 재귀적 온톨로지 알고리즘

실험 연구에서는 K-Map이라 부르는 「지식 모형」을 구축하여 온톨로지 알고리즘의 발전 사이클에서 지식의 모습을 명확히 하고 그 분석과 평가를 시도한다.

K-Map은 이용자가 기록 정보를 활용함으로써 획득하는 지식 구조를 표현한다.

즉, K-Map은 온톨로지 알고리즘을 나타낸 것이라 할 수 있다. <그림

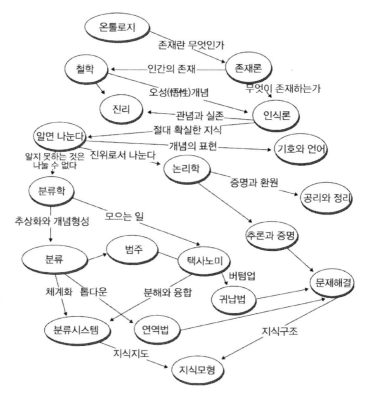

<그림 1-6> 온톨로지 알고리즘의 K-Map

1-6>은 K-Map으로 온톨로지 알고리즘의 일부를 그림으로 표현한 것이며 각 노드를 클릭하면 한층 더 확대되어 지식 지도가 조직화된다.

K-Map은 가설이며 그 목적은 다음과 같은 재귀적 온톨로지 알고리즘의 과정을 평가하는 것이다.

① K-Map을 보면 이미 누군가가 만든 온톨로지 알고리즘을 이해할 수 있으며 그것을 적용할 수 있는 암묵지를 가진다. 이 암묵지는 온톨로지 알고리즘의 발전 사이클에 의하여 결국 형식지로 변환된다.

② K-Map을 작성할 수 있다는 것은 자기 자신의 온톨로지 알고리즘을 표현할 수 있는 암묵지와 형식지가 있기 때문이다.

③ '①→②'와 '②→①'의 재귀적 온톨로지 알고리즘의 과정을 반복해서 온톨로지 알고리즘은 성장하게 된다(斉藤 2001c).

K-Map은 온톨로지 알고리즘의 인과 관계를 나타내는 개념화 지도이며 지식 모형(가설) 형성의 논리 과정을 시각화한 것이다. 즉, 지식 모형의 이론을 구축하는 도구라 할 수 있다. 다만 K-Map은 서지 암묵지의 작은 지식 모형에 불과하다. 실세계의 서지 지식을 대상으로 연역적, 귀납적, 그리고 그 조합에 의한 나선 과정에 따라 추론되고 응축된다.

제2장

기록

ontology algorithm

기록이란 협의로는 기록물(Document)을 의미하며, 광의로는 기록 알고리즘과 그 상위 개념이 되는 온톨로지 알고리즘을 포함하는 Documenta-tion(기록 정보화와 그 관련 기술)을 의미한다. 기록물은 도서·문헌과 마찬가지로 정보의 컨테이너(정보반송용기·정보매체)이며 다양한 기록방식과 기록형식이 있다. 이들은 역사적으로 문자에 의한 것(문자 매체), 음성에 의한 것(음성 매체), 영상에 의한 것(영상 매체), 그리고 이들을 복합한 것(멀티미디어)으로 분류하고 있다. 이 중에서 서지는 주로 문자에 의한 것을 대상으로 하며, 그것은 도서·문헌이라는 기록형식에 따른 것이었다. 이 기록 알고리즘에는 크게 두 가지의 패러다임이 존재한다. 하나는 「텍스트」라 부르는 선형으로 1차원의 기록 알고리즘을 의미하는 것이며, 다른 하나는 「하이퍼텍스트」라 부르는 비선형으로 다차원의 기록 알고리즘을 의미하는 것이다.

종래의 도서·문헌·문서 등 주로 문자를 이용하여 편집된 인쇄물의 기록 알고리즘은 전형적인 텍스트다. 또한 시간을 축으로 순차적으로 전개되는 영상·음악 등의 기록 알고리즘도 텍스트라 할 수 있을 것이다. 양쪽 모두

선형 구조용 기록 알고리즘인 것이 특징이다(斉藤 1998b).

한편 하이퍼텍스트라고 부르는 기록 알고리즘은 다차원적이고 비선형 구조이며, 문자·음성·영상 등의 개별 매체를 통합한 멀티미디어를 실현할 수 있다. 21세기 고도 정보화 사회에서는 주로 하이퍼텍스트에 의한 기록 알고리즘에 관한 기술·이론·실험·교육·연구가 필요하다.

1. 편집과 온톨로지 알고리즘

사람은 「쓰고 싶기」 때문에 책을 읽는다고 사르트르는 『시뛰아시옹(Situations)』에서 논하고 있다. 인간은 자신이 글을 쓰고 싶기 때문에 책을 읽는다고 한다. 그런데 책을 읽는다는 것은 사실 「고쳐 쓴다」는 것을 말한다. 기록(Document)이라는 것은 「고쳐 쓰다」라는 「편집」을 말한다. 西岡文彦은 서적(책)의 텍스트 특성에 대하여 다음과 같이 논하고 있다.

> 서적은 너무나도 일원적(一元的)이고 조용한 매체다. 그것이 떠들썩한 멀티미디어 시대가 되어 한층 그 성격이 두드러지고 있다. 그렇지만 서적의 이 일원성이야말로 독자의 이미지네이션을 환기시켜준다. 음향 효과가 아니라 활자로 독자의 내부에 소리를 울리고, 집필(writing)이 아니라 편집(layout)으로 독자가 주목해야 할 점을 극적으로 보여준다. 혀나 코의 감각세포를 통하지 않고 직접적으로 아름다운 맛과 향기로운 냄새를 뇌세포에 전달해준다. 서적의 이 상상력 환기 작용(이미지네이션 장치)은 멀티미디어 시대에서도 중요하다(西岡 1991, 212-213).

그런데 이와 같은 이미지네이션 장치로서의 책의 편집은 간단한 일이 아니다. 그렇다면 인간은 원고, 논문, 저서 그리고 영화나 음악 등의 기록물을 창작하는 경우에 어떠한 지적 과정을 거치는 것일까? 주제 결정, 기승전결, 시나리오 등 주제 분석(Subject Analysis)의 역과정인 주제 생성(Subject Synthesis)이라는 지적 활동을 거친다. 이것은 좁은 의미의 「편집」이며 주제와 관련된 개념을 형성하고 분류하는 일이다. 이것은 「온톨로지 알고리즘」임에 틀림없다.

편집에서는 필요한 소재를 모으기 위한 정보검색이 필요불가결하며 동시에 기획과 문제 해결 기법도 창조적 과정에 없어서는 안 된다.

예컨대 기록으로서의 연극(드라마)을 생각해보자. 이 경우에는 편집이 연출에 상당할 것이다. 드라마란 말은 부분이 전체를 나타낸다는 것을 의미하는 그리스어 drama에 그 어원이 있다. 그리고 줄거리와 등장인물이 있는 무대 표현을 넓게 가리키는 개념이 되었다.

아리스토텔레스는 드라마를 「그 자체로 완결이 있는 하나의 이야기를 구성하고 있을 뿐만 아니라 어떤 크기를 가진 인간 행위의 모방(mimesis)」이라 정의하였다. 즉, 드라마의 중요한 요소는 「이야기」이며 그것은 「밀접한 구성」을 갖는 「통일성이 있는 전체(시스템)」이기 때문이다. 이와 같이 드라마를 시스템으로 볼 수도 있다(木嶋 2001).

드라마 속에서는 진실성 혹은 필연성에 따라 일어날 수도 있는 가능한 사실이 명쾌한 언어로 표현된다. 바꾸어 말하면, 드라마란 그 주제의 선택, 이야기의 구성과 제시 방법, 그리고 그 언어 표현으로 어떻게 관객의 마음을 사로잡을까, 결국 어떻게 하면 허구를 관객이 믿도록 할까라는 것이다. 드라마를 전형적인 형태로 표현하기 위해서는 대립과 갈등 구조가 필요하게 된다.

이것은 적확한 드라마 이론이라 할 수 있다. 관점을 바꾸면, 교섭 과정, 특히 거기에서의 갈등을 이해하기 위하여 「드라마 메타포」를 사용하여 보다 넓은 프레임 속으로 들어가려 한다. 이와 같은 프레임의 사고방식은 후술하는 인공지능, 인지과학 등의 프레임 모형이나 의미 네트워크에 힌트를 주었다.

드라마는 일련의 에피소드로 구성되며 그 속에서 캐릭터는 상호작용을 한다. 각 에피소드 속에서 캐릭터가 상호작용을 함으로써 각 캐릭터가 인식한 상황이 프레임의 변화로 지나간다. 하나의 에피소드에는 많은 프레임이 지나가지만 기본적으로 장면 설정, 상호작용의 구축, 클라이맥스, 합의 형성, 대단원이라고 부르는 다섯 단계를 생각할 수 있다.

이 드라마 이론에서도 「온톨로지 알고리즘」의 모습을 명확히 할 수 있을 것이다.

2. 책의 편집

책은 「표제」, 「목차」, 「장」으로 구성되고, 표제는 저자명, 제목, 날짜로 구성된다. 이와 같은 책의 구조는 저자와 독자가 표현형식을 공유하는 문법이라 할 수 있다. 표준화된 책의 구조에는 긴 역사가 있다. 베네치아의 앨더스 마누티우스(1499년경)는 책에 쪽번호 매기기, 책의 레이아웃, 서체(폰트) 등을 고안하였다. 또한 내용을 작게 나누어 표시한 「목차」를 처음으로 도입한 것은 파리의 프란시스코회 수도사 알렉산더(1180년경)라 한다.

그러면 책(텍스트)의 편집(斉藤 1993c)이란 무엇인지 생각해보자. 인간의 복잡한 사고구조를 표현하기 위하여 책에는 여러 가지 연구 결과를 적용하고 있다. 예컨대 연관된 사고의 연결을 나타내기 위하여 문서에서 바로 가까운 곳 이외의 다른 곳을 참조하는 관련 참조가 있다. 예컨대 「보라 참조」, 각주, 다른 문헌의 인용 등을 들 수 있다. 또한 문서의 계층구조화가 있다. 예컨대 문서의 장, 절, 단락 등으로 나눈 기술과, 문자만으로는 모두 표현할 수 없을 때 그림, 표, 사진 등을 사용하여 설명을 보충하는 것을 볼 수 있다. 이와 같이 지금까지 책에 여러 가지를 고안하여 도입하였음에

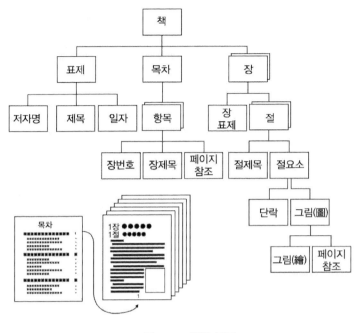

<그림 2-1> 책의 구조

도 불구하고 그 정적인 특성 때문에 많은 제한을 갖고 있다.

저자나 편집자는 책과 같은 1차원적인 종이 매체상에서 그 사고의 다차원적 및 비선형적 구조를 다른 사람에게 전달하기 위한 방안이 필요하게 되었다. 그중 하나가 도형 표현이다. 문장에서는 복잡하고 난해한 사고의 과정과 결과가 도형에서는 간결하고 적확하게 표현할 수 있는 경우도 있다. 이것은 도형이 다차원 개념을 알기 쉽게 표현할 수 있는 능력을 갖고 있기 때문이다. 두 번째는 비선형에 유사한 문장 표현의 기술이다. 이것은 다시 둘로 나눌 수 있다. 하나는 참조형 관계의 부여다. 각주, 주석, 칼럼 기사, 동일 문서 내 다른 곳 참조, 타 문헌의 인용 또는 참조 등으로 문장의 직전이나 직후 이외의 개소를 참조함으로써 관련 있는 사고와 발상을 보여준다. 또 하나는 문장의 계층구조화다. 문장을 장, 절, 문단으로 나누어

개조식으로 쓰거나 표로 만들어 다차원화한다. 그러나 아무리 머리를 짜내어도 종이와 문장에서는 본질적으로 일차원이며 선형일 수밖에 없다. 아무래도 비선형 사고를 표현하기에는 한계가 있다(斉藤 1993c).

여기에서 책을 읽는 사람의 입장에서 생각해보자. 책의 내용은 <그림 2-1>과 같이 일반적으로 장으로 나열되어 있고 독자는 대부분 문장의 처음부터 시작해서 순서대로 문장의 끝으로 읽어간다. 그러므로 누구나 문장을 읽음으로써 떠오르는 생각을 자유롭게 얻고 추구할 수 있게 된다. 그러나 독자가 그 문장을 알고 있거나 독자에게 너무 어려운 경우에는 문장을 건너뛰기도 하고 문장 속의 항목에 주석이 있는 경우에는 문장의 줄기에서 탈선하기도 한다. 탈선이 광범위하게 이루어지는 경우에는 순서를 바꾸어 뒤로 미루는 경우도 있다. 또한 독자가 어떤 사항에 대하여 조사할 때 필요한 부분은 책의 어떤 장에만 또는 어느 단락에만 있는 경우가 많다. 또한 책을 읽고 의문점이 생겼을 때 잠시 독서를 멈추고 각주나 참조, 용어해설을 보기도 한다. 어떤 경우에는 다른 문헌이나 자료를 조사하기도 하고 중심 주제에서 벗어나 흥미 있는 사항을 더 깊게 조사하려고 한다. 이런 경우 책에서는 글 속에 있는 참고문헌의 번호, 아래의 각주, 참조 표시가 참조 위치로 갈 수 있도록 지시하고 있다. 이들은 저자나 편집자가 고안한 비선형에 유사한 것이라고 할 수 있다. 이와 같은 다양한 문장 기법은 종이와 책, 문장이라는 제약 아래서 태어나 지금까지 이어져 오고 있다(斉藤 1997).

3. 하이퍼텍스트

원래 인간의 사고라는 것은 비선형적인 구조를 취한다. 이것을 책으로 만들 때는 반드시 문자와 문장이라는 선형으로 바꾸지 않으면 안 된다.

인간 본래의 비선형 사고를 그것에 가까운 형태로 표현하기 위하여 하이퍼 텍스트가 태어났다(斉藤 1989).

하이퍼텍스트는 문장 정보를 서로 링크하고 노드라고 부르는 파일에 기록하여 비선형 형태로 구조화한다. 하이퍼텍스트에서는 참조할 장소로 바로 건너뛰어 관련 있는 정보의 창(윈도우)을 열 수 있으며 비연속적인 액세스가 가능하다. 그렇게 되면 알고 싶은 정보를 그 자리에서 표시할 수 있다. 뿐만 아니라 자신의 지적 수준에 맞추어 종횡무진으로 찾아볼 수 있고, 복수의 정보를 동시에 표시하여 그들의 관계를 개인이 자유롭게 부여함으로써 정보의 개인화가 가능하다. 또한 정보의 액세스 경로를 이용자가 자유롭게 설정할 수 있다. 하이퍼텍스트의 독자는 정보 네트워크를 자유롭게 돌아다니고 자유분방하게 행동할 수 있다. 사용하는 사람의 아이디어에 따라 겹겹이 가능성을 숨기고 있는 세계가 전개된다.

하이퍼텍스트는 사고의 비선형 구조를 표시하기 위하여 노드와 링크라는 두 가지 요소로 이루어져 있다. 어떤 정보를 나타내는 노드로 문장을 분할하고, 관계있는 노드 간에 링크를 걸어서 그 링크를 추적함으로써 각 노드의 탐색과 참조를 가능하게 한다. 복잡하게 얽혀 있는 사고를 개개의 작은 개념 단위로 분류할 수 있는 것과 마찬가지로 문서도 어떤 개념이나 내용을 나타내는 정보 단위로 분해할 수 있다. 노드는 이 개념이나 내용을 나타내는 정보 단위인 텍스트의 일부라 할 수 있다. 책에서는 장·절·단락 등을 정보 단위로 볼 수 있지만, 인간이 머릿속에서 생각할 때는 이와 같은 형식적인 단위로 사물을 생각하는 것이 아니라 어떤 개념이나 사실을 하나의 단위로 생각하는 경우가 많다. 하이퍼텍스트의 노드는 이와 같은 개념이나 사실을 하나의 단위로 다룰 수 있으므로 저자나 독자 모두 보다 명확하게 개념의 인식·평가·탐색 등이 가능하게 된다.

원래 하이퍼텍스트란 인간사고의 비선형 기억작용을 메타포(metaphor) 하는 것이라 할 수 있다. 즉, 인간의 두뇌라고 하는 것은 연상에 의하여 움직이는 것이므로 그 기억구조를 가시화하면 노드와 링크로 구성되는 지식 지도가 된다.

3.1 참조형 링크와 계층형 링크

하이퍼텍스트의 링크는 노드와 노드를 연결하는 역할을 하고 있다. 이 연결 관계는 <그림 2-2>와 같이 크게 계층형과 참조형으로 나눌 수 있다.

계층형 링크는 책으로 말하면, 장·절·단락의 연결에 해당되며 목차의 기능도 가지고 있다. 참조형 링크는 책으로 말하면, 각주나 코멘트, 보조설명적인 표나 그림, 인용문헌이나 참고문헌 등을 따라가는 경로에 해당한다. 종래의 책에서 이들을 추적하기 위해서는 본래의 사고를 중단해야 하지만, 하이퍼텍스트에서는 참조형 링크를 이용하면 사고의 중단 없이도 링크를 추적할 수가 있다.

노드와 링크의 특징은 다음의 규칙에 근거하여 비선형 구조를 쉽게 표현하고 있다.

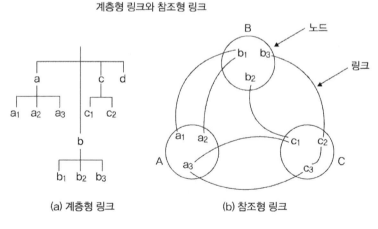

계층형 링크와 참조형 링크

(a) 계층형 링크   (b) 참조형 링크

<그림 2-2> 하이퍼텍스트의 구조

① 노드와 링크의 작성, 추가, 변경, 삭제가 자유롭다.

② 동일 문서 내의 노드 간에도, 다른 문서의 노드 간에도 링크를 걸 수 있다.

③ 동일한 문서에 대해서 상이한 노드와 링크의 구성이 복수로 중복될 수 있다. 따라서 한 사람이 동일한 문서를 목적에 따라 상이한 노드와 링크로 나누어 사용할 수 있다.

④ 여러 사람이 하나의 하이퍼텍스트로 정보 우주를 공유하여 사용하고, 동일한 독자라 하더라도 동일한 하이퍼텍스트를 목적에 따라 상이한 노드와 링크를 구성해서 사용할 수 있다. 예컨대 하나의 하이퍼텍스트의 데이터베이스가 있다고 하자. 이것을 독자가 연구 등에서 발상의 장으로 이용하기도 하고, 이것을 논문으로 정리하는 장으로도 이용한다. 각각 정보의 이용 관점이 다르기 때문에 노드와 링크의 구성도 달라진다. 이것은 노드와 링크로 결정되는 정보 구조를 독자에게 맡긴다는 것을 의미한다.

3.2 브라우징과 정보의 미아

하이퍼텍스트에서 노드와 링크의 추적은 종래의 책에서 페이지와 페이지를 넘기는 것에 해당한다. 책에서는 페이지를 한 장씩 넘기는 즐거움이 있으며 그것이 생각지도 않게 정보의 발견으로 이어진다. 하이퍼텍스트에서는 링크를 하나하나 넘기는 일을 브라우징이라 한다. 브라우징에 의하여 비선형 및 다차원의 정보 공간을 종횡무진으로 항해할 수 있게 된다.

브라우징에서는 내비게이션이 특히 중요하다. 이는 정보의 바다에 출범한 독자라는 배가 그곳에서 정보의 미아가 되지 않도록 하기 위함이다. 이런 점에서는 종이책이라면 선형 구조이며 페이지의 묶음이라는

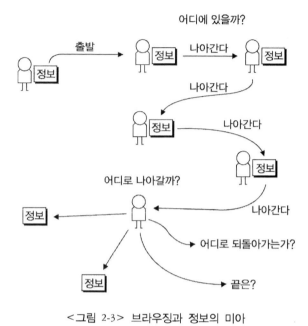

어디에 있을까?

출발

정보

나아간다

정보

나아간다

정보

나아간다

정보

어디로 나아갈까?

정보

나아간다

어디로 되돌아가는가?

정보

끝은?

<그림 2-3> 브라우징과 정보의 미아

책의 전체상을 언제라도 바라볼 수 있기 때문에 안심하고 이용할 수 있을 것이다.

정보 공간에서의 미아는 <그림 2-3>과 같이 빈번히 발생한다. 현재 읽고 있는 장소가 어디인가, 자신은 어떻게 해서 이 장소에 도달하였는가, 알고 있는 장소로 되돌아가기 위해서는 어떻게 하면 좋을까? 노드가 되는 윈도우가 무질서하게 너무 많이 열려도 미아가 생긴다. 이렇게 되면 독자에게는 정보의 혼란만 남게 되는 결과가 된다. 이것은 하이퍼텍스트가 안고 있는 커다란 문제라 할 수 있다.

3.3 내비게이션

정보의 미아를 방지하는 내비게이션 방법은 여러 가지가 연구되고 있지만 그중 하나로 지적 브라우저가 있다. 지적 브라우저에서는 노드와 링크를 독자의 연상에 작용하기 쉬운 아이콘으로 화면상에 표시하고 정보 우주 전체를 알 수 있도록 한다. 이렇게 하면 독자는 전체 속에서 자신의 위치를 특별히 지정할 수 있다. 이 특별히 지정하는 것을 "앵커(닻)를 내린다"고 한다. 지적 브라우저에는 일반적으로 「전체 해도」와 「국소적 추적 해도」가 있다. 전체 해도는 정보 공간에 존재하고 있는 전체 링크를 보여준다. 국소적 추적 해도는 독자가 연 윈도우에 표시된 문서에 대응되는 것으로 그 문서에서 나온 링크만을 나타내는 해도라 할 수 있다.

이런 방법으로 독자는 정보의 미아가 되지 않고 하이퍼텍스트를 안심하고 읽을 수 있게 되지만 그래도 문제는 남아 있다. 그것은 다른 길로 빠지는 문제이다. 링크를 더듬어 감에 따라 정보 공간을 항해할 수는 있지만, 경우에 따라서는 어떤 발견 때문에 본래의 항해로와 다른 노드(섬)를 방문하게 되어버린다. 가는 길에 들른 곳은 새로운 정보의 발견이라는 점에서 가치는 있지만 너무 깊이 들어가게 되면 본래의 항해 목적을 잊어버리게 된다. 결국 원래의 길을 잃어버리는 일도 있다. 이것을 하이퍼텍스트에서는 「지적 오버헤드」라 한다.

정보의 미아나 지적 오버헤드라고 하는 부작용 문제는 하이퍼텍스트가 해결해야 할 큰 과제임에 틀림없다.

3.4 World Brain

오늘날 하이퍼텍스트(HyperText)라는 조어는 프로토콜 http(hypertext transfer protocol)와 웹문서의 HTML(HyperText Markup Language) 등에서 인터넷 WWW(World Wide Web)를 지원하는 중요한 기술이 되었다 (Berners-Lee 1994).

T. Nelson의 해석에 따르면, HyperText란 Text를 Hyper(초월)하는 것이

라는 의미가 되며, 텍스트가 선형인 것에 비하여 하이퍼텍스트는 비선형(네트워크)의 기록 알고리즘이라는 것을 강조하고 있다(Nelson 1981).

원래 텍스트는 정적 기록 알고리즘을 갖는 기록물이지만 이것을 동적으로 바꾸려는 시도는 고대로부터 있었다. 20세기가 되어 SF 작가 H. G. Wells(Wells 1938)는 1938년에 인간의 지식을 동적으로 끌어내는 「World Brain」이란 개념을 제시하였다. 이것은 세계의 지식을 모두 통합하여 널리 보급함으로써 그것을 가장 유용한 형태로 반영하고자 하는 사상이었다. 바로 오늘날의 인터넷으로 전개되고 있는 WWW를 예언하였다 할 수 있을 것이다.

또한 H. G. Wells는 「사고(비선형)와 텍스트(선형)의 차이」라는 제목으로 소설가의 입장에서 기록과 편집에 대하여 언급하였다.

문장(텍스트)에 의한 정보의 기록과 전달은 본질적으로 1차원이며 선형이다. 그러나 그 텍스트의 바탕이 된 작가의 사고는 결코 선형이 아니다. 다양한 생각이 끓어올라 그것들이 발달하기도 하고, 상호작용하기도 하고, 사라지기도 하면서 점차 다차원적인 구조로 되어간다. 원래 작가가 그린 이와 같은 다차원적 사고 과정은 텍스트라는 기록으로 변환되어감에 따라 사라지게 된다.

즉, H. G. Wells는 정보의 불완전성을 문제로 삼았다. 텍스트란 작가의 사고의 연결을 반영하는 것이지 독자의 사고의 연결을 반영하는 것이 아니다. 사람이 머릿속으로 생각하거나 눈으로 보거나 손으로 만졌다는 것은 동시에 생각이 떠오르거나 발달하거나 또한 사라져 버리는 다차원적이며 비선형적인 것이다. 이것을 일단 종이에 텍스트로 표현한다면 한 문자씩 나열하여 선형으로밖에 표현할 수 없다.

인류는 지금까지 도서·문헌·자료 등 일차원적인 텍스트 안에 모든 지식과 정보를 축적해오고 있지만, 과연 정보나 지식이라는 것이 충실히 표현되고 있는 것일까? H. G. Wells는 기록과 편집(온톨로지 알고리즘)의 중요성에 대하여 논하며 하이퍼텍스트의 등장을 바랐던 것임에 틀림없다.

또한 난해한 『논리철학 논고』로 알려진 비트겐슈타인은 하이퍼텍스트 식으로 기술하였다. 鬼界彰夫는 그것이 유전자 조작과 비슷한 텍스트 조작이라 하였다.

비트겐슈타인의 텍스트 스타일과 구조의 특이성은 그것이 생성된 독특한 과정에 유래한다. 정리된 생각을 텍스트로 표현하려고 할 때 보통 우리는 표현해야 할 내용에 따라 순서대로 기록해간다. 그리고 쓴 내용과 내용은, 접속사, 표제, 표지제목과 같은 여러 가지 「접착제」로 연결된다. 결과적으로 완성되는 것은 없으며 내용을 파악하기 위해서는 처음부터 순서대로 읽어 나가는 것이 가장 효과적인 방법이다. 이러한 텍스트구조를 리니어(linear)한 연속 구조라 한다. 세상에 존재하는 서적과 문장의 대다수는 이러한 구조를 가지고 있다. 그러나 극히 소수의 예외를 제외하고는 비트겐슈타인의 텍스트는 리니어한 연속 구조가 아니다. 비트겐슈타인의 텍스트에는 그 자신이 「고찰」이라 부르는 텍스트의 최소 단위가 존재한다(鬼界 2003, 13-14).

비트겐슈타인은 그의 철학적 사고의 결정을 「고찰」로서 노트에 기록하였다. 그리고 다양한 고찰의 데이터베이스를 검색하고 분류하고 배열을 바꾸어 이차적인 텍스트를 제작하였다. 그 텍스트 조작은 유전자 조작과 비슷하다. 다른 조작으로 작성된 텍스트는 다른 성격을 갖고 있다. 그의 머릿속은 하이퍼텍스트적이었을 것이다. 이와 같은 비트겐슈타인의 기록은 독자에게도 하이퍼텍스트 특유의 읽는 방법을 필요로 하고 있는 것 같다.

3.5 유사 하이퍼텍스트

하이퍼텍스트는 정보를 작은 단위(노드)로 분할하고 그들을 관련(링크)시켜 정리한다. 이 방법은 색인어라는 「버튼」을 통하여 관련 있는 페이지(노드)를 연결하는 도서 색인(링크)이나 사전의 「~을 보라」 상호 참조에서도 동일한 생각을 엿볼 수 있다. 색인은 문서 내의 특정 장소에 이동하기 위한 링크라 할 수 있다. 이와 같은 색인 기능의 기원은 오래되었으며 유대교의 성전인 탈무드나 구약성서에서도 볼 수 있다. 색인의 완성된 모습은 16세기 이탈리아 성카를로 수도원의 성서용어 색인지(concordance)라 전해지고 있다. 또한 색인을 카드화한 예로는 도서관의 목록 카드가 있다. 이들은 바로 유사(疑似) 하이퍼텍스트라고 할 수 있다(Bolter 1991).

3.6 하이퍼텍스트 시스템

유사 하이퍼텍스트에서 그 구조를 본격적으로 실현하기엔 무리가 있다. 진정한 하이퍼텍스트의 탄생은 컴퓨터의 등장을 기다려야 하였다(Kay 1987). 그 원형은 유명한 Memex가 되지만 그것은 탁상 위의 가상기계에 지나지 않는다. 여기에서는 유사 하이퍼텍스트와 구별하기 위하여 「하이퍼텍스트 시스템」이라고 「시스템」을 뒤에 붙이기로 한다. 그 구체적인 모습은 1987년에 등장한 애플사의 Mac과 같은 Windows 시스템과 함께 상용화된 HyperCard나 Guide가 나올 때까지 기다려야 하였다(Nielsen 1990).

그 유명한 멘델의 법칙은 실로 한 세기 이상 세상에 알려지지 못하였다. 왜냐하면 멘델의 논문은 다른 잡다한 논문 속에 묻혀서 평가 기회를 얻을 수 없었기 때문이다. V. Bush가 제안한 Memex는 이와 같은 멘델의 비극으로부터 과학자를 해방시킬 하이퍼텍스트 시스템이었다. V. Bush는 다음과 같이 논하고 있다(Bush 1945).

인류의 지식은 놀랄 만큼 빠르게 증가하고 있지만 우리들이 그 속에서 중요한 사항을 찾아내는 수단은 수백 년 전과 별로 다름이 없다.

V. Bush는, 인간의 두뇌는 연상에 의하여 움직이므로 이와 같은 연상 기능을 중시하는 정보 링크 시스템을 개발해야 한다고 강조하였다. Memex 의 정보 항목은 서로 짝을 이루어 링크되고 결합된 항목의 열로 trail(정보 링크의 경로)이 형성된다. 이것은 마치 광범위하게 떨어져 있는 정보원으로 부터 물리적인 항목을 한데 모아 한 권의 새로운 책을 만드는 행위와 유사하다. 즉, trail이란 지식 획득 과정이나 검색과 같다. trail 자신도 결국 하이퍼텍스트화되고 Memex와 조합되어간다. 그는 trail을 확립하는 trail braiser라는 직업은 전문직일 필요가 있다고 논하였다.

1965년에 T. Nelson은 Xanadu 프로젝트를 시작하였다. Xanadu란 Samuel T. Coleridge의 유명한 시 「Kubla Khan」에서 사용되었던 서적의 기억이라고 하는 마법의 장소, 말하자면 이상향을 의미한다. T. Nelson은 전 세계 문서 자원을 하이퍼텍스트의 정보 링크로 구조화하고, 정보 선택과 문서구조 표시 기능을 구비하여 전자 도서관으로 완성한다는 원대한 목표 를 그리고 있었다.

하이퍼텍스트라고 하는 조어는 T. Nelson이 만들었다. Xanadu에는 오 늘날의 WWW에 해당하는 기능이 구비되어 있으며 그것을 xanalogical storage라 불렀다. Xanadu에서의 문서는 하이퍼텍스트 구조로 전개되는 가상 문서이며, 서로를 연결하는 정보 링크의 포인터로 구성되고, 아울러 인용이나 참조 등의 링크를 가진다. 즉, 각 문서는 그 자신의 어드레스 공간을 가지고 있으며 그것이 필요에 따라 다른 어드레스 공간으로 변환된 다. Xanadu에서 새로운 문서를 작성한다는 것은 기존 정보 링크의 포인터에 새로운 정보 링크의 포인터를 추가하고 새 링크를 추가함으로써 네트워크상에 전개되는 가상 문서를 생성시킨다. 이와 같이 변환(translation) 및 포함(inclusion)이라고 하는 두 가지의 조작을 통합시킨 조작을 transclusion이라 부른다. transclusion은 문서의 인용 구조(citation structure)를 추적하는 것이기 때문에 저작권을 감시하고 저작 문헌의 인용과 참조 구조를 찾는 정보 링크로 응용할 수도 있다.

4. 아이디어 생성

기록의 대상이 되는 주제를 명확하게 하는 주제의 생성 단계에서는 아이디어 생성이라는 온톨로지 알고리즘이 필요하게 된다.

아이디어(Idea)는 문득 떠오르는 생각, 사고, 착상, 짐작, 상상, 무언가 막연한 느낌을 나타내는 것이며 유사한 것으로 테마나 모티브가 있다. 모두 지식, 인식, 이해를 의미한다. 철학에서는 플라톤의 「이데아」, 칸트의 순수이성 개념에서는 「이데」로 논하고 있다. 이데아는 현실세계의 사상(写象)이며 영원불변한 것이라 하였다.

그런데 인간이 생각하는 주제는 처음에는 막연한 모습을 갖고 있을 뿐이다. 그것은 아이디어에 지나지 않으며 아직 충분히 개념이 형성된 것이 아니다.

예컨대 "유비쿼터스 컴퓨터"라는 제목(주제)으로 원고(기록)를 쓴다고 하자. 이때 어떤 아이디어를 어떻게 키워 나갈 것인가? 아이디어 생성 시에는 필기구를 사용해서 종이 위에 단어, 키워드, 도표, 기호 등으로 낙서처럼 그릴 수도 있다. 문장이라기보다는 단어를 몇 개라도 나열하고 선이나 원으로 그룹을 나눈다거나 단어를 결합하기도 하여 전체상의 일부를 명확히 할 수도 있다. 여러 장의 종이를 사용해서 몇 번이라도 시행착오를 거치며 아이디어를 키워 나가게 될 것이다. 문득 생각난 아이디어는 종이에 쓸 수 있는 문자나 도표뿐만 아니라 회화(繪畵)나 영상, 음성인 경우도 있다. 이와 같은 아이디어 생성에는 멀티미디어가 필요하게 된다. 잠자거나 산보하는 사이에 문득 떠오르는 갑작스러운 아이디어도 잊어버리기 전에 기록하고 싶다. 이럴 때 음성 기록이나 유비쿼터스화 된 멀티미디어가 있다면 편리할 것이다. 아이디어의 구조는 하이퍼텍스트적이기 때문이다.

그러면 전술한 원고를 집필하는 경우를 생각해보자. 우선, 집필자가 이미 알고 있는 지식을 조합하여 쓰는 경우와 아직 알려지지 않은 새로운 생각을 만들어 내서 쓰는 경우의 두 가지 상황을 생각할 수 있다. 두 가지 경우 모두 아이디어 생성이 필요한 창작활동(온톨로지 알고리즘)이라 할 수 있다. 주제는 "유비쿼터스 컴퓨터"이기 때문에 그 내용에 관한 사항을 생각나는 대로 지면에 적어간다. "라틴어", "신은 보편적 존재", "컴퓨터의 신격화", "IT 신흥종교", "눈에 보이지 않는 존재", "고도 정보화 사회의 구극(究極)", "IT 사회와의 차이" 등. 이와 같은 아이디어의 토막을 말로 쓰는 것은 연상 게임과도 같다. 또한 브레인스토밍과 비슷한 행위라 할 수 있다. 어쨌든 그 주제에 관한 기초 지식이 없어서는 안 된다.

KJ법을 제창한 川喜田二郎은 이 아이디어 생성(KJ법의 과정)에 관하여 다음과 같이 논하고 있다.

우선 제1의 능력은 줄줄이 나열되어 있는 정보 속에서 하나의 콘텍스트나 구조를 가진 부분마다 단락을 넣는 소위 단위화 능력이 필요하다. 다음으로는 압축화 능력이다. 바꾸어 말하면 콘셉트 포메이션(개념 만들기) 능력이다.

그룹 편성 시에는 친근감이 있는 것을 한 곳에 모으는 능력이 필요하다. 그것에 표찰을 만들어 구조성을 잃지 않으면서 압축된 캐치프레이즈를 만드

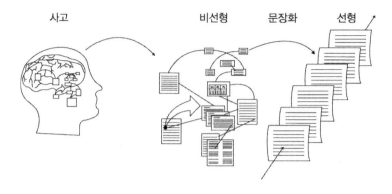

<그림 2-4> 사고와 아이디어 (출전: 斉藤 1993a)

는 능력이 요구된다. (일부 생략) 또한 공간적으로 전개하고 그 배치에 따라 의미 구조를 발견할 수 있는 공간 배치 능력이 필요하다. 다음으로 문장, 수식(数式) 등 사슬 모양으로 발전하는 논리로 정보를 앞에서 뒤로 연결하는 능력이 필요하다. 이것은 인과 관계에만 한정되는 것은 아니다. 인과 관계를 포함하면서 이것과 이것이 어떤 연유로 연결되는가라는 시간적 연쇄관계를 파악하는 능력이다(川喜田 1969, 154-155).

즉, ① 명제 추출, ② 개념 형성, ③ 분류, ④ 지식 지도(의미 네트워크)의 온톨로지 알고리즘이라 할 수 있다.

아이디어 생성에 따라 기록해야 할 주제 내용의 모양이 분명해진다. <그림 2-4>와 같이 지금까지 머릿속에 있었던 사고(아이디어)가 외재화되어 비선형형 아이디어 네트워크가 형성된다. 이 아이디어 네트워크는 지식 지도이며 집필자가 묘사한 지식 모형이라 할 수 있을 것이다. 아이디어 네트워크는 주제의 개념 형성과 분류에 의하여 정비되고 정련되어가며 다음의 오소링 단계로 진행할 수 있게 한다.

5. 오소링

外山滋比古에 따르면 인간 문화의 모든 것은 에디터십(편집)의 소산이라고 한다.

아침에 일어나 저녁에 잘 때까지 받는 엄청난 정보와 지식 중에서 선택하여 제거하고 솎아낸 후 남은 부분이 결합되어 「하루의 경험」이 된다.

경험 그 자체가 이미 편집되어 있다. 책을 읽으면 독후감이 남는다. 이것도 편집의 결과다. 읽고 인상에 남는 부분을 모아 편집한 것이 독후감이 된다. 또한 인간은 모두 태어나면서부터 에디터(편집자)다. 오케스트라의 지휘자, 중재자, 사회자, 연출가, 꽃꽂이를 하는 사람, 디자이너 등등 부조화를 고도의 조화로 승화시킬 수 있는 기능을 가진 사람들은 모든 사람에게 잠재하고 있는 에디터십을 현재화시키고 있다(外山 2002, 29).

오소링(Authoring)은 하이퍼텍스트에 근거한 편집을 말한다. 종래의 텍스트 편집(editing)과의 차이는 「구조화 편집」이 가능하다는 점이다.

5.1 구조화 편집

책은 이야기의 줄거리, 즉 시나리오대로 페이지라는 단위로 전개되며, 페이지에는 문장이 왼쪽에서 오른쪽으로, 위에서 아래로 선형으로 기록되어 있다. 이 페이지를 묶어 책자로 만들고 표지, 목차, 본문, 색인을 붙이면 책이 된다. 독자는 페이지를 넘기면서 작은 번호에서 큰 번호 순으로 읽어간다. 또한 영상과 음악의 세계에도 시나리오 편집은 있다. 60분의 영상으로 만들거나 1분간의 곡으로 채우는 등 시간을 단위로 하는 편집이 있다. 하이퍼텍스트에서는 공간과 시간 양쪽을 대상으로 하는 시나리오를 고려

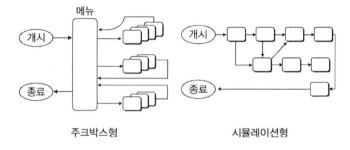

<그림 2-5> 주크박스형과 시뮬레이션형

해야 하므로 이를 위한 구조화 편집이 필요하게 된다.

5.1.1 주크박스형과 시뮬레이션형

구조화 편집의 특색은 선형이 아니라 비선형으로 전개된다는 점이다. 예컨대 주제의 시나리오를 <그림 2-5>와 같이 주크박스형과 시뮬레이션형 중 한 가지로 구조화하는 경우도 있다. 주크박스형이란 독자가 메뉴를 선택해서 좋아하는 이야기를 따라간다. 길을 잘못 든 경우에도 메뉴로 되돌아가면 정보의 미아가 되지 않는다.

또한 노드와 링크의 구조는 직선적인 정보 구조를 몇 개씩 묶은 것이므로 저자나 편집자의 시나리오 설계는 비교적 간단하다. 독자에게는 정보의 혼란과 링크의 혼선도 줄일 수 있기 때문에 브라우징도 쉽다. 그러나 제공되는 정보 구조는 종래의 책과 마찬가지로 선형이기 때문에 책을 그대로 전자 복사한 것 같아서 신선함을 느낄 수 없다. 게다가 메뉴 조작이 많기 때문에 책보다도 쓸데없이 길다는 독서감을 주게 한다.

독자에게 지적 호기심, 새로운 발견을 환기시키는 것은 시뮬레이션형 시나리오 설계일 것이다. 이 정보 구조는 복잡한 노드와 링크로 망처럼 표현된다. 그리고 하나하나의 노드 속에는 대화를 유발시키는 프로그램이 내장되어 있기 때문에 책과는 비교할 수 없는 게임 감각의 재미가 있다.

시뮬레이션형 시나리오를 설계하는 공식 같은 것은 정해져 있지 않다. 시뮬레이션형 시나리오 설계에서는 손을 대면 댈수록 끝없는 수렁과 같이 복잡한 정보 구조가 되고 만다. 반대로 손을 빼면 많은 정보의 미아를 만들어 내는 졸작 기록이 되고 만다.

5.1.2 노드와 링크의 규제

하이퍼텍스트에 의한 정보 구조는 노드와 링크를 사용함으로써 얼마든지 복잡하게 표현할 수 있다. 그러나 지나치게 복잡하거나 규제가 없는 네트워크 구조는 오히려 독자를 「정보의 미아」로 만드는 결점이 있다. 그래서 노드와 링크의 사용방법에도 어떤 유형의 규제를 설정하고 있다. 예컨대 <그림 2-6>과 같이 정보를 분류해두고 대응되는 노드를 그룹화한다. 그리고 그룹 간의 상위 개념을 상호 관련 링크로 연결시키는 방법이다. 이렇게 하면 전체적으로 간결한 노드와 링크의 구조화를 실현할 수 있다. 아무래도 하이퍼텍스트에서는 정보량을 노드 수와 링크 수라는 척도로 평가하는 것만은 아닌 것이 분명하다. 이것은 책의 정보량을 페이지 수나 문자 수로 평가할 수 없는 것과 비슷하다. 노드와 링크 수의 규제 및 구조화는 편집의 중요한 지침인 것이다.

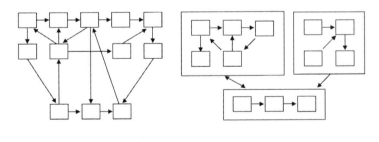

노드와 링크의 규제가 없는 경우   노드와 링크의 규제 후

<그림 2-6> 노드와 링크의 규제

5.2 정보 매핑

정보 매핑(Information Mapping)(Horn 1991)은 조직적으로 구성하고, 문장화하고, 순서를 정하고, 포맷화하는 오소링(구조화 편집) 기법이다. 그 원리는 기록의 작성 과정에서 읽는 사람의 이해를 돕기 위하여 미리 주제를 인포메이션 블록이라고 부르는 템플릿에 나누어둔다. 템플릿은 구조화된 기록의 부품이라 할 수 있는 것으로 문장이나 도표와 같은 형식으로 나누어둔다. 이 인포메이션 블록이 모아져 기록이 편집된다.

인포메이션 블록의 작성에는 다음 네 가지 원칙이 있다.

① Chunking   모든 정보를 다루기 좋은 작은 기록 단위로 분류한다.
② Relevance   거기에 읽는 사람에게 전달하고 싶은 기록만 모아둔다.
③ Consistency   같은 주제를 다룰 때에는 동일한 용어를 사용한다.
④ Labeling   일정한 기준에 따라 그룹이나 단위에 제목을 붙인다.

5.2.1 인포메이션 블록의 종류

템플릿화된 것은 다음과 같은 것이 있다. 이것은 인포메이션 타입이라고 부르며, 주제에 따라 필요한 특정 정보를 분별하기 위하여 사용한다. 바꾸어 말하면, 기록 생성의 기본적인 범주이며 읽는 사람을 의식한 것이다.

① Procedure(순서)   「어떤 요령으로 하는 것인가」를 알려준다.
② Process(과정)   「무슨 일이 일어나는가」를 알려준다.
③ Structure(구조)   「주제가 어떻게 보이는가」, 「무엇으로 구성되는가」를 알려준다.
④ Concept(개념)   「용어, 아이디어, 추상적 개념」의 의미를 알려준다.

⑤ Fact(사실)	「데이터」라는 것을 알려 준다. 증명할 필요가 없다.
⑥ Classification(분류)	「정보의 그룹」을 어떤 기준으로 정리한다는 것을 알려준다.
⑦ Principle(원칙)	「무엇을 해야 하는가, 무엇을 해서는 안 되는가」를 알려준다.

5.2.2 하이퍼트레일

하이퍼트레일(HyperTrail)은 인포메이션 블록끼리 링크로 묶는 것이다. 하이퍼트레일에 따라 기록 구조가 도해된다. 즉, 그것을 정보 매핑이라고 부른다. 하이퍼트레일에는 다음과 같은 것이 있다.

① 필수정보 하이퍼트레일	필수 정보를 모아 전개한다.
② 분류 하이퍼트레일	계층적으로 분류하여 전개한다.
③ 시계열 하이퍼트레일	시간의 흐름에 따라 정보를 전개한다.
④ 지리 하이퍼트레일	지도를 이용하여 공간적으로 구성하고 전개한다.
⑤ 프로젝트 하이퍼트레일	프로젝트를 입안하고 그 공정을 전개한다.
⑥ 구조 하이퍼트레일	물리적인 것이라면 부품을 전개한다.
⑦ 판단 하이퍼트레일	의사결정에 관한 정보를 전개한다.
⑧ 정의 하이퍼트레일	용어에 복수의 의미가 있는 경우에는 서로 링크시켜 전개한다.
⑨ 예 하이퍼트레일	기록물 중에서 사례 정보를 링크시켜 참조한다.

6. 라이팅 스페이스

오소링에는 기록 알고리즘을 지원하는 데스크탑 메타포 인터페이스가 가동하고 있다. 데스크탑 메타포란 책상에서의 일을 모방하여 실세계의 사무실 작업 환경(물리 모형)을 컴퓨터 세계(논리 모형)에 투영한 것이다. 사람은 지적 작업을 위하여 서류, 도서, 사전 등을 책상 위에 펼쳐 놓는다. 이것을 시뮬레이션하면 화면에 윈도우를 여러 개 여는 멀티 윈도우가 된다. 또한 아이콘화된 문구, 사전 등의 오브젝트(프로그램)를 사용한다. 아이콘은 시각화 언어라고도 할 수 있다. 이 아이콘은 세계 어디에 가더라도 같은 의미로 통하는 국제어가 되고 있다. 개인용 컴퓨터의 탄생 이래 그 궁극의 모습은 데스크탑 메타포를 향한 끝없는 진화였다. 결국 그것은 D. Bolter(Bolter 1991)가 말하는 라이팅 스페이스인 것이다.

무엇을 쓴다는 것은 기호의 창조적인 유희이며, 컴퓨터는 이러한 유희를 위하여 새로운 유희장을 만들어 준다. 컴퓨터는 쓴다고 하는 행위를 조직화하는 기술을 가져다줄 뿐만 아니라 텍스트를 기록하고 제시하는 새로운 공간도 가져다준다. 즉, 컴퓨터는 새로운 라이팅 스페이스를 만들어주는 것이다.

라이팅 스페이스는 집필 기술에 의하여 결정되는 물리적 및 시각적 영역을 말하는 것으로, 사람은 그 공간에 나타난 기호를 눈으로 보아 이해하게 된다. 역사를 뒤돌아보면 집필 기술은 다른 공간(데스크탑 메타포)을 마련해주었다. 즉, 고대의 연속된 두루마리, 중세의 손으로 쓴 글, 근대의 인쇄 그리고 디스플레이와 윈도우가 그것이다. 또한 라이팅 스페이스는 필자의 정신 그 자체를 라이팅 스페이스로 간주하게 되어 이제 그것은 인간 정신의 메타포라 할 수 있을 것이다.

7. 편집공학

오소링이나 구조화 편집에는 분명히 온톨로지 알고리즘이 보인다. 이에 대하여 편집공학이라는 이름을 붙인 사람이 松岡正剛이다.

편집에는 당초 인간의 인지 활동부터 표현 활동까지, 기억의 구조로부터 지식의 조직까지, 또한 매체에 의한 편집의 자질구레한 일부터 컴퓨터 네트워크 기술에 의한 편집까지가 거의 다 포함된다. 이것을 연구하고 개발하는 분야를 총칭해서 「편집공학」(Editorial Engineering)이라 한다(松岡 2000, 16).

편집은 문제 해결 기법이기도 하다. 「주제」와 그것을 기록하는 「방법」의 관계에서 문제 해결의 실마리는 「주제」에 있는 것이 아니다. 그것은 여러 주제를 연결하는 「관계」에 있으며 그 「관계」를 발견하는 「방법」에 있다. 이 방법이야말로 「편집공학」인 것이다. 松岡正剛은 21세기는 「방법의 시대」가 될 것이라 한다. 온톨로지적 해석에서는 이미 20세기에 어떤 주제가 중요하게 될지 「이해하고」 「알」 수 있게 되었지만, 「아는 방법」을 「이해하지」 못하고 있다. 인간의 역사란 정보의 역사이며 편집의 역사인 것이다. 주제는 같은 역사를 다루더라도 이 편집이라는 방법이 다를 뿐이라고 말할 수 있다. 역대의 사상가나 역사가, 문명론자는 역사를 재편집한 것에 지나지 않는다. 이것은 松岡正剛의 편집적 세계관이기도 하다.

편집공학은 매우 시사하는 바가 큰 기록 알고리즘의 힌트를 제공한다. 기록정보학의 초록이라고 하는 압축 기록 기술은 편집공학에서는 「키노트 에디팅」(요약 편집)이라고 부르는 것이며, 주제 분석에서 「aboutness」인 「저자는 무엇 무엇에 관해서 논하고 있다」는 것과 다름없다.

「중점화 모드」	스토리성을 살린 다이제스트
「윤곽화 모드」	논지의 개요에만 초점을 맞춘다.
「도해화 모드」	몇 장의 그림으로 그린다.
「구조화 모드」	논지의 배경이 되고 있는 사고방식과의 관계를 넣는다.
「각본 모드」	다른 매체로 변환하기 위한 것
「보도 모드」	뉴스로 전달하려는 목적을 가진 것

결론적으로 편집공학의 온톨로지 알고리즘이란 정보의 수집과 분류, 정보의 나무구조나 네트워크 작성, 정보군의 모형화와 시뮬레이션, 정보의 연표나 지도의 작성, 정보군의 인용이나 주석을 붙이는 일 등 편집 용법에 나타나는 것이다. 이 사고방식은 기록 알고리즘 그 자체라고 할 수 있다.

그런데 인터넷에 의하여 개인이 자유롭게 기록을 기록하고 유사 전자 기록을 발신할 수 있게 되었다. 이 시대의 누구라도 기록과 정보를 발신하고 싶어 한다. 그래서 이 잡다한 것에서 암묵지를 획득하여 그것을 표현하고 다시 유사 기록을 발신하게 된다. 이미 이 징조는 인터넷상에서 다양한 개인 웹 출판의 범람을 보면 분명해진다. 이와 같은 무질서한 유사 기록이 새로운 문화를 형성하는 것은 틀림없지만 너무나 허무하다. 그것은 아직도 가짜가 많고 온톨로지 알고리즘에 기반한 진정한 기록이라고는 말할 수 없기 때문이다.

제3장
정보

ontology algorithm

주제와 기록은 주제 분석(정보 알고리즘)에 의하여 정보화된다. 이 기록 정보를 서지 정보로 축적하여 검색하는 정보검색 시스템으로는 도서관이 있다. 또한 이것을 모형으로 컴퓨터상에 실현시킨 것이 데이터베이스와 정보검색 시스템이다. 그리고 인터넷상에 세계의 도서관과 정보검색 시스템에 관한 정보를 수집하여 웹을 만드는 전자 도서관도 등장하였다.

1. 기록정보학

기록정보학의 영역은 Documentation이라고 부르는 영역과 중복된다. 이하 영어 「Documentation」으로 표현하기로 한다. 왜냐하면 이 ドクメンテーション(도큐멘테이션)이라고 하는 가타카나 명칭은 컴퓨터 분야나 인쇄·출판 분야에서 빈번하게 사용되는 용어이며, 설계의 문서화나 매뉴얼 작성 기술 등을 의미하는 용어로 일본에서는 정착되고 있기 때문이다.

Documentation은 주로 19세기 말 유럽에서 탄생하였다. 그중에서도 벨기에의 Paul Otlet(Otlet 1990)과 그의 동료인 브라셀파 사람들에 의한 공적이 유명하다. 그들은 그때까지 Bibliography(서지학)라 부르던 영역을 확장하기 위하여 당시로서는 새로운 명칭으로 생각되었던 Documentation을 사용하였다. 당시의 사전에는 Document라는 어휘는 있었지만 Documentation이라는 파생어는 없었다. 아마 Document Studies라는 의미로 Documentation을 생각하였을 것이다. Bibliography는 서지학이나 도서관학을 의미하고 있으며 그 명칭의 기원은 고대 이집트까지 거슬러 올라간다. 19세기 말에 이르러 도서의 수가 증가하고 새로운 잡지와 그 기사가 늘어나 문헌 수가 방대해지기 시작하였다. 즉, 도서라는 단위를 주로 다루어왔던 Bibliography에서는 대응할 수 없는 처리대상으로서 문헌(Document)이 중요한 정보 매체(정보원)가 되었다. 문헌(기사)이라는 단위를 세밀하고 자세하게 다루는 새로운 서지학이 Documentation이며, 이를 위한 분류법으로 고안된 것이 UDC(Universal Decimal Classification)였다.

원래 유럽에서 탄생한 Documentation이지만 UDC가 갖고 있는 지식 표현의 구조, 국제적 정보 유통을 위한 분류 언어로서의 가치 등이 주목받게 되어 미국에서도 정보 센터나 싱크탱크 등 정보기관에서 널리 이용하게 되었다. 이는 단지 기술적인 문제뿐만 아니라 정보 발생자가 되는 개인, 집단, 조직 및 정보 이용자의 요구도 대상으로 삼아 인간이 사회 활동 속에서 정보를 어떻게 다루는가까지 확대되었으며 결국에는 지식, 의미, 학습, 인지심리학, 언어학, 사회학, 계산기이론 등을 포함하는 데까지 성장하였다. 또한 여기에서 계산기 이론에 대한 설명을 추가할 필요가 있다. 이것은 후에 컴퓨터 과학(Computer Science)으로 발전하게 되었지만, 1946년에 실용화된 ENIAC은 아직 컴퓨터라 할 수 없었으며 수치 데이터를 계산하는 정도였다. 그런데도 1949년에는 유명한 C. E. Shannon(Shannon 1949)의 통신 모형을 밝히는 데 큰 도움이 되었다. 이것을 Information

Theory라 부르기도 하지만 정보보다는 기호의 전달 효율을 해석한 것이었다. 또한 1950년에는 N. Wiener(Wiener 1961)가 사이버네틱스(Cybernetics)로 정보 전달의 수학적 모형을 밝히게 된다. 사이버네틱스라는 말은 Wiener가 만든 것은 아니다. 1834년 암뻴은 인간이 학문의 대상이 되는 지식을 전부 배열하려고 하면 사이버네틱스가 된다고 논하였다. 이것은 그리스어의 「기(技)」혹은 「키잡이」를 나타내는 "kybernetike"에서 만든 조어였다. 이 두 가지 모형은 Documentation에 많은 자극을 주게 되었으며, 정보 모형의 연구 분야에서는 컴퓨터의 유용성에 대한 인식이 높아지게 되었다.

이와 같은 시대를 배경으로 Documentation은 순조롭게 발전하게 되어 1950년대부터 1960년대의 컴퓨터 보급, 이어서 1970년대의 데이터베이스와 온라인 시스템의 등장 등에 따라 서지 정보의 제공에서부터 컴퓨터와 통신에 의한 전자적 정보 제공이 많아지게 되었다. 뿐만 아니라 문헌 검색에서 데이터베이스 검색으로 진행됨에 따라 키워드나 자연어에 의한 색인 기술이 UDC를 대신하게 되었다. 컴퓨터도 효과적인 문자열 처리 소프트웨어의 등장에 따라 고속 정보검색 시스템이 개발되었다(Fairthorne 1961).

그런데 문헌정보학, 정보학, 기록정보학 등 정보라는 이름을 붙일 수 있는 학술 분야에서는 나름대로 고유의 학문 영역에서 정보를 접근하지만 모두 동일한 정보를 대상으로 하고 있다. 다만 그 정보의 해석과 범위에서는 독자성을 보이고 있다.

도서관학에서는 주로 도서·문헌에 관한 서지 정보(서지 속성)를 대상으로 연구하고, 서지 정보를 둘러싸고 작성자와 이용자 쌍방에서 발생하는 정보 요구, 탐색행위, 검색전략 등 인적 정보(서지 정보행위)가 대상이 되었다. 여기에는 서지 정보와 서지 정보행위의 보조도구와 그 조작기법에 관한 정보 처리(서지 정보 처리)도 포함된다.

이러한 서지 정보, 서지 정보행위 및 서지 정보 처리의 장소가 도서관이며, 「관」이라는 영역을 초월한 것이 도서관 시스템(이 경우의 시스템이란 컴퓨터를 활용하지 않는 서지 정보의 축적과 검색의 기능, 구조, 방법론이다)이라 할 수 있을 것이다. 또한 도서관 시스템에는 그 업무를 주로 처리하는 사무관리 시스템을 포함하는 경우가 있기 때문에 여기에서는 좁은 의미로 해석된 것이며, 후에 정보검색 시스템(이 경우의 시스템은 도구, 기계, 컴퓨터에 의하여 실현된 것)으로 발전하게 된다(Doyle 1961; Lancaster 1986; Taube 1955; Borko 1978).

먼저 도서관학에서 말하는 정보란 한마디로 「서지」에 초점을 맞추고 있다는 사실을 재인식시키고 싶다. 즉, 정보라는 터무니없이 넓은 영역 속에서 도서·문헌을 정보 매체(정보원)로 하는 서지 속성을 다루고 있다.

Buckland(Buckland 1995)는 Documentation 탄생 이래 약 100년간 두 가지 해석이 정착되었다고 논하고 있다. 즉, 좁은 의미로는 서지 정보관리 에 관한 전문 기술이며, 문헌의 수집, 보존, 조직화, 요약, 배포 등에 대한 기술로 한정한 것이다. 또한 넓은 의미로는 정보검색, 문헌 관리, 레코드 관리, 색인법, 도서관 관리 등의 이론·관리·기술 전체를 나타낸다. 여하간 UDC라는 국제십진분류법을 중심으로 전개되었다는 공통점이 있다. Bibliography는 아리스토텔레스적 분류를 고수한 것이기 때문에 도서 분류 외에는 효력이 없었지만, UDC라면 도서의 내용을 세분화하고 그 구성 요소인 기사나 문헌을 대상으로 하고 있으며 복합 주제에 대해서도 다면적 인 분류 코드를 부여할 수 있었다. 이것은 UDC가 가진 패싯 분류(Facet Classification) 기능에 의한 것이었다. 이에 따라 주제 분석이 Documentation 의 중심 주제가 되었다(Farkas 1990; Kent 1958).

기록 정보의 내부에 들어가기 위해서는 「주제 분석」(Subject Analysis)이 필요하게 된다. 이것은 원래 분류 및 목록 작업과 색인 작업이라는 서지 정보 처리의 일환으로 그 장소가 도서관이었다. 도서관학에서의 주제란, 문헌을 예로 들면, 집필자가 무엇에 대하여 언급하는지, 또한 집필자가 어떤 목적으로 이용되리라고 기대하고 있는지에 대한 내용, 즉 집필자가 의도하는 내용이다. 따라서 주제 분석은 내용 분석이기도 한 것이므로 그 결과를 기록 정보화하기 위해서는 색인어, 초록, 분류 등 정보 압축 작업을 수반하게 된다. 이 작업에서는 집필자의 의도뿐만 아니라 이용자의 입장을 고려한 주제 분석자의 정보 서비스 정신이 크게 반영된다.

주제 분석에 관한 정보 알고리즘은 1980년대부터 본격적으로 연구되었다(Meadows 1987). 그 접근방법의 원점은 매스커뮤니케이션 연구(南出 1989)에서 사용되었던 「내용 분석」(Content Analysis)이었다. 이 경우 「내용」이란 언어적, 음악적, 회화적, 몸짓 등을 심벌로 파악하고 이들에 의하여 전달되는 의미를 말하는 것이며 이에 관하여 커뮤니케이션 과정에서 문제로 다루는 것이 「내용 분석」이다. 「내용 분석」에서는 「내용」의 속성으로 언어, 명제, 인물, 특징 등의 항목을 설정하고 통계 처리에 의하여 주제, 방향, 기준 등을 명확히 하여 무엇이 전달되었는지를 계량·평가한다. 물론 사회학적으로는 「내용」이 문제가 되기 때문에 인간과 사회에서 일어나는 커뮤니케이션의 모든 기호론적인 현상도 고려하지 않으면 안 된다(武者小路 1992).

이와 같은 「내용 분석」 접근방법의 응용을 초기의 주제 분석에서는 볼 수 없었다. 왜냐하면 커뮤니케이션적인 관심보다도 정보 압축 기법에 관심이 있었던 것으로 생각된다.

주제 분석에서는 문헌의 주제 속성으로 무엇에 대하여(about) 논하고 있는가라는 「aboutness」를 중시하고 있었다. 아주 모호하고 주관적이며 경험적인 작업이었다. 따라서 정보 알고리즘으로 형식화하기 위하여 다양한 접근방법(Ingwersen 1993)이 전개되었다. 예컨대 말과 글의 의미관계를 중시하는 언어학적 분석, 기록 정보의 구조적 분석(神門 1992)이나 사회학적 분석, 또한 인지심리학적 분석을 추가한 담화 분석(Discourse Analysis) 등이 그것이다(Farrow 1991).

주제를 포함하는 기록물은 인간에 의한 창작물임에 틀림없기 때문에 먼저 인간의 기록 행위에 대한 이해, 기억, 생성 등을 찾아낼 필요가 있다. 그곳은 기록 정보의 세계일뿐만 아니라 인간의 개인적인 암묵지에 크게 의존하는 「지식」의 세계이기도 하다. 또한 한편으로는 기록 정보를 탐색하고 활용하는 정보 요구 행위(Information seeking behavior)(Saracevic 1988)도 매우 개인적인 것이며 그것도 암묵지라 할 수 있다.

2. 주제 분석

일반적으로 말하면, 주제(Subject)는 제목, 화제, 의제(topic, theme) 등을 의미한다. 학교에서는 학과, 과목, 교재 등의 의미로 사용된다. 문법에서는 주어나 주부가 이에 대응될 것이다. 또한 그다지 사용하지는 않지만 원인, 종(種), 대상 등도 같은 의미이다. 학술적으로는 논리학의 「주사(主辭)」나 철학의 「주관, 실체」로 사용하는 말도 거의 같은 의미라 할 수 있다.

주제 분석(Subject Analysis)이란 기록정보학에서는 기록물로부터 내용을 파악하여 주제라고 하는 개념을 명확하게 하는 것을 말하며, 구체적으로는 분류나 색인을 이용하여 정보를 조직화하는 것이다. 이 처리 과정에는 먼저 대상 기록물에 대한 주제 분석의 정보 환경(문맥)에서 보는 관점이 중요하다. 이 정보 관점이란 대부분의 경우 정보 시스템에서의 정보 축적과 관련되는 것이며 독자적인 정보화 체계를 설계해두지 않으면 안 된다. 그것은 새로운 분류 시스템이나 의미 시스템(시소러스)을 설계하고 개발하는 것이며 온톨로지 알고리즘을 집대성한 것이라고 말할 수 있을 것이다. 구체적으로 말하면, 주제 분석은 기록을 정보화하는 온톨로지 알고리즘이 된다.

문헌정보학이나 기록정보학에서 주제 분석은 정보 조직화나 정보 알고리즘의 과정으로 중요시되고 있었다. 전통적으로는 분류나 색인을 바탕으로 서지 속성을 대상으로 한 aboutness 방식이다. 그 외 여러 가지 방식이 제안되었지만 모두 온톨로지 알고리즘과 밀접하게 관련된 것이었으며, 「인식」, 「개념」, 「분류」, 「언어」, 「논리」, 「의미」 등 공통 요소에 의하여 체계화되었다.

이제까지는 키워드의 치환(색인화)이나 요약(초록화)을 중요시하였으나 최근의 주제 분석은 다음과 같은 인지적 접근방법을 중시하는 쪽으로 바뀌게 되었다(Ingwersen 1993).

① 의미도 포함하여 문자라는 것을 추구한다. 「언어학적 분석」
② 어떻게 구조화하고 있는가(책이라면 작자는 어떻게 기록을 구조화하였는가, 또한 독자는 그것을 어떻게 구조화할 것인가)를 추구한다. 「기록 정보의 구조적 분석」
③ 사회라는 배경 아래서 폭넓게 생각한다. 「사회학적 분석」
④ 어떻게 인지하는가 하는 것을 추구하는 「인지심리학」을 추가한 담화 분석(Discourse Analysis)이다.

담화 분석에서는 주제도 「내용」과 같은 것이며 그것을 언어적, 음악적, 회화적, 몸짓 등에 의한 심벌로 간주한다. 그 의미는 커뮤니케이션 과정, 인지심리학적, 또한 언어학적인 것에서 영향을 받은 것이라 생각된다.

2.1 색인화

주제 분석이라는 온톨로지 알고리즘은 좁은 의미로는 색인화(Indexing) 과정이라 할 수 있다.

지금까지 기록정보학(정보검색) 분야에서 도서, 문헌 등 문서에 의한 기록물을 대상으로 하는 경우에는 그 주제(내용)를 나타내는 요소로서 색인어라는 것을 생각하고 색인어로 사용해도 될 만한 용어를 추출하였다. 그리고 이들 색인어의 조합으로 문서의 주제를 표현하려고 하였다. 색인어는 정보가 압축된 개념어라 할 수 있다. 그 개념 사전이라 할 수 있는 것이 시소러스 및 분류 시스템이다.

색인화는 색인어를 추출하는 과정을 의미한다. 주제를 특징짓는 색인어를 빠짐없이 추출함으로써 정보검색 시 「재현율」을 향상시킨다. 이를 위하여 색인화 시에는 가능한 한 적확한 색인어를 부여한다. 다만 특정 기록의 내용(주제)에 너무 특화된 색인어라면 범용성이 줄어들어 검색어로서의 이용가치가 한정된다. 색인어는 이용자가 검색어로서도 사용할 수 있도록 범용성을 고려하지 않으면 안 된다. 그렇지만 망라적인 색인어는 주제를 모호하게 표현할 수밖에 없어 검색 시 검색 잡음을 발생시키기도 한다. 이와 같이 색인어의 품질을 결정하는 일은 매우 어렵다. 그 개선책으로 여러 가지 방식이 제안되었다. 예컨대 담화(Discourse)를 중시하려는 방식이 있다(Faithorne 1985).

① 담화란 특정의 주제에 대한 발언이나 기술이 언급하고 있는 것에 주목
② 그 담화가 무엇에 관한(aboutness) 것인가?

이 방식에서는 상기 두 가지 관점을 구별한다. 후자는 토픽이며, 전자에 대해서뿐만 아니라 누가 어떤 목적으로 그것을 이용할 것인가, 저자가 어떤 목적으로 이용되는 것을 의도하고 있는가 등 텍스트와는 별도로 다양한 사항에 대해서 고려할 필요가 있다. 이 특정의 담화가 무엇에 대한 것인가를 논하는 「aboutness 방식」과 같은 것이다. 다만 이 aboutness를 중시한다고 해서 반드시 좋은 품질의 정보가 되는 것은 아니다.

Weinberg(Weinberg 1986)에 의하면, aboutness만을 표현하는 색인 작업

은 학생이나 초보자는 차치하고 학자, 연구자에게도 전혀 이용가치가 없다고 한다. 학자나 연구자가 원하는 것은 토픽(주제·테마)이 아니라 언어학적으로 말하는 코멘트(측면·레마)이기 때문이다. 코멘트까지 표현할 수 있는 것으로는 초록이나 리뷰가 있지만, 이들도 실제로는 정보 압축 과정에서 상당히 많은 주관이 개입되어버린다. 따라서 연구자가 이들 문헌을 직접 읽는 것을 대신해줄 수는 없다.

2.2 주제 분석의 목적

기록물의 내용은 주제(subject)가 되지만 내용을 나타내는 것은 contents 라는 것이 일반적인 해석이라 생각된다. 다만, 기록정보학에서 보면 이 양자가 갖는 의미는 크게 다르다. contents가 내용 그 자체를 가리키는 것에 비하여 subject는 「어떤 내용인가」라는 것, 즉 기록물이 다루고 있는 논제나 테마 등 기록물 전체를 통하여 나타내고 있는 하나의 내용 사항을 의미한다.

그러면 도서관에서의 주제 분석을 생각해보자. 분류 작업 및 목록 작업이나 색인 작업은 색인어, 초록, 분류 등 정보 압축 작업을 수반한다. 이 작업에서는 집필자의 의도뿐만 아니라 이용자의 입장을 고려한 주제 분석자의 정보 서비스 정신이 크게 반영된다. 도서관의 정보는 장서라는 기록물의 주제를 분석하여 만드는 서지 정보라 할 수 있다.

어떤 주제에 관한 정보를 찾아서 기록물을 대조할 때 기록물이 하나뿐이라면 실제로 현물을 눈으로 확인함으로써 끝난다. 그러나 기록물의 양이 많아지면 그 모두를 눈으로 확인하는 것은 거의 불가능하다. 표제에서도 어느 정도는 내용을 추측할 수 있지만 정보가 넘쳐나는 작금의 상황에서는 목적에 부합할 것 같은 표제의 책만도 수백 권이 나올 것이다.

그래서 방대한 기록물 속에서 자신에게 필요한 기록물을 효율성 있게 찾을 수 있도록 기록물의 주제를 미리 분석하고, 색인어, 초록, 분류라는 방법으로 정보를 압축하여 차후의 정보검색에 유효하게 활용할 수 있도록 준비해둔다.

주제 분석에는 많은 시간과 노력이 들지만, 그래도 도서관을 필두로 여러 기관이 이 작업에 진력함으로써 이용자는 보다 많은 유용한 정보를 입수할 수 있으며 기록물도 존재가치를 높일 수 있게 된다.

2.3 주제 분석의 실례

기록(기록물)이 문헌·도서라면 주제 분석의 순서는 다음과 같다. 일반적으로 우선 표제를 읽고, 본문을 눈으로 훑어보고, 장이나 절의 제목, 캐치프레이즈나 전문용어 등을 체크한다. 만약 초록이 있다면 기록물의 요약된 내용을 파악할 수 있다.

기술 논문 등의 구성은 일반적으로 <그림 3-1>과 같다. 이렇게 주제를 분석하면 대상 기록의 내용을 나타내는 몇 가지 용어나 개념을 추출해낼 수 있다. 그 용어를 그대로 색인어(자연언어 키워드)로 이용하는 경우와 주제 개념을 적확하게 지시하는(의미 작용) 용어를 부여하는 경우가 있다. 후자의 경우 미리 준비된 색인어집(시소러스)에서 선택한다(Aitchison 1987).

어느 경우라도 주제(개념)와 의미 작용(색인작용)의 온톨로지 알고리즘이 중요한 기능을 한다.

2.4 주제 분석과 범주

「인사 정보」를 주제 분석의 예로 들고 「범주」에 대하여 생각해보자. 예컨대 인사 정보 파일을 설계한다고 하자. 종업원 레코드를 정할 때 일반적으로 "이름", "성별", "연령", "학력", "입사년도", "소속" 등의 항목을

서론	1	경위	역사, 경과, 종래의 연구, 전보(前報)소개, 유사연구
	2	배경	실상, 현상, 동향, 일반론, 개론, 개요, 현황
	3	정의	정의
	4	주제범위	문제영역, 스코프
	5	목적 이유	목적, 이유, 필요성, 문제점
	6	방법론	가설, 방법, 기간, 대상
	7	결과	결과
	8	특징(요지)	주제의 특징, 의의, 이점
방법론	1	목적	
	2	범위	실험, 측정항목, 측정범위 등
	3	제약조건	문제점, 조건, 장소, 기간
	4	대상	성질, 대상
	5	이론	이론, 원리
	6	재료	시료, 재료, 공시체(供試體)
	7	순서	순서, 과정
	8	수단	장치, 기기, 시약
	9	방법	작동, 실험, 분석, 반응, 해석, 사용법, 시험, 측정, 비교법, 실시법, 연구법, 조작, 제어, 설계, 관찰, 계산, 조사, 검토, 계획, 생산, 석출(析出), 생성, 제작, 제조, 정량, 증명, 추출, 분류, 검정
결과	1	수치적 결과	
	2	비수치적 결과	
	3	이론적 귀결	도출식, 추론결과
고찰	1	데이터분석	
	2	결과의 비교	
	3	결과의 검토	
	4	다른 연구(성과)와의 비교	
	5	토론	
	6	평가	이점, 결점, 장점, 단점, 경제성, 유효성, 장래성
	7	남은 문제점, 과제, 영향	
	8	문제제기, 제안, 대책	
	9	추론, 추측, 예측, 장래의 방향, 전망, 동향	
결론	1	총괄	서론에서 고찰까지의 요약
	2	결과	결과 자체, 또는 그 요약
	3	고찰	고찰 자체, 또는 그 요약
		3.1 고찰 6.7	고찰 6.7 자체, 또는 그 요약
		3.2 고찰 8	고찰 8 자체, 또는 그 요약
		3.3 고찰 9	고찰 9 자체, 또는 그 요약
	4	종합적 고찰	각 결과의 고찰을 넘어 종합적으로 논하고 있는 것

부기	1	사사(謝辭), 협력자명	
	2	보유(補遺)	보족설명, 부언(付言)
	3	참고문헌	인용문헌, 참고도서
	4	부표(付表)	
	5	부속자료	

<그림 3-1> 논문의 내용

추출할 것이다. 이들은 종업원의 속성이라 할 수 있는 것으로 인사 정보를 구성하는 요소가 된다. 즉, 인사 정보의 주제를 구성하는 개념이다. 다만 개념이라 하더라도 주제를 나타내기 위하여 상위 개념이나 하위 개념과 같은 구조를 갖는다. 이와 같은 주제 개념의 속성을 범주라 부른다. 따라서 주제 분석의 요점은 어떻게 적확한 범주를 설정하는가에 있다. 그렇다고 해서 범주화를 어렵게 생각할 필요는 없다. 예컨대 다음과 같이 「5W1H」를 기본으로 주제 개념의 속성을 명확하게 하면 된다.

무엇(대상)의 무엇(성질, 성능)을 다루고 있는가
무엇(대상)에 대한 무엇(작용, 효과)을 다루고 있는가
무엇(대상)의 무엇(현상)을 다루고 있는가
무엇(현상)에 대한 무엇(작용)을 다루고 있는가
무엇(전체)에서 무엇(부분)을 다루고 있는가
무엇(재료)의 무엇(성분)을 다루고 있는가
무엇(위치, 장소)의 무엇(대상)인가
무엇(조건)에서 무엇(현상, 작용)인가
무엇(목적)을 위한 무엇(조작, 방법)인가
무엇(원인, 원리)에 의한 무엇(결과, 현상)인가
무엇(수단, 방법)에 의한 무엇(작용, 효과)을 다루고 있는가
언제(시대)의 무엇(현상, 작용, 대상)을 다루고 있는가

무엇(대상)의 무엇(용도, 효과)인가

무엇(유래)에 의한 무엇(대상)인가

이것은 일반적인 방법이며 물론 각 전문 분야에 따라 달라진다. 몇 가지의 예를 다음에 보인다.

화학 분야의 범주 : 시료, 방법, 장치, 시약, 정도(精度), 시간

의학 분야의 범주 : 병리, 징후, 진단, 경과, 예후(予後), 예방, 치료

공학 분야의 범주 : 과정, 성질, 제품, 장치, 재료

2.5 주제 분석의 순서

주제 분석은 기록의 정보화를 위한 정보 알고리즘이기 때문에 그 기록정보의 생성, 분석·가공, 이용의 흐름을 가로질러 기록 정보의 전달 과정을 분석하게 된다. 여기에서는 「문헌」이라는 기록물을 예로 구체적인 주제 분석의 일반적인 순서를 보인다.

① 표제를 읽는다. 표제란 본래 문헌의 주제를 나타내는 실마리가 되는 것이다.

② 초록을 읽는다. 만일 초록이 있는 문헌이라면 그 문헌 내용의 요약 주제를 파악할 수 있다.

③ 본문을 훑어본다. 이 경우 머리말, 목적, 결과, 고찰 등의 장 제목에 주의한다.

④ 참고문헌 목록을 본다. 참고문헌의 표제에서 내용을 알 수 있는 것도 있다. 이들 순서를 거치기 전에 물론 주제 범주의 기준을 정해두지 않으면 안 된다.

⑤ 개념의 추출과 간결한 요약. 온톨로지 알고리즘이 드러나는 과정은 간결한 요약으로 변환할 때이다.

주제를 구성하는 개념이 추출되면 이들을 조합하여 간결한 요약으로 변환한다. 조합된 하나의 개념으로 하는 방법, 각각 독립된 복수의 개념(어)을 열거하는 방법의 두 가지를 생각할 수 있다. 후자의 경우에는 열거 순서와 상호 간의 관계 표시가 문제이다. 상호 관계의 분석은 패싯 분석 방법을 이용한다.

예컨대 "일본의 반도체 수출과 미국의 항공기 수입"에 대하여 쓴 기록이 있다고 하자. 이 도서의 주제 개념으로는 "일본, 반도체, 수출, 미국, 항공기, 수입"을 들 수 있을 것이다. 만약 이 여섯 개를 독립된 색인어로 채택해버리면 "미국의 반도체 수출"에 대하여 조사하는 경우에도 이 기록물이 검색된다. 이런 경우를 피하기 위해서는 〔일본-반도체-수출〕, 〔미국-항공기-수입〕과 같이 추출된 개념의 관련성을 명확히 할 필요가 있다.

패싯 분석으로서는 Ranganathan의 P : M : E : S : T나 OCLC의 FAST(Faceted Application of Subject Terminology) 등이 있다. P : M : E : S : T에서는 〔Person, Matter, Energy, Space, Time〕이라고 하는 다섯 가지 관점에서, FAST에서는 〔Topical facet, Geographical facet, Form facet, Period facet〕이라고 하는 네 가지 관점에서 개념의 관련성을 나타낼 수 있다 (Vickery 1987).

주제 분석에서는 Ranganathan(Ranganathan 1967) 패싯 분류의 사고방식이 매우 중요하다. 그 원리는 P : M : E : S : T로 구성된 패싯(속성면)을 준비하여 두고 하나의 주제를 이 패싯에 기반하여 다차원적으로 분류한다. 이것은 종래의 분류와 같이 계층구조로 전개하는 것과는 달리 다차원적 구조가 된다.

패싯 분류에 의한 정보 알고리즘의 특징은 주제를 하이퍼텍스트적 공간에 기술할 수 있다는 점이다. 다차원 공간의 각 차원은 요소(P : M : E : S : T)가 좌표축이 된다. 이것은 기록 정보의 이용자에게 자유로운 관점을 제공할 수 있다(Cleverdon 1974).

패싯 분류의 원리는 콜론분류법으로 실용화되었으며 종래의 계층구조형인 듀이십진분류법(DDC), 국제십진분류법(UCD), 일본십진분류법(NDC) 등에도 영향을 주었다.

2.6 주관적 온톨로지

주제 분석과 관련된 문제점은 온톨로지 알고리즘의 해석차이로 분명해진다. 사람은 누구나 개성적 암묵지라고 하는 온톨로지 알고리즘을 갖고 있다. 이것은 정보 시스템에 의하여 정해진 정보의 객관적 이용 관점과는 다른 것이다. 다양한 의도에 따른 주관적 이용 관점이다. 이것을 여기에서는 「주관적 온톨로지」라 하기로 하자.

주관적 온톨로지에 따른 문제는 우선 기록물의 저자와 주제 분석자(색인자) 간에 존재한다. 또한 기록 정보가 되어 이용자에게 제공되는 데는 저자, 색인자, 탐색자, 기록물의 이용자(탐색자와 이용자가 동일한 경우도 있다)의 네 관계자가 존재하게 되며 이들 사이에는 주관적 온톨로지의 차이에 의하여 의미 해석의 차이가 생긴다.

구체적으로 다음과 같은 차이가 있다.

① 문맥 해석의 차이 : 문맥 해석은 개개인의 주관적 온톨로지에 의하여 결정된다. 그렇기 때문에 내용이 저자가 의도한 대로 읽는 사람에게 전달되리라는 보장은 없다. 또한 말이라는 것은 본질적으로 비록 같은 말이라 하더라도 사람에 따라 사용법이 미묘하게 달라지는 것이다. 그런 점만 보아도 문맥상의 해석 차이는 불가피한 것이라 할

수 있다.

② 시대의 차이 : 말이라는 것은 시대와 함께 사용법이 바뀌어 간다. 100년 전에 쓴 기록물의 내용을 현대의 독자가 바르게 이해할 수 없는 경우도 있다. 예컨대 「차(車)」라는 말은 시대에 따라 「자동차」를 가리키기도 하며 「인력거」를 가리키기도 하는 것이다.

③ 환경의 차이 : 환경 혹은 상황에 따라서도 말의 사용법은 달라진다. 예컨대 「시각표」라고 들으면 대부분의 사람들은 전차의 시각표를 떠올리게 되지만, 실제로 시각표는 전차의 시각표 이외에도 버스 시각표, 비행기 시각표 등 여러 가지가 존재한다. 어떤 조직 내에서는 하루의 스케줄을 「시각표」라 부르는 경우도 생각할 수 있을 것이다.

다른 언어 간의 문제도 무시할 수 없다. 예컨대 일본어의 「구(口)」라고 하는 말은 입술을 가리키지만, 영어의 「lip」은 입술뿐만 아니라 코 아래나 입 주변도 가리키는 말이다. 만약 번역의 결과 「lip」이 「구(口)」로 표현되면 독자는 저자가 의도한 내용을 파악할 수 없게 된다.

이들의 차이를 어떻게 해소해가면 좋을까? 바꾸어 말하면, 이용자가 찾고 있는 주제와 기록물이 가진 주제를 어떻게 비교하여 일치하는 것을 찾아내면 좋을까? 이 해결책을 모색하는 것이 정보검색 시스템의 연구 과제라 할 수 있다.

정보검색 시스템을 이용할 때는 시스템을 구성하는 색인과 키워드류가 도대체 누구에 의해서 제어되고 있는지를 염두에 두어야 할 것이다. 중요한 것은 누가 부여하였는가가 아니라 누구의 룰(질서)에 따라 제어되고 있는가라는 것이다. 저자 키워드(저자가 부여한 키워드)라 하더라도 그것은 저자 자신의 룰(질서)에 따라 부여된 것인지, 색인자의 룰(규칙)에 따라 부여된 것인지, 아니면 탐색자의 룰(질서)에 따라 부여된 것인지 그것을 분명히 해두어야 한다.

이와 같이 말의 사용법에 대하여 온톨로지 알고리즘에 따라 통제해두지 않으면 일관된 검색 결과를 얻을 수 없게 된다.

2.7 속성과 속성값

예컨대 문헌이라는 기록물의 서지 속성을 생각해보자. 전형적인 서지 속성으로 문헌번호, 저자명, 표제, 출판사, 출판년, 분류, 색인어 등의 항목 (범주)이 설정될 것이다. 이들은 문헌 레코드와 그것을 구성하는 필드이며 그 안에 들어가야 할 데이터 값의 상세한 속성에 의하여 정의된다. 이렇게 구조화와 함께 정의된 것이 메타 데이터다. 메타 데이터는 기록에 프레임이 라는 정보를 부여하며 이용자에게는 객관적 이용 관점을 부여한다. 다만 이것으로 완전하다고 믿어서는 안 된다. 메타 데이터는 기록물의 프레임이 라는 구조(속성)를 명확히 하였을 뿐이며 그 구조에 대응해서 대입되는 속성값(실현치)의 다의성에 대해서는 보장하지 않는다. 예컨대 색인어(속성) 가 명확하더라도 그 속성값으로 "아메리카합중국"인지 "USA"인지 키워 드의 실현치는 알 수 없다.

2.8 주제 분석의 연구 과제

온톨로지 알고리즘의 하나인 주제 분석(정보 알고리즘)의 조건은 다음 두 가지로 요약된다.

① 저자와 색인자 간에 「개념」의 파악 방법에 차이가 없을 것
② 초보 이용자뿐만 아니라 학자 및 연구자의 이용에도 대응할 수 있는 분류와 목록을 만들 것

저자와 색인자 간에 「개념」의 파악 방법을 완전히 일치시키기 위해서는 색인자가 저자의 사고 과정까지 파악할 필요가 있다.

즉, 문맥(콘텍스트)에서 그 「개념」의 정의를 유추할 뿐만 아니라 기록물에는 나타나 있지 않은 저자의 머릿속까지 문맥의 범위를 넓혀간다는 것이다.

이를 위해서는 기록물에 나타난 저자의 사고를 성립시킨 요소를 파악할 필요가 있다.

이 요소는 저자의 「암묵지」에 해당하는 부분일지도 모른다. 예컨대 사망한 작가나 사상가의 생전 노트나 일기의 발견이 화제가 되는 것은 사료적 가치뿐만 아니라 각 작품에 나타나 있는 저자의 사상을 둘러싼 「암묵지」 이해의 실마리가 되며 그 사상의 올바른 이해로 연결되기 때문이다. 다만 이 노트나 일기도 「암묵지」의 산물이다. 「암묵지」란 어떤 동작이나 사상의 틀을 만드는 요소가 된다. 그것은 표면에 나타나지 않으며, 무의식의 영역에 속하는 것도 포함하고 있다.

그런데 기록물에 나타난 시점(時点)에서의 저자의 사고는 어떤 형(주로 문자)으로 되어 있는데 저자, 색인자, 탐색자가 「개념」의 파악 방법에 차이를 보이는 것은, 인간은 그 표면상의 형에 얽매이지 않을 수 없기 때문이라 생각된다. 이 형의 이면에 널리 흩어져 있는 관념과 사상을 바르게 이해하려는 자세가 중요하다.

저자의 「암묵지」를 탐구하는 것은 저자와 색인자 간의 「개념」의 파악을 일치시키는 행위지만 어디까지나 색인자의 분류 작업과 색인 작업에 도움이 되는 것에 불과하다. 따라서 「암묵지」가 그대로 탐색자에게 나타나야 하는 것은 아니다.

색인자는 「암묵지」를 실마리로 「개념」의 바른 체계를 만드는 데 힘을 쏟아야 할 것이다. 그 개념 체계를 어떻게 살릴 것인가가 검색 시스템의 과제라 할 수 있다. 저자와 색인자 간에 「개념」의 일치가 이루어졌다 하더라도 탐색자와 저자, 색인자 간에 「개념」의 일치를 이루기 위해서는 탐색자가 상당한 전문가가 아닌 한 곤란한 일이다.

Ranganathan의 「P : M : E : S : T」나 OCLC의 「FAST」에는 인간이 사물을 어떻게 파악하고 있는가라는 온톨로지 알고리즘이 반영되어 있다.

사람들이 사물의 이해 방법에 착안한 것은 분명하기 때문이다. 세상사를 만들고 있는 다양한 요소에서 골격이 되는 것을 골라내는 저널리즘의 5W1H와 유사하다. 주제 분석에서는 이와 같은 「인간의 인식」이라는 관점에서 온톨로지 알고리즘의 연구가 기대된다.

2.9 상호 간의 거리를 계산한다

주제 분석으로 정보화된 정보검색 시스템의 주변에는 다음과 같은 사람들이 있다.

① 만드는 사람(저자)
② 만든 것을 축적하고 편집하는 사람(색인자)
③ 찾는 사람(탐색자)
④ 이용하는 사람(이용자)

또한 「찾는 사람 = 이용하는 사람」인 경우도 있다. 이 네 관계자의 개념의 서열이나 개념의 표시 영역(온톨로지 알고리즘)이 일치하면 이야기는 간단해지지만 실제로는 차이가 생기며 그 차이가 정보검색에 있어서 중대한 문제가 된다. 그것은 찾고 있는 것과 찾은 것이 일치해야 함에도 불구하고 일치하지 않는다는 데 문제가 있다.

그 해결법의 하나는, 사람에 따라 해석의 차이가 있는 것은 인간의 업(業: 카르마)이며, 개념에 대한 해석의 차이야말로 새로운 발상을 생성시키는 토양이 된다는 긍정적인 파악 방법이다. 또 하나는 개념의 서열이나 개념의 표시 영역을 눈에 보이게 만드는 해결법이다. 이는 시소러스나 십진분류를 이용함으로써 실현할 수 있다. 이것은 정보의 축적과 가공의 단계에서 색인자가 담당한다.

한편 웹상에서는 정보의 생산 단계인 저자가 질서를 만들 수도 있다. 메타 데이터를 붙임으로써 이 문자열은 타이틀을 나타낸다거나, 이 문자열은 저자를 나타내고 있다는 등 문자열이 나타내는 의미를 결정한다. 이와 같이 질서를 눈에 보이게 함으로써 네 관계자가 일치하는 부분, 차이가 있는 부분을 이해할 수 있어서 정보검색 시스템의 효율이 높아지게 될 것이다.

2.10 인용 색인

주제 분석에 의하여 색인화된 서지 정보로부터 세계 규모의 주제 구조를 밝힐 수 있다. 그것을 실현한 것이 인용 색인(Citation Index)이다. 이것으로 주제 구조를 하이퍼텍스트적으로 분석할 수 있게 되었다(Garfield 1979).

인용 색인의 원리는 T. Nelson의 Xanadu 프로젝트에도 유사한 것이 있지만 하이퍼텍스트의 인용 링크를 이용하여 원저자의 저작권을 감시하는 것이었다.

색인은 서지 속성을 역으로 찾는 포인터의 역할을 하며 서지 검색을 위한 단서이기도 하다. 이제까지 색인화 대상에서는 집필 저자가 저자 속성이 되지만 새롭게 「인용」(Cite)이라는 색인 좌표에 「인용된 문헌의 저자」(피인용 문헌)라는 속성을 설정하였다. 그렇게 하면 종래의 색인화된 저자는 「인용한 문헌의 저자」(인용 문헌)라는 관계가 된다. 인용 색인의 기록 알고리즘은 「인용된 문헌의 저자」로부터 차례로 원저자를 찾아내는 구조이다. 바로 인용 색인은 하이퍼텍스트에 의하여 기록 알고리즘을 구현한 것이다.

인용 색인을 응용함으로써 계량정보학(Bibliometrics)이 발전하였다. 원래 계량정보학은 문헌의 발표 분포를 수량적으로 분석하는 것이며 S. C. Brad-ford(Bradford 1934)가 시작하였다. 이것은 문헌 중의 단어 빈도를 통계적으로 해명한 G. K. Zipf(Zipf 1932)의 알고리즘에 그 기원이 있다.

인용 색인을 응용하면 논문의 집필자가 인용한 참고문헌 목록에서 계량 서지적 정보를 입수할 수 있다. 예컨대 인용 문헌의 잡지사 출현 빈도에 의하여 그 잡지가 참고문헌으로 평가될 수 있을지 그 중요도나 영향도를 측정할 수 있다. ISI사의 인용 색인에서는 Impact factor라는 척도에 의하여 특정 1년간 특정 잡지에 게재된 논문이 평균적으로 어느 정도 빈번하게 인용되고 있는가를 정량적으로 판단할 수 있다. 이 기능을 활용하면 인용 색인으로부터 최신의 과학 기술 주제를 밝히거나 연구 동향을 평가하거나 연구자 개인의 업적까지 분석할 수 있다. 계량서지학의 접근방법은 기업이나 기관, 국가, 잡지 등의 연구 업적의 분석, 자연과학, 사회과학 분야의 현저한 연구 동향의 발견, 분야마다 국가, 잡지, 연구자, 논문, 기관의 순위, 특정 분야의 연구 성과와 영향도의 판정 등 많은 영역에서 활용되고 있다. 응용 사례로는 디지털 도서관과 인용 색인을 연결하는 Autonomous Cita-tion Indexing(Lawrence 1999)이 있다. 이것은 WWW에 전개하는 과학문헌의 무질서한 기록 정보화를 방지하고 적확한 배포와 유통을 목적으로 하고 있다.

3. 내용 분석

내용이란 알맹이, 항목, 목차, 요지(meaning) 등을 의미한다. 철학에서는 개념의 내용을 의미한다. 사전의 정의로는 함유량(amount)이나 용적, 용량 이다.

내용 분석(Content Analysis)은 단위로 단어, 명제, 인물, 종목 등을 사용하고, 기본적으로는 ① 그 문맥과 함께 기록하고, ② 분류 및 계수(計數)하고, ③ 분석하는 것이며, 그 순서에 따라 결과는 주제, 방향, 기준, 가치 등의 측면에서 「무엇」이 전달되었는지, 그 형식과 강도 등의 측면에서 「어떻게」 전달될 수 있었는지 범주로 나타낸다(Berelson 1957).

실제 내용 분석의 대상은 자연언어로 표현된 말과 그것이 나타내는 개념이다. 또한 담화 분석도 내용 분석이라 할 수 있을 것이다.

3.1 다변량 분석

내용 분석을 위해서 다변량 해석 기법이 사용된다. 그런데 「해석」과 「분석」은 동의어로 생각되지만 양자는 미묘한 차이가 있다. 전자는 수학적이고, 후자는 화학적이며 「사물」을 분류하는 것과 유사하다. 그런데 다변량 해석은 다종다양한 특성을 가진 다량의 데이터로부터 그 상호 관련을 분석해서 특징을 요약하고 사상(事象)의 배후에 있는 요인을 찾아내어 예측하거나 분류한다. 이 기법에서 중요한 것은 다음과 같다.

① 중(重)회귀 분석   다변수의 1차회귀식을 이용하여 예측한다.

② 판별 분석   개체가 어느 군에 속하는가를 판단한다.

③ 주성분 분석   여러 가지 특징을 가진 데이터를 소수의 종합특성치로 요약한다.

④ 인자 분석   변수 간의 상관관계를 규정하는 잠재인자를 추출한다.

⑤ 분산 분석   편차의 평방합을 요인별로 분할하여 그 효과를 조사한다.

⑥ 클러스터 분석   유사한 개체를 모아 몇 개의 군으로 분류한다.

이들 기법 중에서 클러스터 분석은 분류의 자동화 알고리즘으로 이용된다. 클러스터란 많은 대상에 대하여 개체 간의 유사성을 양적으로 표현한 유사도 혹은 거리를 구하고 그것을 이용하여 나눈 개체군을 말한다. 이것은 분류의 범주에 해당한다. 범주를 미리 알 수 없는 분류에 알맞다. 예컨대 패턴에 대한 범주를 미리 알 수 없는 패턴 인식에서 유별(특정 공간)로 나눈다거나 개념 형성의 모형(교사 없는 학습)으로 이용한다.

3.2 의미공간의 분석

심리학적 입장에서 말의 내용을 분석하는 방법이 있다. 예컨대 「숲」이라는 말이 주어졌을 때, 사람은 과거의 다양한 경험을 바탕으로 「숲」이라는 말에서 조용함이나 아름다움 등의 감정을 품게 된다. 말이라기보다는 오히려 「숲」이라는 개념이라고 할 수 있을 것이다.

개념의 의미를 서로 대립되는 형용사로 나타낸 「의미 공간」이라는 척도로 분석을 시도한 SD(Semantic Differential)법은 Osgood에 의하여 고안되었다.

그것은 「good-bad, large-small, hard-soft, strong-weak, high-low 등 50쌍의 대응되는 형용사적 개념」을 축으로 일곱 단계 정도를 결정해둔다. 각 말(개념)은 50차원의 의미 공간 속의 한 점에 위치한다. 이 의미 공간 내에 근접 척도를 도입하여 각 말 상호 간의 관련성을 구한다. 그리고 인자 분석 기법을 이용하여 보다 유효한 의미의 축을 찾아낸다.

다만 Osgood의 생각은 말이 가진 성질에 대하여 인간의 직감적인 감각을 개량화시켰을 뿐이며 논리적인 의미 관계를 파악할 수 없다는 단점이 있다(長尾 1987).

4. 정보 시스템

주제 분석으로 정보화된 기록물(2차 기록물)은 도서관이나 정보 센터 등에서 관리·운영된다. 물론 그 규모에 따라서는 개인이라도 자기 자신의 정보 시스템을 구현할 수 있다. 여기서 말하는 정보 시스템이란 반드시 컴퓨터와 같은 도구로 실현된 것만은 아니다. 구체적인 구조는 정보의 축적과 검색을 시스템화한 것이며 일반적으로 「정보검색 시스템(IR: Information Retrieval)」이라 부른다. 정보검색 시스템의 핵심은 주제 분석의 결과, 즉 정보를 축적하는 서브시스템이며 데이터베이스의 구축과 관련 있는 것이다. 이것은 파일 편성과 데이터베이스 구조라는 기술적인 문제를 제외하면 주제 분석과 같다. 따라서 정보검색에서의 화제는 주로 검색에 한정되었다. 그것은 검색 모형과 검색 인터페이스이다.

4.1 유니텀

도서관의 기계화는 1950년대부터 시작되었으므로 이미 반세기의 역사를 가지고 있다. 초기에는 펀치 카드나 종이 카드에 의한 소터(분류기)나 광학적 기술에 의한 피커부 카드였다. 이들은 정보검색으로 활용하기에는 한계가 있었으며 그중에서도 어려운 조작은 집합논리 연산이었다. 피커부는 카드를 겹쳐 빛이 통하는 것이 논리곱이며, 이제까지의 유니텀 카드 (Uniterm Card)에서는 수작업으로밖에 할 수 없었던 복잡한 조작이 한 번으로 끝난다. 그리고 이 유니텀 카드의 사고방식이 「역파일」로 이어져 검색 모형의 원형이 되었다.

또한 유니텀이란 조합 색인(Coordinate Index)을 위하여 고안된 것으로 색인어를 기본 어구로 분리하여 그 조합(Coordinate)으로 주제를 결정하려고 한 것이다. 예컨대 Information과 Science라는 두 기본 어구가 있다면,

이를 조합하여 "Information Science"와 "Science Information"이라는 두 가지 주제를 나타낼 수 있다. 여기에 Computer를 더하면 "Computer Science", "Science Computer", "Computer Information", "Information Computer", "Information Computer Science", "Science Computer Information" 등의 다양한 주제를 나타낼 수 있다. 다만 의미 있는 주제를 나타내기 위해서는 조합 순번이나 어구의 의미를 한정할 필요가 있다. 그래서 고안된 것을 「롤(role)」과 「링크(link)」라 부른다.

1980년대가 되면 컴퓨터 기술도 급격히 진보하였으며 대용량 기억 디스크와 온라인 처리, 나아가 데이터베이스 관리 시스템도 가세하여 정보검색 시스템의 프로그래밍 언어(斉藤 1971)는 비약적으로 발전하였다. 일본에서도 역파일을 이용한 IDEAS(斉藤 1972; 斉藤 1974c; 斉藤 1974d)가 개발되었다. 그 후 이용자와 정보검색 시스템과의 대화를 위한 커멘드 인터페이스(斉藤 1973c)나 시스템 리드(斉藤 1973b; 斉藤 1975)에 의한 인터페이스의 지적 연구(斉藤 1974a)로 확장되었다.

4.2 검색 모형

다양한 검색 모형의 제안과 개발은 1980년대에 시작되었다(谷口 1992; 細野 1991). 최초의 것은 「Boolean model」(Belkin 1987)이며 이름 그대로 부울 논리에 따라 집합을 연산하는 것이다. 이 모형은 펀치 카드, 유니텀 카드, 피커부 카드 등 수동의 검색 장치에 적용되었다. 꼭 닮은 원리를 현재 데이터베이스 검색 시스템에서도 사용하고 있다. 여기에는 흑백 판정밖에 할 수 없는 결점이 있다. 검색 조건을 완전히 충족시키는 것만 출력하기 때문에 적합도나 색인어 간의 관계 등도 고려할 수 없기 때문이다.

이를 개선할 목적으로 「Vector space」(岸田 1998)가 제안되었다. 이것은 벡터로 표현된 문헌과 검색 질문(검색을 위한 색인어 열)의 양자 간에 유사도

(similarity)를 구하여 그 값을 검색 패러미터로 한다는 생각이다. 즉, 색인어 간에 존재하고 있는 관련성을 검색 처리 과정에 도입하는 시험이었다. 이것을 응용한 것으로 유명한 것이 SMART 시스템(Salton 1988)이다. 오늘날에도 실용화된 많은 정보검색 시스템이 그 결점을 알면서도 「Boolean model」을 채택하고 있다(德永 1999).

1980년대는 대형 컴퓨터도 온라인 시스템이 가능하게 되었고 기본 소프트웨어에 문자 처리가 유효한 언어도 등장하여 검색 모형의 다양한 실증 연구를 위한 환경이 갖추어지게 되었다. 예컨대 퍼지 집합에 근거한 「fuzzy set」(細野 1985)나 확률에 근거한 「probabilistic model」이 제안되었다. 두 가지 모두 2차 논리인 부울 연산에 대한 단점을 색인어의 가중치를 고려하여 해결하려는 것이었다(Bookstein 1985).

이와 같은 「검색 모형」의 연구는 검색 방식을 위한 기록 알고리즘을 명확히 할 뿐 색인어를 단순히 수량적인 데이터로 간주하는 단점이 있었다. 그 본질인 기록 정보가 압축된 색인어의 품질에는 영향을 줄 수 없기 때문이다. 동일한 현상을 자동 분류와 자동 색인의 연구에서도 볼 수 있었다(Borko 1963; Stevens 1970).

4.3 데이터베이스 관리 시스템

정보검색 시스템의 강력한 도구는 데이터베이스 관리 시스템(DBMS)이다. 데이터베이스라는 말은 1963년에 미국 GE사에 의하여 IDS라고 불리는 데이터베이스 관리 시스템에서 처음으로 사용되었다(斉藤 1999b).

GE사는 미 군수제품의 큰손이었기 때문에 군 조달 부품의 파일 관리가 목적이었으며 그 납품 군사 기지(Military Base)와 관련되므로 데이터 기지(Data Base)라고 불렀다. 그때까지는 보조 기억 장치라고 하면 자기 테이프가 보통이었으며 파일 구조도 거기에 대응하는 순차적 구조로 검색 속도가 매우 느린 것이 단점이었다. 또한 배치 처리밖에 할 수 없는 결정적인 결함도 갖고 있었다. 그것이 하드디스크 장치에 의해서 랜덤 액세스가 가능하게 되고 파일 구조도 역파일 구조나 나무구조, 망구조 등 다양한 논리 구조를 실현할 수 있게 되었다(斉藤 1987a).

이에 따라 정보검색 시스템의 성능은 비약적으로 향상되었다. 또한 1970 년에는 E. F. Codd가 관계 모형을 발표하였다. 이것은 오늘날의 Relational database의 원형이며 그 표준언어인 SQL의 원조였다(Date 1988).

실용적인 대규모 정보검색 시스템의 탄생은 의학 문헌에 대한 서지 속성을 정보로 하는 MEDLARS가 처음일 것이다. 미국의학도서관(NLM)이 가지고 있는 세계의 의학 관련 문헌을 대상으로 MeSH 시소러스와 그 주제 분석 기법(기록 알고리즘)에 근거해서 정보화되었다. 여기에서는 UDC 와 같은 분류 코드가 아닌 의학 용어나 자연어를 그대로 사용한 시소러스가 이용되었다. 이와 같은 키워드나 색인어에 의한 시소러스를 근거로 한 정보검색 시스템은 컴퓨터 하드웨어의 경이적인 발전과 데이터베이스의 지원에 의한 것이었다.

4.4 정보검색 시스템

「검색 모형」을 컴퓨터상에 실장하면 정보검색 시스템이 된다. 다만 정확하게 말하면 정보를 축적하고 갱신하는 보조적인 서브시스템을 포함할 필요가 있다. 정보검색 시스템(서지 정보검색 시스템)은 1960년대에는 배치 처리에 의한 것이었지만 대규모로 실용화된 것으로는 MEDLARS가 있다. 그 후 1971년에는 온라인의 MEDLINE이 등장하였고 1972년에는 DIA-LOG가 세계적인 규모로 가동하게 되었다. 일본에서도 JICST 등에서 실용화되었다(斉藤 1969; 斉藤 1971).

이들 정보검색 시스템의 특징은 색인어를 통제 어휘로 관리하는 시소러스를 준비하고 있었다는 것이다. 또한 이용자인터페이스를 고려하여 자유어라고 부르는 초보적인 자연언어에 의한 검색의 전(前) 처리가 가능하였다. 이것은 전문(全文) 검색이나 탐색 엔진이라는 구조로 발전하게 되었다. 그중에서도 특히 주목할 만한 것은 자연언어 처리와 탐색 엔진일 것이다.

원래 자연언어 처리는 정보검색과는 세계가 다르지만 형태소 해석, 구문 해석 그리고 의미 해석의 과정을 밟는 자연언어 처리를 응용하는 것이 효과적이다.

색인어를 자연언어에서 추출하기 위해서는 어간 처리를 하게 되며 이를 위해서는 형태소 해석이 필요하다. 그리고 그 밖의 자연언어 처리 알고리즘을 정보검색 시스템에 포함시키면 지적 정보검색 시스템으로 발전할 수 있다. 이 경우에 지적이란 입력된 이용자의 자유로운 검색문을 자연언어 처리 기법으로 자동적으로 데이터베이스 내의 색인어와 비교하여 추론하게 하는 것이다. 여기서 추론이라는 처리가 추가되면 인공지능 알고리즘도 필요하게 된다.

1990년이 되어 인터넷이 등장하면서 정보검색 시스템도 극적으로 변모하였다. 그것은 「탐색 엔진」이 등장한 것에 연유한다(斉藤 1997a).

탐색 엔진에 의하여 정보검색이라는 말도 함께 널리 퍼졌고 마치 "정보검색=탐색 엔진"이라는 오해도 생겨났다. 탐색 엔진의 특색은 어구의 문자열을 입력하여 데이터베이스의 전문을 검색할 수 있다는 점이다. 기본 기능은 저렴해진 메모리 용량과 고성능 CPU에 의존하는 문자열 비교 처리이며 「Boolean model」 검색 방식이 전면에 나타나지 않는다. 이와 같이 WWW 시대에서는 전통적인 정보검색 시스템이 잊히고 있다(斉藤 1998c).

5. 디지털 도서관

디지털 도서관(Digital Library)이란 개념은 예전부터 있었지만 그 명칭은 인터넷 시대에 생겨났다(斉藤 1987b; 斉藤 1997c; 村上 1994). 그 이전에는 유사한 것으로 전자 도서관(Electronic Library)(北 1999; 斉藤 1985a; 斉藤 1992b)과 Lancaster(Lancaster 1978)의 종이 없는 도서관(Paperless Library)이 있었고 도서관이라는 이름이 붙지 않은 것으로 Bush의 Memex나 Nelson 의 Xanadu 프로젝트도 유사한 것이라 할 수 있을 것이다(斉藤 1985b).

오늘날에는 디지털 도서관에 관한 컨소시엄도 많이 생겨났으며 세계적인 규모로 활동하고 있다. 이제는 디지털 도서관이라는 명칭은 정착되었다고 보고 있다. 그러나 그 해석은 지금도 다양하다(Arms 2000).

이들의 공통점은 인터넷의 웹 기술을 이용하는 클라이언트 서버 방식에 의하여 전자 기록물을 검색하여 제공하는 것이라 생각된다. 종래의 데이터베이스에 의한 온라인 정보검색은 주로 서지 데이터베이스(기록 정보)의 제공이었으며 클라이언트도 전용의 소프트웨어를 갖는 단말기와 컴퓨터에 한정되어 있었다. 웹 기술에서는 HTML, XML, SGML 등 하이퍼텍스트 처리가 가능한 프로그램 언어에 의하여 전문(全文)과 멀티미디어 전자 기록물을 대상으로 할 수 있다.

2003년 이후가 되어 새로운 기술에 기반을 둔 디지털 도서관이 주목되고 있다. 이것은 시맨틱 웹을 활용한 것이다.

5.1 도서관 모형

디지털 도서관을 이해하기 위해서는 그 실세계의 모형이라고 할 수 있는 <그림 3-2>의 도서관에 대한 이해가 필요하다. IT 시대에서의 도서관은 종이 장서를 소장하고 있는 「건물 부문」과 정보를 서비스하는 「디지

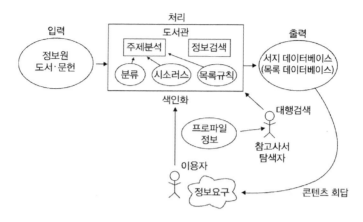

<그림 3-2> 도서관의 정보 시스템

털 도서관 부문」을 분리하는 것이다(斉藤 2001d).

　종래의 도서관과 같이 거대한 장서 보관 장소나 열람 장소로서의 발전은 물리적 제약 측면에서 생각하면 그 미래는 어둡다. 원래 장서나 열람 장소는 어디에 있어도 좋지만 관리 측면만큼은 걱정이 된다. 전자화가 진행되는 가운데 장서 관리 기술도 변화되어간다. 도서관의 관리 공간으로서의 발전에는 한계가 있으며 정보 공간으로 발전시키기 위해서는 아무래도 디지털 도서관의 사고방식이 필요하게 된다. 이미 많은 도서관에서는 도서 이외의 전자 미디어를 다루고 있으며 그 서비스가 「관」 이외의 공간에서 시간을 불문하고 제공되고 있다. 이와 같은 현실에서는 물론 도서관정보학의 이름이 나타내는 「도서관」이라고 하는 대상 영역은 맞지 않는다. 도서관은 디지털 도서관을 효과적으로 활용하는 정보 센터가 되어 이용자에게 정보 커뮤니케이션 기능을 제공하고 사회적인 공헌을 중시한 기관으로 변모해야 할 것이다(Buckland 1994).

　인터넷은 전 세계의 대학도서관 장서에 언제라도 접근하여 서지 정보를 얻을 수 있게 하였다. 이미 전문(全文)을 인쇄물 그 자체의 양식으로 다운로

드할 수 있는 PDF 문서도 많아지게 되었다. 귀중한 고문서나 미술작품집 중에서도 전자화된 것이 계속해서 제공되고 있다. 정보의 속보성, 경제성, 대화성 등을 고려하면 종이와 활자에 의한 도서 문헌으로는 경쟁에서 이기지 못한다. 모든 정보원은 전자화되고 멀티미디어화되어간다.

이와 같은 상황은 종래의 도서관 서비스를 크게 변모시키고 있다. 정보의 축적과 검색의 장으로서의 역할이 쇠퇴하고 「도서관으로부터 탈피」라고 하는 상황을 보이고 있다. 즉, 도서관에 가지 않고서도 정보를 검색할 수 있고 참고 서비스를 받을 수 있기 때문이다. 머지않아 멀리 떨어진 곳에서도 대출과 반납이 가능해질 것이다. 이와 같은 기존 조직에서의 탈피라는 것은 도서관만의 문제가 아니라 금융, 소매, 서점 등 모든 분야에 심각한 영향을 주고 있다. 이것은 기존 제도나 조직의 쓸데없는 구조에 대한 개혁으로 이어진다. 이용자 입장에서 보면 직접 정보에 접근할 수 있고 한 대학도서관 장서나 데이터베이스에 의존하는 것이 아니라 전 세계의 장서를 이용할 수 있는 기쁨은 더할 나위 없이 큰 것이다(Kling 1988).

5.2 메타 데이터

메타 데이터(metadata)라는 말이 디지털 도서관 분야에서 사용되기 시작한 것은 Dublin Core 메타 데이터(村上 2001)의 영향이 크다.

디지털 도서관에는 몇 가지의 유형이 있지만 물리 공간을 갖지 않는 가상적인 전자 도서관과 혼동하는 경우도 있다. 일반적으로 전자 도서관에서는 정보원이 되는 것을 전자 장서로 보관하지만 디지털 도서관에서는 메타 데이터라는 전자 장서에 관한 속성 정보밖에 관리하지 않는다. 그렇게 생각하면 디지털 도서관의 기본 기능은 메타 데이터의 관리이므로 종래 도서관의 테크니컬 서비스에 유사한 것이라 할 수 있다. 최근의 테크니컬 서비스에서는 정보 자원을 이용자가 이용하기 쉽도록 조직화한다. 책자 형태는 전자 형태로 바꾸고 전자화된 데이터를 데이터베이스로 정리한다. 또한 웹상에 전자 형태로 존재하는 정보의 접근방법을 표준화한다. 즉, 서지 제어(Bibliographic Control)(根本 1981)로 이용자가 적확한 정보에 접근 하기 쉽도록 한다. 서지 제어는 도서관을 위한 메타 데이터라 할 수 있다. 이 메타 데이터는 디지털 도서관의 정보 구조나 전자 출판물의 서지 속성에 대하여 정의하고 제어한다. 예컨대 중앙대학(일본)의 메타 데이터라는 것이 있다고 하자. 이것은 디지털 도서관의 서버에 격납되어 있어서 중앙대학에 서 발신되는 모든 학술 정보에 부가적으로 기술된다. 또한 이 생각을 확대 한 것이 시맨틱 웹이라 하는 메타 데이터 사전이다.

구체적으로는 중앙대학 전용의 MetaTag라는 정보 기술 언어가 제공되 고 그 문법에 따라서 이용자는 기술한다. 이것은 HTML(HyperText Markup Language)을 확장시킨 XML(eXtended Markup Language)에 의하여 기술되고 있다. 이 MetaTag는 HTML이라는 Tag 언어에서 파생되었다. 각 정보의 발신은 개별 이용자의 서버에서 실행되지만 이 메타 데이터가 부가됨으로 써 중앙대학에서 발신된 정보이며 중앙대학이 관리하는 디지털 도서관의 정보원인 것이 밝혀지게 된다. 이 구조를 제어하는 것은 디지털 도서관의 이름공간(Namespace)이라는 기능이다.

이름공간의 기능은 간단히 말하면, 서지 규칙의 세계 참조이며 종래에는 사서가 손으로 작업하였던 서지 제어를 인터넷을 활용하여 이름공간을 통하여 실시간으로 제어한다(斉藤 1998c).

이와 같은 메타 데이터에 의하여 중앙대학 관계자가 전 세계 어디에서 정보를 발신해도 디지털 도서관은 그것을 중앙대학의 전자 장서로 간주할 수가 있다. 반대로 생각하면 전 세계의 정보가 중앙대학의 장서가 되는 셈이며 그중에서 중앙대학이 발신한 것을 메타 데이터가 제어해준다. 물론 전 세계의 디지털 도서관이 서로 이용할 수 있도록 메타 데이터를 표준화하 지 않으면 안 된다.

5.3 정보 푸시와 정보 풀

정보 서비스는 <그림 3-3>과 같이 정보 푸시(Push)와 정보 풀(Pull)의 두 가지로 나눌 수 있다. 방송이나 도서와 같은 정보 미디어에 의한 것은 정보 푸시가 되며 이것을 요리에 비유한다면 코스 메뉴와 유사한 것이라 할 수 있다. 한편 정보 풀은 뷔페 형식의 요리이며 이용자의 기호에 따라 자유롭게 선택할 수 있다(斉藤 1998; 斉藤 1999a).

정보 풀은 이용자에게 주체성 있는 정보활동을 촉진시킨다. 이에 따라 종래의 기업 조직에 의존하는 계층적인 정보 흐름이라는 단점을 수평으로 분산으로 하는 것이며 정보의 공유화를 실행하여 수평·분산화된 협력 구조가 형성된다.

그러나 그 반동도 있었다. 개인이 주체가 되기 때문이지만 정보가 너무 많아 「정보 홍수」에 빠져 버리지나 않을까 하는 공포가 그것이다. 또한 정보 리터러시와 그 기술력의 차이, 즉 「정보 격차」는 많은 기업 내에서도 문제가 되었다. 비즈니스에서는 그것이 일의 차이로 이어지기 때문에 심각한 것이다. 게다가 이용자의 주체성에 맡겨 버린 정보검색도 일상의 비즈니

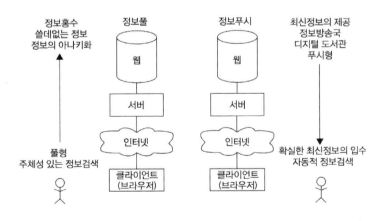

<그림 3-3> 정보 풀과 정보 푸시

스 행동에 더해지기 때문에 중요한 일을 되돌아볼 시간이 없어지는 경우도 생긴다.

사람은 정보 푸시와 정보 풀이라는 두 가지의 형을 일상의 필요에 따라 가려 쓰고 있다. 커뮤니케이션론과 정보 서비스론의 입장에서 보면 이 두 가지는 반복되는 것이며 지금은 정보 풀에서 정보 푸시로 회귀하는 단계에 있다.

원래 인간끼리의 커뮤니케이션은 직접적인 대화였다. 서로가 존재하는 시간과 공간의 한정된 환경의 범위 내에서 오감을 자유자재로 사용하여 정보를 교환한다. 이 원시적인 단계에서는 정보 풀인 것이다.

그것이 도서, 신문, 라디오, 텔레비전 등 다양한 미디어가 탄생하는 제2단계에 의하여 정보 푸시로 바뀌게 된다. 도서는 저자가 독자를 향하여 정보를 푸시하는 것이며 도서·문헌의 집합체인 도서관도 정보를 푸시해준다.

이 정보 푸시와 정보 풀의 사고방식은 지식 연구에서 각각 형식지와 암묵지에 대응시킬 수도 있다. 즉, 이용자의 입장에서 보면 전자는 누구에게나 같은 의미를 가진 것으로서 획득되는 지식이며, 후자는 개별화가 현저한 능력에 의존하는 지식이라 생각할 수 있기 때문이다.

정보 푸시형 디지털 도서관은 인터넷을 사용하여 최신 정보만을 자동 수집하고 개별 이용자에게 콘텐츠를 정기적으로 전송한다. 참고 사서나 탐색 대행자는 이용자의 정보 요구를 지원하기 위하여 프로파일 정보를 작성하고 그것에 의하여 대행 검색을 한다. 프로파일 정보에는 이용자가 어떤 테마와 주제에 관한 도서·문헌 정보를 요구하고 있는지, 언제 어떤 방법으로 그 정보를 제공하면 좋을지 등이 기록되어 있다.

이와 같은 최신 정보의 선택적 제공 방법을 SDI(Selective Dissemination of Information)(Luhn 1957)라 부른다. SDI의 이용자 프로파일에는 이용자가 흥미를 갖는 콘텐츠를 나타내는 키워드나 분류 그리고 검색조건식 등이 등록되어 있다. 예컨대 다음과 같은 내용이다.

소속: 제조부 개발2과

이름: 山本充

전문: 전자 디바이스

주제: 액정 대형 텔레비전

키워드: 액정, 텔레비전, 멀티미디어, 전자 디바이스, 프라즈마 표시

분류: 액정 장치 UDC : 213-88-99-66

검색조건식: 정의된 키워드 및 분류의 논리합, 각 키워드의 전문 검색, 시소러스로 TDSKO를 사용

기타: 갱신 매월 4회 회답

이 이용자 프로파일을 바탕으로 관련 최신 도서가 입수되면 바로 이용자에게 알린다.

일반적으로 정보검색 시스템의 정보 제공 서비스는 질문에 대하여 그때 그 파일에 축적되어 있는 정보를 회답하며 회답이 끝나면 그 시점에서 서비스가 끝난 것으로 본다. 이것에 비하면 SDI 서비스는 동일 질문에 대하여 정기적으로 파일을 검색하고 그 결과를 계속적으로 송부한다. 그리고 그 계속적 정보검색은 이용자가 서비스를 해약하거나 질문을 바꿀 때까지 동일 질문을 자동적으로 처리한다(斉藤 1998c).

5.4 SDI 디지털 도서관

<그림 3-4>는 SDI 서비스가 가능한 SDI 디지털 도서관의 기능을 보이고 있다. 우선, 입력인데 SDI 디지털 도서관의 정보원은 WWW이다. 그 양은 도서·문헌에 비하면 헤아릴 수 없다. 그 정보원에서 홈페이지를 엄선하는 것이 인덱스 로봇이나 정보검색 에이전트의 기능이 된다. 그러나 그 스크리닝 망이 성글기 때문에 엄선이라고는 할 수 없다. 같은 사이트에

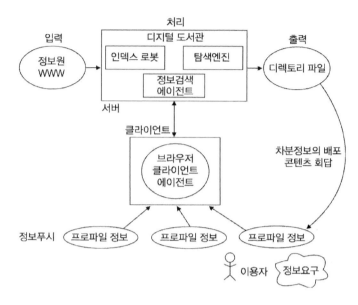

<그림 3-4> SDI 디지털 도서관

서 갱신도 되지 않는 URL만 걸리기 때문이다. 이 스크리닝에서는 그물에 해당하는 키워드와 분류 항목 리스트를 미리 정해둔다.

상용 디렉터리 서비스에서는 항목 리스트라는 것이 있으며 이것은 분야별로 나누어져 있다. 이와 같은 분야별 항목 리스트만으로는 충분한 주제 분석이 어렵다. 그래서 키워드에 의한 탐색 엔진 기능을 가동시키게 되지만 그전에 홈페이지에 있는 HTML 문서의 타이틀에서 키워드를 찾아내서 역파일의 디렉터리를 구축해둘 필요가 있다. 어쨌든 주제 분석을 위한 방침이 중요하다.

디지털 도서관의 출력은 디렉터리 파일이 된다. 이것은 분야별 항목 리스트와 키워드를 검색 항목으로 하고 그것에 해당하는 WWW의 소재를 나타내는 URL의 대응표라 할 수 있다.

그러면 이용자가 디지털 도서관을 이용하는 방법을 보기로 하자.

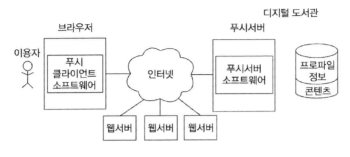

<그림 3-5> Push의 구조

　이용자는 클라이언트 측에서 디지털 도서관 서버를 액세스한다. 양쪽에는 각각 디지털 도서관의 클라이언트 서버 통신 소프트웨어가 가동되고 있다. 이용자는 정보 요구를 기록한 프로파일 정보를 입력한다. 그러면 클라이언트는 그 내용을 서버에 보내서 서버 측에 있는 정보검색 에이전트로 넘긴다. 정보검색 에이전트는 디렉터리 파일을 탐색하고 이용자의 프로파일 정보에 해당하는 기록물을 클라이언트 측에 보낸다. 그리고 정기적으로 차분(差分) 정보를 자동 배포한다.

　개략은 <그림 3-5>와 같다. 그 특징은 푸시 서버와 푸시 클라이언트 소프트웨어 두 가지를 필요로 한다는 점이다. 다만, 푸시 클라이언트 소프트웨어만으로 충분한 구조도 있다. 가장 중요한 것은 프로파일 정보이다. 이것을 참조하면서 클라이언트와 푸시 전용 서버에 있는 푸시 소프트웨어는 일정한 간격으로 자동적으로 WWW를 액세스한다.

　푸시 클라이언트 소프트웨어만의 경우에는 한 번 자신의 브라우저에 그것을 만들어 놓으면 자신의 프로파일 정보를 그곳에 설정할 수 있다. 그렇게 하면 인터넷에 접속하고 있는 동안 컴퓨터 화면에 전광게시판처럼 정보가 자동 수신된다. 마치 정보 제공 서버가 송신하고 있는 것처럼 느껴진다. 실제로는 자신의 컴퓨터상에 있는 푸시 클라이언트 소프트웨어가 이면(裏面) 처리를 해주고 있는 것이다(斉藤 1999a).

5.5 차분 정보의 배포

또 하나의 푸시 서버 방식의 구조는 전용 서버를 설정해서 처리하는 것이 특징이다. 이것은 방송국과 유사한 기능이며 이용자가 희망하는 프로그램의 최신 정보만을 정기적으로 내보낸다. 클라이언트 측은 채널이라고 부르는 방송국 프로그램에서 흥미 있는 타이틀을 선택한다. 그러면 대행 브라우징과 유사하게 기동하여 목적 **WWW**를 액세스해서 최신 정보를 클라이언트 측에 업로드한다. 이때 전회(前回)의 내용과 비교하여 정보가 갱신되어 있지 않은 경우에는 업로드하지 않는다. 즉, 차이가 나는 부분만을 선별한「차분(差分) 정보」가 송신되는 것이다. 이것은 프로파일 정보를 이용하여 판단한다.

SDI 디지털 도서관은 다음 세 가지 서브시스템으로 구성된다.

InfoAgent	정보 에이전트 처리 서브시스템
InfoPush	정보 푸시 처리 서브시스템
IntraServ	데이터베이스 및 그룹웨어 제휴 처리 서브시스템

<그림 3-6>은 전체 구성과 각 서브시스템의 관계를 보이고 있다. 처리의 개략은 다음과 같다. 클라이언트에 위치하는 이용자는 우선 브라우저로 검색 전략(질의문)의 요구서(프로파일 정보)를 웹서버에 보낸다. 여기에는 정보 에이전트 생성 의뢰도 기술되어 있다. 그것을 받은 웹서버 측에서는 정보 에이전트 생성 서브시스템(InfoAgent)을 기동시킨다. InfoAgent는 요구서에 기술된 의뢰 내용을 처리해주는 정보 에이전트(가상 브라우저)를 생성한다. InfoAgent는 흩어져 있는 웹서버군에 대하여 동시에 그리고 효율적으로 액세스할 수 있도록 정보 에이전트를 복제한다.

InfoAgent 본체는 Java 언어로 프로그래밍된 애플릿(서브릿)이며 이 언

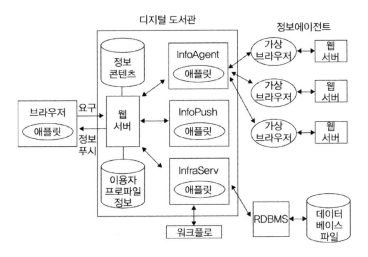

<그림 3-6> 푸시형 디지털 도서관

어의 특색인 네트워크상의 원격 프로그래밍 기법을 교묘히 사용한다. 생성된 정보 에이전트군은 웹상에서 각각 작업 장소를 확보하고 거기에서 동료 정보 에이전트와 정보를 교환할 수 있다. 다만 그 정보 에이전트 자체의 움직임은 통상의 클라이언트 이용자가 실행하는 브라우징 조작과 유사하다. 따라서 정보 에이전트가 액세스를 시도하는 웹서버 측에서 보면 그것이 정보 에이전트인지 아니면 보통의 클라이언트인지 구별할 수가 없다(斉藤 1998a).

이와 같은 구조에 의하여 InfoAgent는 이용자의 검색 전략 요구서(프로파일 정보)로부터 그것을 처리할 가상 브라우저라는 정보 에이전트군을 생성해간다. 그리고 정보 에이전트는 프로세스 정지라는 지시가 있을 때까지 살아남아 정보 푸시 활동을 계속한다. 그 사이에 단독으로 사명을 다하기도 하지만 대부분의 경우에는 에이전트끼리 서로 통신하여 협력함으로써 사명을 완수한다. 이렇게 정보 에이전트에 의하여 탐색된 정보는 웹서버에 수집되고 마지막에는 InfoPush에 의하여 업로드되어 상대 이용자의 브라우저 화면상에 표시된다.

그런데 인공지능, 데이터베이스, 디지털 도서관, 정보검색 등 정보 시스템과 응용 온톨로지의 연결은 최근 들어 활발하게 연구·개발되고 있다. 예컨대 「온톨로지 질문 응답 시스템」(Mena 2001)이라는 것이 있다. 이것은 주로 SQL을 사용하여 관계형 데이터베이스(斉藤 1999b)를 검색한다. 이 경우의 온톨로지는 사전적 온톨로지로 분류된 것이며 데이터베이스나 데이터웨어하우스 등 데이터 창고(Date Repository)의 내용을 의미적으로 기술한다. 또한 질의 응답 탐색문을 의미적으로 확대(Query Expansion)하고 정도(精度)가 높은 검색을 실행하기 위해서 이용된다. 모두 색인 어휘와 구문을 보강하기 위하여 지식 지도를 이용한다. 단순한 키워드의 조합과 부울 조건에서는 요구 내용을 의미적으로 기술하는 데는 한계가 있기 때문이다. 또한 데이터베이스에 축적된 정보 속성(메타 데이터)만으로는 키워드 등 속성치의 의미 내용을 완전하게 제어할 수 없다. 이 같은 정보의 축적과 검색의 양방을 지원하는 것이 사전적 온톨로지이다.

제4장

지식의 지식

ontology algorithm

지식의 핵과 틀이 되는 것은 철학이며 그것을 뿌리로 해서 논리학, 수학, 언어학 등 교양과목이 형성되어왔으며 다양한 학제적 연구도 발전하였다. 철학의 원점은 온톨로지에 있다. 온톨로지는 「사물」의 속성을 나타내는 「개념」과 그 체계화를 논한다. 그것은 「안다」와 「나눈다」라는 매우 당연한 말의 구분으로부터 시작된다.

1. 철학

$$\exists x \ (cat \ (x) \ \wedge \ white \ (x))$$

이 식은, 고양이이며, 그중에서 흰 고양이가 적어도 한 마리는 「존재」한다는 것을 의미한다. ∃은 존재기호로서 「~이 있다」, 「~가 존재한다」라는 의미를 나타낸다. 철학에서는 「~가 실존한다」라고 한다.

제4장 지식의 지식 | 109

그런데 세상에는 「사물」이 넘쳐나고 있다. 기록과 그 정보도 「사물」과 다름없다. 그와 같은 「사물」의 「존재」를 묻는 것을 「존재론」이라 한다. 그것은, 신은 존재하는가 존재하지 않는가라는 「존재 문제」에 깊이 연관되어 있다. 「존재론」을 그리스어로 온톨로지(ontology)라 한다. 온톨로지는 모든 존재자가 존재자로서의 공통 특질과 그 근거를 고찰하기 위한 「인식론(epistemology)」이기도 하다. 현대식으로 해석하면 「아이덴티티」를 묻는 것에 해당하며 존재증명을 묻는 것이 된다. 무엇이 존재하는가? 그것이 무엇인지 어떻게 하면 알 수 있는가? 존재증명의 기능을 수행한다는 것은 무엇인가? 인간은 지성일지도 모른다. 그 증명 요소를 밝혀보자. 도대체 지성이란 무엇인가 등을 자문한다.

1.1 인식론

예전부터 대학은 진리 탐구의 장이라 일컫는다. 이 진리야말로 철학의 명제이며 모든 학문에서 방법론의 원점이 되었다. 진리의 인식 방식에는 세 가지 입장이 있다.

우선, 인식하는 지성인 관념이 존재한다. 그 관념과 실재가 일치함으로써 진(真)이 성립한다고 하는 대응설이 있다. 다음으로, 그 관념이 정합적인 관념 체계의 내부에서 적합할 때야 말로 진(真)이 성립한다고 생각하는 정합설(整合説)이 있다. 세 번째는, 가설이 사실에 의해서 검증되었을 때 진(真)이 성립한다고 생각하는 실용주의가 있다. 현실의 진리인식은 이 세 가지의 설에 의해서 성립된다. 이것을 「인식론」이라 한다.

칸트(1724-1803)는 「순수오성 개념」이라는 것을 제기하였다. 「순수」라는 것은 경험과 관계없다는 것을 의미한다. 칸트는 하나의 「판단」에 포함되는 가지가지 표상에 통일을 기하게 하는 기능은 하나의 직감에 포함되는 가지가지 표상의 단순한 통합에도 통일을 기하게 한다고 하였다. 이 기능을 순수오성 개념이라고 한다. 칸트는 인간을 우주의 중심에 두었다.

칸트는 감성에 주어진 여러 가지 것들을 오성이 정리하고 결합하여 인식을 구성한다고 생각하였으며, 감성을 개념으로 만드는 것은 오성의 작용이라 하였다. 오성은 여러 가지를 통합하는 구상력이기는 하지만 그것만으로는 아직 인식이라고 할 수는 없다. 개념에 의해서 비로소 인식이 된다고 생각하였다. 그래서 미리 경험과 관계없는 오성 개념(범주)표를 만들어 두고 감성이 받아들인 경험을 범주 중에 자리매김하게 되면 비로소 인식이 성립된다. 인식이라는 것은 전체 속에서 자리매김하는 것이기 때문이다. 그렇게 하려면 미리 전체의 지도를 만들어 둘 필요가 있다. 그 지도가 범주표인 것이다. 즉, 범주는 객관적 세계 자체가 갖는 분류가 아니라 인간이 객관적 세계를 파악할 때 우리들의 사고가 가지고 있는 틀(스키마)인 것이다(坂本 1982, 103).

그렇지만 범주는 우리들이 멋대로 정한 틀은 아니다. 그것은 인간의 판단 형식이 바탕이 되며 오성의 모든 기본 개념을 남김없이 포함하고 있다.

「인식론」의 전통적인 접근방법에서는 지식의 성립 조건으로 다음을 들고 있다.

① P가 참이다(진리 조건)
② 그 사람은 P가 참이라고 믿고 있다(신념 조건)
③ 그 사람은 P가 참이라고 믿는 근거를 갖고 있다(정당화 조건)

이 세 가지의 조건을 만족시킬 때 지식은 성립한다.
가령 우리들이 어떤 것이 참이라고 믿어도 거기에 참이 아닐 가능성이 조금이라고 포함되어 있는 한 우리들은 그것을 정말로 알고 있다고는 말할 수 없는 것 아닐까?

거기에서 칸트 이후의 철학자들은 절대 확실한 지식(객관적 지식)을 확립하는 방법을 찾았다. 그 흐름이 데카르트와 칸트의 합리주의, 로크와 흄의 경험주의 등을 거쳐서 현재에 이른다. 흄은 인간이 선천적으로 갖는 지식은 사소하여 자기 언급적인 것에 불과하며, 인간은 경험과 관찰이 없으면 지식을 획득할 수 없다고 하였다. 또한 근대 철학의 선조 헤겔(1770-1831)의 이름을 잊어서는 안 된다. 헤겔의 변증법은, 모든 사물은 정(正), 반(反), 합(合)의 세 단계를 거쳐서 전개되어간다는 방법론이었다.

1.2 형이상학

「존재론」은 고대 그리스의 아리스토텔레스로 시작되는 「형이상학(metaphysics)」의 기초적 부분이었다. 자연과학을 초월한다는 의미의 metaphysics 는 「자연학 다음에 놓인 책」(ta meta ta physika)이라는 그리스어에 기원한다. 그것은 아리스토텔레스의 제자 안드로니코스가 아리스토텔레스의 저서를 편집할 때 「존재」의 근본 원리를 논한 책을 자연학 책의 뒤에 배열하였던 것에 유래한다.

일본어 번역의 「형이상」이라는 것은 형식을 벗어난 것, 추상적인 것, 무형 등을 의미한다. 그것은 시공간의 감성 형식을 갖는 감각적 현상으로서 존재하는 것이 아니라 그것 자체가 초자연적인·이성적 사상(思想)에 따라서 파악할 수 있는 「존재」로 여긴다. 완성된 형이상학은 현상을 초월하고 그 배후에 있는 것의 참된 본질, 존재의 기본 원리, 존재 그 자체를 순수사상에 의하여 또는 직관에 의하여 탐구하는 학문이 되었다.

그 반대라고 할 수 있는 것이 「형이하학(Physical science)」이다. 「형이하」는 자연 일반과 감성적 현상, 즉 시공간 속에서 형태를 가지고 나타나는 것을 의미한다. 따라서 형이하학은 넓게 감성적 현상을 대상으로 하는 학문을 가리키고 있다.

초기의 형이상학에서 「존재」는 실체와 속성으로 나누어질 수 있는 것이라 하였다. 「실체」란 기본 및 본체와 같이 그 자체로 독립되어 있으며, 「속성」이란 실체에 곁달아 존재한다. 또한 「실체」에는 자연적 및 물적인 것, 의식적인 것, 그리고 초자연적이며 비감각적인 것이 있다.

형이상학은 칸트에 의해서 재구축되었고 그 후로도 관념론적 존재론과 유물론적 존재론이 전개되었다. 그리고 인간의 「실존」이라는 관점에서 존재 일반의 의미를 밝히는 새로운 존재론의 시도가 하이데거, 야스퍼스, 사르트르 등 저명한 철학자에 의하여 계승되었다. 1927년에 발표된 하이데거의 저서 『존재와 시간』에서는 인간 존재의 의미는 시간성이라 하였다. 그 존재증명이 「아이덴티티」였다.

오늘날에는 「아이덴티티」란 동일성, 고유한 본질 등 기본속성을 의미하게 되었다.

1.3 「나눈다」와 「안다」

존재하는가 존재하지 않는가 그것이 문제이다. 어떻게 그 문제의 답을 찾아낼 것인가? 온톨로지에서는 기본적으로는 「존재」라고 하는 하나의 대상에서 출발하여 이것을 「나누어」 다양하게 함으로써 「안다」라고 하는 이치를 체계화해간다. 坂本賢三는 다음과 같이 논하고 있다.

본래 인간은 예로부터 「나누어서」 「알려고」 노력해왔다고 할 수 있다. 「안다」라는 말의 어원에는 「나눈다」의 의미가 포함되어 있다. 그것은 원래 「사물」을 나누어서 생각하였기 때문이다. 「안다(이해한다)」는 것은 나눈다는 것. 즉, 문제 해결을 위해서 해결할 수 있는 문제와 그렇지 않은 문제로 나누는 작업이다.

해결의 「해(解)」라는 글자는 칼(刀)로 소(牛)를 갈라 나누는 모양이다. 분해하고 해부하는 것이다. 해(解)는 「とく」라고 읽지만 일본 고유의 말로 「とく」는 매듭을 푸는 것, 얽혀 있는 것을 풀어 헤쳐서 매듭을 풀어내는 것이다. 그것은 결합되어 있는 것을 「나누다」는 것과 다름없다. 또한 「안다」는 것은 혼란스러워 모르는 것을 풀어서 이미 알고 있는 것으로 바꿔 옮기는 것이라고 해석하기도 한다.

이것이 「환원」이다. 「이미 알고 있는 것」으로 환원할 수 있으면 알았다고 납득이 가기 때문이다. 기하학의 증명이 그러한 형태를 취하고 있다. 복잡한 정리에서 직관적으로 알지 못해도 논리적 전제가 되는 공리로 환원할 수 있으면 안 것이 된다.

이 공리에서 정리를 도출하는 것을 「증명」이라 부른다. 고대 그리스에서 「원리」를 요구한 것도 모든 것을 거기에 환원할 수 있으면 「아는」 것이 되었기 때문이다. 다만 모든 것을 이처럼 환원할 수 있다고는 할 수 없다. 그러나 그 정체는 알지 못해도 더 이상 나눌 수 없는 것까지 환원하면 그것은 이미 「안다」라는 것을 초월하고 있다. 즉, 나눌 수 없고 풀 수도 없기 때문에 그것으로 안 것이 된다. 그와 같은 불가분한 것을 「요소」라고 부르며 알기 위한 전제이기 때문에 여러 가지가 거기에 환원되어가면 정체는 알지 못해도 여러 가지의 「관계」는 알게 된다(坂本 1982, 48-49).

이 坂本의 해설을 정리하면 아는 방법에는 두 가지가 있다. 첫 번째는 전제가 되는 기지(既知)의 자명한 원리로 환원될 수 있을 때, 두 번째는 기지(既知)가 아니라도 이 이상 나눌 수 없는 것에 도달해서 그것으로 설명할 수 있을 때이다. 이 환원은 환원론과 환원주의가 된다. 철학자의 원조 탈레스는 물이야말로 만물의 바탕, 즉 원리라 하였다. 모든 것은 「물」로 환원할 수 있다고 말한다. 고체(얼음), 액체(물), 기체(증기)의 세 가지 형식을 갖는 물질이며 그것을 요소로 만물이 구성된다. 이 같은 요소 환원주의는 근대의 과학적 방법론이 되었다.

1.4 분해와 종합

「태초에 말씀(로고스)이 계시니」라는 요한복음의 한 행은 세계의 창조를 전하는 것으로 유명하다. 인간은 말을 발명함으로써 세계를 명명하고 세계를 분류하고 세계에 의미를 부여할 수 있었다. 인간의 말은 타인에게 의사를 전달하는 수단으로서 뿐만 아니라 「알기」 위한 수단으로서도 작용한다. 말이 대상을 골라내는 구분방식과 함께 대상과 기호를 나누는 일도 한다. 기호론에서는 말의 「나누는」 작용에 주목하고 있으며 말에 의해서 사물을 「의미되는 것」과 「의미하는 것」으로 나누고 있다.

그래서 「사물」을 분해해보고 싶다, 해부해보고 싶다는 기분은 알고 싶어 하는 인간 의지의 표현이라고 한다.

대상을 나누는 일에는 두 가지 면이 있다. 하나는, 실제로 해부하고 낱낱이 분해하는 것이다. 대상이 어디까지나 대상인 채로 남아 있어서는 「안다」고 할 수 없다. 알기 위해서는 분해하고 분석하지 않으면 안 된다. 그러나 해부하거나 분해해버리면 그것으로 「안」 것이 되는가 하면 꼭 그렇지도 않다. 즉, 「분해」와 분석만이 아니라 조립과 「종합」도 알기 위해서는 필요한 것이다. 이처럼 머릿속에서 나누거나 종합하는 일이 대상을 나누는 일의 두 번째 면이다. 이 배경에는, 대상이라는 것은 부분의 조합으로 되어 있다는 생각이 깔려 있다.

구체적인 예로 자동차라는 것을 생각해보자. 전체상은 외견으로 알지만 구조와 장치의 이해를 위하여 부품으로 나누어 간다. 나사까지 포함하면 수만 점으로 부품이 전개된다. 또한 다른 예로 인체를 생각해보자. 그것은 여러 기관으로 구성되어 있으며, 기관은 조직으로, 조직은 세포로 되어 있는 구조가 된다. 혹은 물질은 분자로 구성되어 있으며, 분자는 원자로, 원자는 원자핵과 전자로, 원자핵은 소립자로 되어 있다는 생각이다(坂本 1982, 55).

분명히 근대 과학의 발전은 「아는 방식」의 방법이었다고 할 수 있다. 그래서 도달한 원자는 아톰이며, 아톰은 「나누어질 수 없는 것」이라는 의미였다. 그런데 현재의 과학에서는, 원자는 소립자로 구성되어 있다는 것이 발견되고 더욱 놀랄 만한 일은 소립자에도 구성 요소로서 입자가 있다는 것이 밝혀졌다. 즉, 「쿼크」의 존재이다.

이처럼 부분으로 나누는 것 그리고 그것을 재구성하는 것이 「안다」라는 것으로 이어진다.

2. 개념과 범주

온톨로지는 개념과 그 체계(개념 형성과 분류)를 밝힌다. 개념은 언어(기호)로 표현되고 그 의미로 존재한다. 반대로 말하면 「존재」를 의미하는 「것」, 즉 그 속성으로서 「개념」이 있다.

소크라테스나 플라톤 시대에서 개념이라는 것은 이데아와 이데아에 대한 사랑(에로스)의 결과로 생긴 인간 속에서의 회임(懷妊: conception)으로 여겼다. 개념은 회임에 기원하고 있다.

원래 개념(concept)이라는 말은 철학 용어였지만 일상어가 되었다. 그 경우 「콘셉트」를 사용하는 것이 현대풍일지도 모른다. 콘셉트는 사고방식, 착상, 사상, 틀 등을 나타낸다. 소프트웨어 설계에서 개념 설계, 개념 모형으로 사용되고 있으며 이와 관련된 용어로 정의, 속성, 범주 등이 있다(Day 2001).

2.1 개념

우선 『広辞苑』(사전)의 정의를 조사해보자. 개념이란 사고의 대상에 대해서 어떤 판단을 형성할 때에 그 판단이 결합되는 시점의 의식에 나타나는 그 대상의 상(像)이다. 즉, 표상을 주관의 표상 작용으로부터 분리해서 파악할 때 그 내용을 개념이라고 한다. 개념에 대한 실용적인 정의로는 인간이 인식의 대상으로 하는 사물의 본질을 파악하는 「사고의 형식」이라는 것이 있다.

즉, 개념은 다음 세 가지의 성질을 가지며 사고의 형식화를 위해서 사용된다.

① 개념은 말〔名辞〕로 나타낸다.
② 개념은 인식의 대상이 되는 사물의 집합(외연)을 규정한다.
③ 개념은 그 집합이 공통으로 가지고 있는 성질(내포)을 규정한다.

개념은 논리학과 결부된다. 1879년 독일의 논리학자 프레게는 『개념표기법』(Campbell 1989)이라는 제목의 책을 출판하였다. 이것은 아리스토텔레스 이래로 이천 년에 걸친 형식논리학의 전통을 깨는 것이었다. 프레게는, 논리란 진리에 관계되는 것으로 생물적인 영향이나 새로운 환경이 어떻게 변화해도 진리의 법칙은 진화하지 않고 영구불변한다고 주장하였다. 그런데 프레게는 서로의 모순에 대해서도 논하고 있다. 당시는 다윈 (Charles Darwin)의 진화론이 발표되기도 해서 그것에 동조한 것인지는 모르지만 인간이라고 하는 종(種)은 진화하며 그와 함께 논리의 법칙도 진화한다는 모순에 대해서도 논하였다. 프레게의 개념 표기법이란 정신을 말의 지배로부터 해방시키기 위함이었다. 그때까지 아리스토텔레스류의 고전 논리학에서는 「삼단논법」에서처럼 개념 정의에 자연언어를 사용하고 있었

다. 이 프레게의 개념 표기법은 곧 영국의 논리학자 러셀의 눈에 띄어
『수학 원리』에 사용되었다. 이처럼 「개념」이란 말은 논리학이라는 문맥에
서 빛나고 있다.

2.2 외연과 내포

말[名辭]로 표현된 「개념」은 외연과 내포를 가진다. 외연이란 어떤 개념
이 적용되는 대상의 집합(클래스)을 말하며, 내포란 어떤 개념이 적용되는
대상이 가진 공통적인 성질을 말한다(近藤 1964).

예컨대 「작곡가」라는 개념에서 그 내포는 「곡을 만드는 사람」이 되며,
그 외연은 베토벤, 드보르작 등이 된다. 이 같은 개념이 적용되는 대상을
객체라고 부르고 이 생각을 바탕으로 객체 지향 설계가 탄생하였다.

객체 지향 설계에서 클래스는 어떤 공통된 성질을 가진 것이 하나로
모아진 그룹을 말한다. 이것은 객체의 모임으로 분류된다. 이 클래스에
분류되어 속하여 있는 객체를 인스턴스라고 한다. 예컨대 사탕이 들어
있는 상자를 생각해보자. 「상자」가 클래스이고 안에 들어 있는 몇 개의
캔디가 인스턴스에 해당한다. 상자는 밖의 다른 것과 구별하기 위한 단순한
「형(型)」이고, 인간이 「단 것이 먹고 싶다」라는 욕구가 생겼을 때 실제로
그 요구를 만족시키는 작용을 하는 것은 캔디의 형이 된다.

인스턴스의 성질(데이터 구조), 행동(데이터에 대한 조작)은 클래스에 모아
규정한다. 바로 개념 설계라 할 수 있다.

2.3 범주

개념은 상하 관계로 분류되어 상위 개념, 하위 개념, 동등 개념 등으로
체계화된다. 그 개념의 분류 기준이 되는 것이 「범주」이다. 철학에서 범주

에 대하여 처음으로 계통적인 고찰을 한 사람은 아리스토텔레스였다. 그 후 많은 철학자가 각각 독자의 범주론을 전개하였다. 그중에서도 유명한 것은 칸트의 범주론이다. 칸트는 명제의 분석을 단서로 하여 다음 12개(4그룹)의 범주를 들고 있다.

양   (단일, 다수, 전체)
질   (실재, 부정, 제한)
관계   (실체성과 우유성(偶有性), 인과와 의존, 상호작용)
양상   (가능과 불가능, 현실성과 비현실성, 필연과 우연)

개념의 내포가 분해 불가능한 것을 단순개념, 이것과 반대로 복수의 성질로 분해 가능한 것을 복합개념이라고 한다. 「존재」, 「질」, 「양」 등은 단순개념이며, 「인간」, 「사회」 등은 복합개념이 된다.

2.4 칸트의 범주

유럽에서는 아리스토텔레스의 범주가 오랫동안 이용되었지만 이것을 다시 논하여 범주를 다르게 정의한 사람은 칸트였다. 칸트의 범주의 중요한 점은 범주를 경험적인 개념으로부터 분리하여 「순수오성 개념」에 한정하였다는 점이다(坂本 1982). 칸트의 「순수」라고 하는 것은 경험과 관계되지 않는 것을 의미한다. 칸트는 하나의 「판단」에 포함되는 여러 가지 표상에 통일을 기하는 기능이 하나의 직감에 포함되는 여러 가지 표상의 단순한 통합에도 통일을 기한다고 하였으며 이 기능을 순수오성 개념이라고 하였다.

예컨대 「모든 인간은 죽는다」, 「그는 교통사고로 죽었다」와 같은 판단은 모두 「양」과 관련 있다. 「모든」의 경우는 전칭(全稱) 판단, 「그는」의 경우는 단칭(單稱) 판단이라 한다.

칸트는 「양」과 관련해서는 단일성, 다수성, 전체성이라고 하는 범주를 도출하였다. 마찬가지로 ～이다라는 긍정적 판단, ～아니다라는 부정적 판단, ～아닌 것은 아니다라고 하는 무한 판단이라는 세 가지의 질적인 판단에서 성질로서의 실재성, 부정성, 제한성이라는 범주를 도출하였다.

칸트의 범주에서 중요한 것은 범주표의 내용보다도 그 이해하는 방법이라 할 수 있다. 즉, 판단의 분류를 모형으로 삼아 범주를 순수오성 개념표로 만들었다. 칸트는 감성에 주어진 다양한 것을 오성이 정리·결합하여 인식을 구성한다고 생각하였다. 감성을 개념으로 만드는 것은 오성의 작용인 것이다. 다양한 것을 통합하는 것은 구상력이지만 그것만으로는 아직 인식이라 할 수 없다. 개념이 만들어졌을 때 비로소 인식이 된다고 생각하였다. 그러므로 미리 경험과 관련되지 않는 오성 개념(범주)표를 미리 준비하여 두고 감성에서 파악한 경험이 범주 속에 자리를 잡았을 때 비로소 인식이 성립한다고 생각하였다. 인식이라는 것은 전체 속에서 자리 잡는 것이기 때문이다. 그렇게 하려면 미리 전체의 지도를 만들어 둘 필요가 있다. 그 지도가 범주표인 것이다. 이것은 지식 지도라 할 수 있을 것이다.

2.5 개념 분류

개념 분류는 크게 「클래스의 상하 관계에 따른 분류」와 「클래스의 요소 수에 따른 분류」로 나눌 수 있다. 그리고 「클래스의 상하 관계에 따른 분류」에서는 상위 개념, 하위 개념, 동등 개념이 있다. 동등 개념의 클래스 사이에도 관계가 있다. 즉, 관계를 다음 세 가지로 분류한다. 이것은 집합론에서의 집합(클래스)과 그 요소를 말하는 것이며 집합연산(동등, 합, 적(積), 차)이기도 하다.

① 클래스가 동일(동일 개념): 「스포츠맨」과 「운동가」

② 클래스의 일부분이 겹친다(교차 개념): 「학생」과 「스포츠맨」 클래스
에 공통부분이 있다.
③ 클래스의 중복이 전혀 없다(선언(選言) 개념): 「빨강」과 「파랑」

2.6 개념 정의

개념은 그것을 구성하는 부분 개념, 요소 개념의 조합으로 정의된다.
여기에서 사용되는 개념은 다시 부분 개념, 요소 개념에 의하여 재귀적으로
정의된다. 이것을 「요소 환원주의」라고 하며 모든 과학의 체계화 원리(패러
다임)가 되었다.

또한 개념 정의 방법에는 여러 가지가 있다. 그중 다음 방법이 일반적이
다(長尾 1988).

① 내포적 정의   그 개념의 내용과 성질에 대해서 밝힌다.
② 외연적 정의   그 개념의 구체적인 예를 열거함으로써 밝힌다.
③ 요소 합성적 정의   그 개념을 구성하는 개념 조합으로 밝힌다.

이 중에서도 ③의 개념 조합에 의한 것은 중요하다.

개념은 다른 개념과의 사이에 다양한 관계를 가지며 개념의 조합에
의해서 다른 개념의 정의가 만들어지기 때문이다. 개념 상호 간의 관계로서
는 다음과 같은 것을 생각할 수 있다.

① 논리적 관계   AND, OR, NOT, EQ, IMPLY 등.
② 존재론적 관계   부분·전체 관계, 부분 상호관계, 순서 관계,
재료·생성물 관계
③ 영향 관계   인과 관계, 계승 관계, 계통 관계, 가공·변형

	관계, 상변화 관계
④ 특징 관계	동일 특징 관계, 유사 특징 관계, 배치(配置) 관계

이들 관계 외에 일상생활에서는 이웃과의 관계, 세상사를 얘기하는 관계 등 모든 것을 생각할 필요가 있다. 이와 같은 것을 체계화하고 지식 시스템으로 유효하게 활용할 수 있는 것을 만드는 것은 쉬운 일이 아니다.

또한 체계화된 개념에 이름(기호)을 붙인 것이 사전과 용어집, 시소러스, 분류표가 된다.

3. 논리학

지식의 본질에 다가가기 위해서는 논리의 표현과 추론의 관계를 이해할 필요가 있다.

논리는 그리스어의 로고스, 즉 「말」이나 「언어활동」이라는 의미이며, 또한 「이성」, 「이성적 활동」, 「사상」 등을 의미한다. 이들의 공통된 속성을 생각하면 논리란 사고의 이치에 관한 것이라 할 수 있다.

아리스토텔레스는 논리를 모든 학문을 위한 도구(organon)라 하였고, 스토아학파는 변증법(dialectics)이라 하였다. 아리스토텔레스의 시대에서 논리학은 실무가와 법률가 그리고 정치가의 실용적인 지식이었으며 단순한 지적 훈련의 도구만은 아니었다. 그 후 중세에 이르기까지 변증법은 대화·논쟁의 기술이 되었다. Logic이라고 부르게 된 것은 13세기경이라고 한다. 그리고 17세기가 되어서야 바른 사고의 형식과 법칙을 체계화하여 「논리학」이라는 명칭이 생기게 되었다.

3.1 형식화

논리에서의 본질적인 것은 형식화이다. 논리학자 沢田允茂는 논리의 전모를 지식과의 관계에서 다음과 같이 논하고 있다.

우리들이 지식이라고 하는 것은 많은 정보의 집적이다. 그리고 이러한 지식에 요구되는 것은 우리들이 과거와 현재에 직간접적으로 경험하는 일에 대한 통일되지 않고 흩어져 있는 지식의 집합이 아니라 소수의 기본적인 지식을 중심으로 질서가 잡혀 있는 지식이라 할 수 있다. 우리들이 갖고 있는 개개의 지식 내용이 아니라 그 진위 부분만을 대상으로 이들의 바른 연결 방법을 밝힘으로써 지식의 참된 결합 방법과 잘못된 결합 방법을 명확히 구별하는「형식화」는 우리들에게 어떠한 지식에 대해서도 그들을 바르게 관련지을 수 있는 규칙을 제공한다. 이로써 우리들은 모두가 갖고 있는 지식을 확실하게 체계화할 수 있을 뿐만 아니라 불확실한 지식의 진위를 결정하고 미지의 진리를 기지의 진리로부터 이끌어낼(연역할) 수 있다.

형식화, 체계화(공리화), 연역이라는 이와 같은 작용이야말로 논리에 있어서 가장 본질적인 작용이다(沢田 1970, 61-62).

이 사례를 참고하여 논리와 논리학을 요약해보자.

① 논리는 사고의 성립을 다루지 않는다. 사고의 과정을 다룬다.
② 사고의 과정은 언어에 의해서 표현된다.
③ 논리학은 언어의 분석을 다음과 같이 다룬다.

대상	기호(대상 언어)	의미론	통어론
鳥	새	물건(사물)	말(name)
나는 새	「새가 난다」	물건(事象)	문(명제)

④ 의미론은 기호와 대상 양쪽 모두를 다루며 명제의 진위를 연구한다.
⑤ 통어론은 기호 사이에 성립하는 관계를 다루며 대상 언어의 구조를
연구한다.

3.2 삼단논법

아리스토텔레스는, 논리학은 추론 과정을 기호화한 것, 즉 「사고의 수학」
이라 보고 형식적 언어와 형식적 사고를 고안하였다(楳田 1988).

아리스토텔레스의 논법은 「삼단논법」으로 유명하다. 주부와 술부로 구
성되고 서로 한 가지의 공통 사항을 갖는 두 가지의 전제가 삼단논법의
기본이다.

삼단논법은 내용이 아니라 형식(진위)을 검토하는 것만으로 바른 추론이
성립할지 아닐지를 판단할 수 있다. 여담이지만 이와 같이 「논리적 옳음」을
추구하는 것이 수사학(tautology)이며 수학이 그 전형이다. 「수학적 옳음」이
란 모든 참된 명제식(수사학)이 그 체계 내에서 증명할 수 있는 것을 말한다.
다만 추론의 옳음은 개개 말의 의미와는 관계없다는 것을 알 수 있다.
다음 예가 그것을 보여 주고 있다.

모든 컴퓨터는 기계이다.
모든 기계는 무생물이다.
따라서 모든 컴퓨터는 무생물이다.

모든 컴퓨터는 사고하는 존재이다.
모든 사고하는 존재는 생물이다.
따라서 모든 컴퓨터는 생물이다.

아리스토텔레스는 최초의 논리학자인 동시에 최초의 기호논리학자이기도 하다. 형식적 언어를 논리학에 적용하였기 때문이다.

삼단논법에서 사용되는 모든 전제는 다음 네 종류의 형식 중 하나로 표현된다. S는 주어(Subject), P는 술어(Predicate)라 하자.

모든 S는 P이다.   모든 인간은 죽는다.
모든 S는 P가 아니다.   모든 인간은 죽지 않는다.
어떤 S는 P이다.   어떤 인간은 죽는다.
어떤 S는 P가 아니다.   어떤 인간은 죽지 않는다.

이와 같은 전제의 논리적으로 중요한 부분(「모든」, 「어떤」 등)을 추출하고 네 가지의 기본 형식에 근거해서 전제의 상호 관계를 「격」으로 표현한다. 이것은 모든 구성 요소를 엄밀히 정의하는 인공적 기호 체계(형식 언어)였다. 진위의 뼈대만이 형식화된 것이다. 논리에 있어서 본질적인 것은 형식화라는 것이 분명하다.

3.3 명제 논리

문(文)이 표현하는 「무언가에 대하여 무엇을 논하는 것」, 즉 언명(言明)은 언어 기호의 역할을 통하여 얻을 수 있는 지식의 최소 단위라 생각할 수 있다. 이 경우의 지식이라는 것은 사고 활동을 말하는 것이지만 그것은 언명이라고 하는 명제에서 시작하여 문과 문의 연결 형식을 분명히 할 수 있다. 이것이 명제 논리학의 원리이다. 명제 논리는 복잡한 문(합성 명제)을 기본 명제(더 이상 분할할 수 없는 최소 단위의 주어와 술어를 포함하는 문)로 분할하고 삼단논법을 적용하여 차례로 새로운 지식을 창조(추론)한다. 그런데 삼단논법에는 추론의 옳음(수사학의 추구)은 있지만 개별적인 말의

의미와는 관계없다는 문제가 있다. 이미 설명하였지만 다른 예를 보기로
하자.

① 식물은 움직이는 것이다.
② 돌은 식물이다.
따라서 ③ 돌은 움직이는 것이다.

이래서는 현실 세계에서 의미가 통하지 않는 글이 만들어진다. 이와
같은 명제 논리의 단점을 보완하는 것이 술어 논리이다. 그러나 명제 논리
는 추론의 메커니즘을 밝혔다(長尾 1983).

그런데 인간이 추론하는 최대의 동기는 무엇일까? 아마도 참인 명제를
거짓인 명제와 구별하기 위한 것이라 생각된다. 인간은 끊임없이 자신의
세계를 해석하고 이를 근거로 행동하고 있다. 그것은 자기에 유리한 결론을
얻기 위함이다.

인간은 혼돈의 세계, 이른바 「카오스」로부터 도망치고 싶어 하는 본능이
있다. 그래서 세계를 진위의 명제로 분류하려 하지만 이것은 추론하기
위한 것이다. 이 입장에서 형식논리학(명제 논리)이 확립시킨 것이 「의미론
(모형 이론)」이다. 이 과학적 추론이라고도 할 수 있는 모형론에 의하여
과학자는 공리 또는 정리라 부르는 과학의 기본적인 명제를 발견해왔다.

예컨대 뉴턴의 운동 3법칙(힘의 법칙, 작용반작용의 법칙, 관성의 법칙)이
그것이다. 이와 같은 법칙은 전제라 부르는 명제(법칙, 정리 등)의 집합에서
어떤 명제를 결론으로 도출함으로써 발견되었다. 결론이 참인 명제를 도출
하는 원리는 삼단논법이다. 형식논리학에서는 공리에서 도출되는 정리식
이 된다.

3.4 술어 논리

명제 논리는 분명히 논리적(삼단논법이라는 추론)으로 바른 표현을 하지만 현실 세계의 상식으로는 이해할 수 없는 문이 생긴다. 이 같은 단점을 보완하는 것이 술어 논리이다. 이것은 19세기 프레게(G. Frege)가 확립하였다. 그 방법은 기본 명제를 다시 술어와 주어로 분할하고 「술어(주어)」의 표현으로 바꾼다. 그리고 술어·주어를 각각 현실 세계의 언어로 표현해서 그 진위를 논한다.

① 식물이다 (돌은)
② 움직인다 (식물은)
따라서 ③ 움직인다 (돌은)

이와 같은 현실 세계의 언어를 사용하여 그 진위를 논하면 현실에서 통용되지 않는 추론은 할 수 없다. 따라서 술어 논리는 명제 논리보다 표현력이 좋다.

술어 논리는 기본 명제를 주어와 술어로 나누어, 주어를 개체, A, x 등 기호로 표현한다. 이 개체에서 A, B 등으로 결정된 것을 표현하는 경우를 「정항(定項)」이라 한다.

또한 x, y 등 특정한 것이 아니라 변화하는 것을 「변항(変項)」이라 한다.

그리고 개체가 한 개인 것을 「일항 술어」라 부르며 2개인 것을 「이항 술어」라 한다.

「x는 y의 아이이다」   이항술어

C(x, y)   C   「아이이다」라는 술어

「x가 일본인이면 인간이다」

$J(x) \rightarrow M(x)$ J 「일본인이다」   M   「인간이다」

3.5 양화기호

술어 논리에서 명제의 진위는 명제를 구성하는 개체의 정의역을 정해두고 그중에서 논한다. 정의역이란 어느 만큼의 개체를 대상으로 할지 그 개체의 집합 D를 말하는 것이다.

예컨대 $J(x)$「일본인이다」가 참인지를 문제로 삼는 것이 아니라 집합 D의 모든 요소 x에 대하여 $J(x)$가 성립하는지 아닌지를 문제로 삼는다. 이를 위하여 「모든 x에 대하여」라는 기호(전칭 기호) $\forall$를 이용해서 $\forall x$로 나타낸다. 또한 「적어도 하나는 있다」라는 존재 기호 $\exists$도 사용한다. 이 기호를 양화기호(量化記号)라 한다.

$\forall x \ (J(x) \rightarrow M(x))$ x가 일본인이면 x가 인간이라는 것이 모든
                       x에 적용된다.

$\exists(x) \, J(x)$ 일본인이 적어도 한 명은 존재한다.

3.6 기호논리학

논리학은 문장 수준에서 사물과 일의 형식적인 옳음을 증명하는 학문이었다. 그 전형이 형식논리학이다. 다만 원점은 인식 과정을 연구하는 것이기 때문에 존재론이나 인식론 등 철학과 일체가 된 것이었다. 그 흐름은 현대에도 계속되어 철학, 언어학, 인지심리학 등을 포함하여 학제적인 분야가 되고 있다.

형식논리학에서 발전한 것으로 기호논리학이 있다. 이것은 문장을 기호

로 바꾸어 기호 수준에서 논리적 관계를 논한다.

기호논리학의 기초는 다음과 같은 영역과 연관이 있다(佐藤 2000).

① 명제 논리　복합 명제를 요소 명제로 구분하여 논리 관계를 묻는다.
② 술어 논리　술어의 성질에 착안하여 양화(量化)를 사용해서 논리 관계를 묻는다.
③ 집합론　　기수와 서수의 논리 관계를 다룬다.
④ 관계 논리　수학적인 순서쌍의 관계를 다룬다.
⑤ 클래스 논리 내포 및 외연의 논리 관계를 다룬다.
⑥ 양상 논리　진위라고 하는 두 값 이외에 「가능성」을 다룬다.

처음으로 기호논리학을 고안한 사람은 부울(G. Boole)이다. 1850년 부울은 논리 연산기호를 도입하고 부울 대수를 만들었다. 이로써 논리학과 수학이 구체적으로 결합하게 되었다. 논리 연산기호는 요소 명제를 결합하는 논리 정항(logical constant)이기도 하다(広瀬 1994).

① 연언(連言)　「그리고(and)」　　∧
② 선언(選言)　「또는(or)」　　　∨
③ 부정(否定)　「아니다(not)」　　¬
④ 가언(假言)　「이면(if)」　　　⇒
⑤ 동치(同値)　「와 같다(=)」　　≡

20세기에 들어서 1900년에 영국의 러셀(B. Russell)은 수학을 논리학과 집합의 결합으로 설명할 수 있다고 발표하였다. 1915년에는 뢰벤하임(L. Löwenheim)과 스콜렘(T. Skolem)에 의하여 어떤 형식적 논리 체계도 가산 모형을 갖는 것이 명백해졌다. 이것은 모형 이론(형식논리학의 의미론)의 기초가 되었다. 1930년에 괴델(K. Gödel)은 완전성 정리와 불완전성 정리를 증명하였다. 완전성 정리는 유한의 입장에서 보는 형식적 체계의 정리식과 무한의 대상에 대해서 논하는 모형 이론에 관하여 참이 되는 논리식은 동등하다는 것이다. 불완전성 정리는 형식적 체계에서는 진위를 결정할 수 없는 논리식이 존재한다는 것이다(吉永 1992).

1933년에는 타르스키(A. Tarski)가 모형 이론에 의미론적 해석을 덧붙여 술어 논리식의 해석이 분명하게 되었다. 이에 따라서 기호 논리의 영역이 확장되었다.

이와 같은 기호논리학을 중심으로 한 발전과는 달리 부울 대수는 컴퓨터 논리 회로의 기초 원리가 되었으며 1944년에 폰 노이만(Von Neuman)에 의한 컴퓨터 개발로 이어졌다. 컴퓨터는 계산기라기보다 기호 처리 시스템인 것이 지금에 와서는 분명하지만 그것을 예언한 것은 1930년대의 논리학자 튜링(Alan Turing)이었다. 그는 기호논리학에서 명제를 푸는 컴퓨터의 원형이라 할 수 있는 장치를 상상하였다. 컴퓨터는 19세기의 기호논리학과 대수학이 결합되어 탄생한 것이라 할 수 있다. 현실 세계에서는 그다지 실무적이지 않은 기호논리학이 이 기호 처리 시스템에 의해서 끝내 영광스러운 무대에 등장하게 되었다.

기호논리학은 하드웨어뿐만 아니라 소프트웨어에도 많은 영향을 주었다. 그 최초의 이론은 1965년의 로빈슨(A. Robinson)에 의한 도출 원리이다. 이것은 모형 이론을 바탕으로 정리의 증명이 기계적으로 가능하다는 것을 증명하였다. 기계적이란 것은 정리 증명이 컴퓨터 프로그램으로도 가능하다는 것을 나타낸다. 1972년에 에든버러 대학에서 **PROLOG**가 개발되었다. 이것은 술어 논리를 바탕으로 연역 추론을 하는 프로그램 언어이다. 그보다 앞선 1970년에는 몬테규(R. Montague)에 의해서 양상 논리, 내포 논리를 문의 해석과 의미론에 도입한 몬테규 문법이 발표되었다. 이것은 자연언어 처리에 기호논리학을 적용한 것이었다. 그리고 현대에서 기호논리학의 성과는 인공지능, 지식 베이스, 지식 공학 등에 응용되고 있다(広瀬 1994).

3.7 연역법과 귀납법

일상의 회화나 혼자서 하는 사고활동에는 추론(inference)이라고 하는 지식 과정이 포함되어 있다. 그것은 추론법으로 모형화된다. 삼단논법과 같은 연역법과 그 반대라 할 수 있는 귀납법이다. 그리고 논리는 아니지만 유추법이라는 것도 있다(織田 1989).

아리스토텔레스의 연역법은, 경험과 관찰은 잘못된 것으로 보고 경험을 뛰어넘는 이론이라는 것에서 사례를 밝히고 있다. 즉, 「이데아」라고 부르는 이상 모형을 가설로 놓고 그것을 어떻게 실현할 것인가를 묻는다. 관념론적이며 추상적인 결론을 강요한다는 단점도 있다. 이와 달리 베이컨의 연역법은 경험과 관찰을 중시하고 특수한 경험 사례에서 일반, 즉 보편이라는 결론을 밝히고 있다. 예컨대 데이터를 수집·분석하여 공통 속성을 분명히 하고 지식화를 위하여 분류한다. 이 방법은 귀납법에 의한 지식 과정이라 할 수 있을 것이다.

① 연역법(deduction) : 일반적인 법칙에서 그 법칙에 포함되는 개별적인 사례에 관한 결론을 이끌어낸다. 아리스토텔레스의 이상(이데아)이라고 하는 가설(모형)에서 추론한다.

　A : 인간은 죽는다.
　A B : 一郞은 인간이다
　B : 고로 一郞은 죽는다.

② 귀납법(induction) : 개별적인 사례에서 그 사례를 포함하고 있는 것보다 일반적인 법칙에 관한 결론을 이끌어낸다. 티끌모아 태산이

라는 데이터마이닝에서 진리를 찾는다.

B : 一郎은 죽었다.

A B : 一郎은 인간이다.

B : 고로 인간은 죽는다.

③ 유추법(analogy) : 어떤 사례의 속성에서 유추(유비)의 다른 사례의
속성에 관한 결론을 이끌어낸다. 갈릴레오는 지구도 똑같이
다른 천체의 주위를 돌고 있다고 유추하였다.

A는 (a,b,c,d)이다.

B는 (a,b,c,?)이다.

고로 B는 (a,b,c,d)이다.

유추법은 한편의 세계에서 어떤 관계가 성립하는 것이 확인되면 다른
한편에서도 같은 관계가 성립한다는 추론에 이용된다. 예컨대 컴퓨터가
프로그램을 동작시키는 장치라면 뇌는 의식이라는 소프트웨어를 동작시키
는 장치이다. 이와 같은 유추는 진리의 증명에는 사용할 수 없지만 지식
모형으로는 사용할 수 있다. 유사한 것으로서 배리법(背理法)이 있다. 이것
은 간접증명에 사용하며 귀류법(歸謬法)이라고도 한다. 배리법의 템플릿을
패러독스(역설집)라고 한다. 배리법은 모순률(律)을 활용하며 로바쳅스키에
의한 비(非)유클리드기하학의 발견이라는 역사적 위업을 달성하였다. 그것
은 공리를 가설에 지나지 않는 것이라 하였으며 진리탐구의 방법론을 모형
구축이라는 과학적 방법론으로 패러다임을 변화시켰다. 13세기의 토마스
아퀴나스는 배리법으로 「신의 존재」를 증명하였다. 다만, 강경한 양도론법
(딜레마)에 의한 것이었다.

또한 abduction이라 부르는 것도 있다. 이것은 미국의 프라그머티즘철학
의 시조 퍼스(Perth)가 제창한 것으로 일반적인 것과 특수한 것의 인과
관계에서 모르고 있는 것을 가설 추론한다. 이것은 연역법과 귀납법을

조합한 것으로 재치가 넘치는 발상법이라 할 수 있을 것이다. 이들 논리 기법은 가설의 형성과 그 증명에 사용되고 있다.

3.8 논리철학

프레게와 러셀에 의하여 전통적 논리학에서 현대논리학이 시작되었다. 그것은 논리주의라고도 하며 논리학을 이용하여 수학 기초론을 확립하게 되었다. 1922년에 비트겐슈타인은 『논리철학 논고』를 발표하였지만 그것은 프레게의 개념 기법(주어와 술어를 함수로 다룬다), 문맥 이론(완전한 문속에서 말은 의미를 갖는다), 의미와 의의(기호의 의미는 지시 대상이며 기호의 의의는 대조가 기술된 쪽이다)의 이론을 도입한 것이었다. 또한 러셀의 기술 이론(구문론적 해석), 지시 대상(논리적 의미의 이름과의 관계), 기술(記述)과 지(知)(대상을 아는 것은 성질을 갖는 「것」으로 알고 있다), 논리적 원시론(개체, 술어, 관계라는 논리적 원자)를 도입한 것이었다.

비트겐슈타인은 사상(寫像) 이론(picture theory)과 진리 함수(truth function)를 다루고 「토톨로지(tautology)」 개념을 제시하였다(山本 1987).

세계란 사실의 총계이지만 「사물」의 총계는 아니다. 사실의 논리적인 상(像)을 사상(寫像)이라고 한다. 사실과 상은 논리 형식을 공유한다. 상의 요소가 대상에 대응된다. 이 사태(事態)란 모든 대상의 결합이다. 이것이 사상(寫像) 이론의 개략이다. 또한 진리 함수는 다음과 같이 설명할 수 있다.

사실(事実)이란 여러 사태가 성립하는 것이다. 사태(事態)란 여러 대상의 관계이다.

사상(思想)이란 유의의한 명제이다. 더 단순한 명제, 즉 요소가 대상의 성립을 주장한다. 명제는 요소 명제의 진리 함수이다. 모든 참이 되는 요소 명제를 열거하면 세계는 완전하게 기술된다.

비트겐슈타인의 논법은 난해하지만 많은 연구자를 매료시켰다. 그의 「언어 게임」이라 부르는 언어관은 대단히 흥미롭다.

비트겐슈타인이 말하는 언어의 한계는 내 세계의 한계를 의미한다. 논리의 탐구라는 것은 모든 합법칙성의 탐구를 의미한다. 논리의 밖에 있는 것은 모두 우연이다. 또한 언어를 사용한다는 것은 「규칙」에 따르는 행위다. 또한 생활형식 속에 묻힌 행위라고 한다.

4. 수학

「나는 생각한다. 고로 존재한다」라는 말로 유명한 데카르트(1589-1650)는 모든 것을 의심하는 것으로 시작하였다. 전혀 의심할 수 없는 것으로 「지금 생각하는 나」의 존재가 있으며 그것이 지식의 근원이라고 하였다. 데카르트는 모든 지식이 어떤 단일한 방법으로 해명할 수 있다고 생각하였다. 그 방법이란 이성에 따르는 것이다.

① 자기의 정신에 비추어 의심할 여지가 없을 때까지 명석한 것만을 참으로 받아들일 것
② 큰 문제를 작은 문제로 분할할 것
③ 단순한 문제에서부터 복잡한 문제로 고찰해갈 것
④ 하나의 문제를 해결할 때마다 재검사할 것

즉, 데카르트의 이성은 수학적 정신이라 할 수 있다. 데카르트의 꿈은 모든 지적 활동을 수학으로 통일하는 것이었다(Davis 1986).

4.1 수학적 온톨로지

오늘날의 사회적 세계와 물리적 세계는 모두 급격히 수학화되어가고 있다. 이 수학화라는 의미는 지식과 존재를 수학적으로 파악해(지식의 획득) 이론화(지식의 표현)하는 작업이다. 즉, 생각하는 것은 계산하는 것이며 계산하는 것은 생각하는 것이라는 수학적 온톨로지의 의미가 포함되어 있다.

수학적 온톨로지는 사물과 일을 추상화하여 일반화하는 것이다. 추상화란 무언가를 추출하고 환원하고 단순화하여 잘라버리는 일이다. 예컨대 개 두 마리 있는 곳에 다른 개를 두 마리 데리고 오면 전부 네 마리가된다. 이와 같은 「관찰」로부터 수량화, 패턴화, 균정화(均整化) 등 수학적추상화에 의해서 2+2=4라는 식을 얻는다. 극단적으로 말하면 수학의지식은 이렇게 얻은 산술식에 응축되어 있다.

수학에서는 미리 결정된 심벌과 간결한 약기호를 사용해서 사물과 일을엄밀하게 기술한다. 그 언어의 최소단위는 의미상으로 그 이상 분할할수 없기 때문에 어떤 의미에서는 원자적이다. 그리고 연역적 추론에 따라변환, 표준화된 절차(알고리즘)를 생각한다. 즉, 수학은 추상적 기호를 조작하는 학문이라 할 수 있다.

수학은 사물과 일을 진위의 두 가지 유형으로 파악하는 경향이 있다. 라이프니츠(1646-1716)는 0과 1만으로 지적 우주 전체를 구축할 수 있다고주장하였다. 컴퓨터라는 것이 0과 1만의 비트로 정보를 처리하고 인공지능처럼 지식 세계를 표현할 수 있게 되면 라이프니츠의 주장은 공상이라할 수 없을 것이다. 원래 라이프니츠의 꿈은 과학, 법률에서 정치에 이르기까지 인간이 안고 있는 모든 문제를 이성적·체계적으로 논리 연산에 의하여 처리하는 보편적 방법을 확립하는 것이었다(Davis 1986).

수학은 모호하고 불확실한 사상(事象)으로 가득 찬 세계에 직면하면 어떻게 해서라도 엄밀하게 기술하려 한다. 확률적 혹은 통계적 관점에 서서

혼돈과 우연성 속에서 질서를 찾아내려 한다. 여기에서 수학적 온톨로지, 즉 수학화를 떠받치는 지적 요소를 다음에 보인다(Davis 1986).

① 수의 계산이나 공간적 움직임이라는 유형의 일차 체험을 심벌화, 추상화, 일반화하는 능력
② 명확하게 이분하는 능력. yes와 no, 참과 거짓, 0과 1
③ 「A이면 B이다」라는 기본적 인과 관계를 파악하는 능력. 나아가 기본적 인과 관계를 연결하고 합리적으로 고찰하는 능력
④ 현실을 추상하는 능력과 추상하는 의욕 및 그 추상물을 형식논리에 근거하여 조작하는 능력. 동시에 현실의 사상(事象)을 충분히 반영하는 능력

4.2 알고리즘

수학의 지식 모형은 수학적 알고리즘이라고 할 수 있다. 알고리즘이라는 말은 대수학의 책을 쓰고 12세기에 라틴어로 번역된 아라비아 대수학의 창시자 알콰리즈미에서 온 것이다.

라이프니츠는 계산기를 만들고, 이 세계에 관한 모든 진리를 체계화할 수 있는 보편적인 기술법으로 쓴 기호언어를 생각하고, 모든 개념의 리스트를 구상하여 기호의 기계적 조작만으로 모든 문제를 해결하는 알고리즘의 창조를 꿈꾸고 있었다.

또한 컴퓨터의 원형이 되는, 모든 알고리즘을 실행하는 상상 속의 기계를 생각하였다. 그 영향을 받아 튜링 등 논리학자와 수학자가 알고리즘의 수학적 정의를 제시하였다. 튜링은 마음을 사용하지 않는 계산된 알고리즘을, 그 반론이라고도 생각할 수 있는 「기계는 생각한다」는 가설, 즉 튜링 테스트로 시험하였다.

현대의 알고리즘 해석은 모든 문제를 푸는 유한개의 조작으로 구성된 절차이다. 라이프니츠의 예언대로 현대에는 알고리즘을 기술한 프로그램에 따라 작업하는 컴퓨터가 등장하였으며 사회에서 알고리즘이 갖는 중요성은 비약적으로 높아지고 있다(Berliski 2001).

5. 기호론과 의미론

지식은 인간의 지성을 기호화한 것이다. 여기에서는 「기호」와 이에 관계되는 「기호론」을 이해해보자. 아울러 기호론과 밀접하게 관련된 「의미론」에 대해서도 생각해보자.

5.1 커뮤니케이션 모형

먼저 기호론의 커뮤니케이션 모형에서 「암묵지(暗黙知)」와 「형식지(形式知)」의 차이에 대하여 살펴보기로 하자.

암묵지란 논리와 언어를 초월한 직감과 유사한 것이다. 이에 비하여 형식지란 언어와 논리로 정의할 수 있는 것이며 누가 봐도 이해할 수

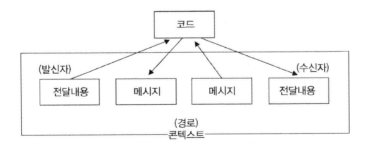

<그림 4-1> 커뮤니케이션과 콘텍스트

있다.

이 두 가지 해석은 <그림 4-1> 기호론에서의 「코드」와 「콘텍스트 (context)」와 유사하다는 것을 알 수 있다. 「코드」에는 전달에 사용되는 기호와 그 의미 및 기호의 결합 방법에 대한 규정이 포함되어 있다.

언어로 말하자면 사전과 문법에 해당한다. 발신자는 「코드」를 참조하여 전달 내용을 기호화하고 메시지를 만들어 낸다. 그리고 메시지는 어떤 경로를 통하여 수신자에게 전달된다. 수신자는 받은 메시지를 「코드」를 참조하여 해독하고 전달 내용을 재구성한다. 이때 발신자의 「메시지 작성」 과정과 수신자의 「메시지 해독」 과정은 방향은 정반대이지만 본질적으로 는 같아야 한다. 따라서 「코드」에는 이를 보증할 수 있는 명확한 규정을 구속력이 강한 형태로 포함되어 있어야 한다.

「콘텍스트」는 「코드」에서 일탈한 메시지를 해독하기 위한 것이다. 시나 하이쿠(俳句: 일본 고유의 단시형(短詩形) - 역자 주)를 읽을 때, 어린아이의 이야기를 들을 때, 또는 일본어를 하는 외국인의 이야기를 들을 때 등은 「코드」에서 일탈하고 있기 때문에 「코드」를 참조하는 것만으로는 이해할 수 없는 경우가 있다. 그것을 보완하기 위하여 수신자는 「콘텍스트」를 참조한다.

「코드」만을 참조한 커뮤니케이션은 기계적이 된다. 전달 내용이 전달 과정에서 전혀 손상되지 않는다는 의미에서는 틀림없이 이상적이기는 하지만 인간의 커뮤니케이션은 훨씬 더 유연한 것이다.

그러면 형식지를 「코드」, 암묵지를 「콘텍스트」에 대응시켜 생각해보자. 형식지는 누구나 동일하게 이해할 수 있는 것이며 사전이나 문법과 비슷하다. 그러나 암묵지는 「콘텍스트」 그대로이다.

예컨대, 아이가 말하는 것을 이해할 수 없거나 누군가가 무엇인가를 잘못 말하는 등의 경우, 우리는 경험과 직감에 의지하여 그 의미를 이해하려고 한다. 이 「콘텍스트」를 참조한 해독을 바꾸어 말하면 「암묵지를 참조

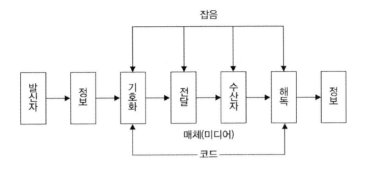

<그림 4-2> 커뮤니케이션 과정

하였다」고 할 수 있을 것이다.

5.2 기호와 그 역할

우선, 사전 『広辞苑』을 보자. 기호란 어떤 사상 내용을 나타내기 위한 수단인 문자와 부호의 총칭이다.

「기호」는 다른 것을 「대체 표현」한다. 이것이 기호의 기본적인 작용이다. 다만 제멋대로 표현하면 기호가 되지 않는다.

「대체 표현」이 기호이기 위해서는 사회 혹은 특정의 집단이 공통의 약속에 따라 「대체 표현」을 인정할 필요가 있다. 이 약속 내용을 「코드(규약)」라 한다.

기호는 공간적인 정보의 전달(커뮤니케이션), 시간적인 정보의 전달(기록), 사고의 매체라는 세 가지 역할을 하고 있다. 따라서 기호 없이는 인간의 존재를 생각할 수 없다. 기호에는 여러 가지가 있으나 그중에서도 언어 기호가 가장 중요하다.

기호에는 시공간적인 정보 전달, 즉 커뮤니케이션 기능이 있다. <그림 4-2>는 커뮤니케이션 과정을 나타낸다. 발신자는 전달해야 할 정보를 어떤 방식으로 기호화한다. 이때 전달해야 할 정보와 기호 표현 간의 약속이 「코드」이다. 이 코드는 수신자와 공통이 아니면 수신자는 발신자가 보내는 기호를 해독할 수 없다.

커뮤니케이션 과정은 우선 발신자가 전달하려고 하는 정보를 공통의 코드에 따라서 기호화한다. 「매체(미디어)」를 전달하고 수신자에게 도달한다. 수신자는 그 코드를 참조하여 기호를 해독하고 마지막으로 발신자의 정보를 얻는다. 여기에서는 경로에서 메시지가 상대에게 옳게 전달되지 않는 잡음(noise)이 발생한다는 것을 고려해야 한다. 또한 중요한 것은, 현실세계에서의 커뮤니케이션은 환경의 차이가 다양하기 때문에 메시지의 의미 해석에 다의성이 존재한다는 것이다. 간단히 말하면 말의 의미 해석은 문맥(콘텍스트)에 의존한다.

5.3 기호 표현과 기호 내용

기호에는 코드로 연결된 두 가지 면이 있다. 하나는 기호의 표현 면이고 또 하나는 그것이 의미하는 내용 면이다.

기호 표현은 「의미하는 것」을 말하며 소쉬르의 「signifiant」라는 프랑스어, 일본어로는 「능기(能記)」라는 말에 해당한다.

기호 내용은 「의미되는 것」을 말하며 프랑스어로는 「signifié」, 일본어로는 「소기(所記)」로 번역되고 있다. 「의미하는 것」은 발음되든 머릿속에서 생각하든 간에 항상 언어 기호의 음성적 측면이며 「개념화하는 것」이 된다.

이에 비하여 「의미된 것」은 이것에 따라 지시된 개념이나 의미상(像)이며 「개념화된 것」이다. 다음의 예가 그것을 밝히고 있다.

わし(개념)　　　ワシ(음성)　　　鷲(문자)

독수리(개념)　　독수리(음성)　　독수리(문자)

5.4 기호론

기호론(semiotics)은 기호의 작용을 조직적으로 연구하는 것이며 프래그
머티즘의 창시자 C. S. Peirce(1839-1914)의 생각을 바탕으로 미국의 철학자
C. Morris 등이 전개하였다. 기호의 세 가지 측면과 각각의 독자적인 작용
에 주목한다.

① 어용론(pragmatics): 기호와 이것을 사용하는 인간의 관계.
② 의미론(semantics): 기호와 그것이 가리키는 사물이나 사상의 관계.
③ 구문론(syntactics): 하나의 기호와 다른 기호의 관계.

즉, 기호론은 기호의 표의(表意) 작용(signification)을 연구하는 것이며 그
방법은 다음과 같다.

인간은 사물과의 직접적 접촉이나 체험으로 사물의 의미를 배우고 그
개념을 형성해간다. 이때 인간의 오감 모두가 관여한다. 여기에서 사물의
「의미 작용」이 생긴다. 그런데 일단 인간이 기호(언어)를 기억하면 사물 대신
에 기호 표현이 개념과 결부된다. 그 결과 <그림 4-3>과 같이 「기호 작용」이
생긴다. 이 기호 작용에 의해서 기호(표현)가 우선적으로 개념과 결부되기

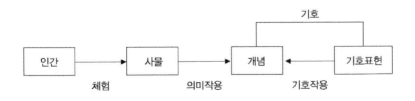

<그림 4-3> 기호 작용 (출전: 高辻 1985)

때문에 이 개념은 사물의 체험을 통하여 얻어진 「개념」과 차이가 날 가능성이 있다. 그것은 두 종류의 개념이 있게 되는 것이므로 그 차이를 인식할 필요가 있다. 즉, 사물의 직접적 체험으로 얻은 「일차 개념」과 기호(언어)에 의하여 얻은 「이차 개념」의 두 개념이다. 개념이란 일차 개념과 이차 개념으로 나눌 수 있으며 이들이 일체가 된 것이 개념이다. 그리고 화제가 되는 것은 「의미 작용」과 「기호 작용」이며, 문제가 되는 것은 「기호 작용」이다.

정보와 지식은 이차 개념에 따른 것이며 언어(기호)에 의하여 형성된다. 즉, 그 자체가 「기호」이다(高辻 1985, 184).

5.5 개념 형성과 의미 작용

의미 작용이란 감각기관을 통해서 얻어진 외계 사물의 「지각상(知覺像)」과 그 사물의 「개념」과의 「연합」을 말한다. 예컨대 개가 눈앞에 나타났을 때, 그 지각상은 정신과의 연합에 의하여 개의 개념을 불러일으킨다. 그 결과 「이것은 개이다」라고 알게 된다. 「의미 작용」이란 경험과 지식의 총체라 할 수 있다.

기호 작용이란 의미 작용에서 사물의 지각상이었던 것이 기호의 지각상으로 대신한 작용을 말한다. 이 기호의 지각상이 「기호 표현」이라 불리는 것이다.

사물과 개념의 결합은 「의미 작용」에 의한 것이며 「개념 형성」에 의해서 만들어진다. 사물은 반복되고 다양한 기회를 거치며 정신 속으로 동화되어 간다. 이것이 개념 형성이며 이것에 의하여 사물이 의미 작용을 갖게 된다.

그런데 인간이 기호를 기억하면 개념은 기호 내용이 되므로 사물로부터 분리되어 기호 표현과 결합되고 만다(<그림 4-4>).

사물이 지금 여기 없어도 「기호(언어)에 의하여 사고한다」라는 것이 가능하다.

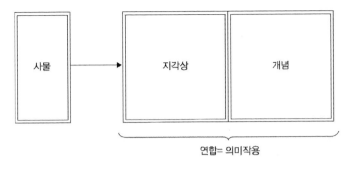

연합= 의미작용

<그림 4-4> 의미 작용 (출전: 高辻 1985)

기호와 사물은 분리되어 있지만 기호는 사물을 가리킨다. 이것이 기호의 「지시 작용」이다.

5.6 의미론

의미론의 기본은 말이 어떤 대상을 가리킬 때의 「의미 작용」에 대한 연구이다. 말의 의미란 그것이 가리키고 있는 대상 「사물」, 「일」과의 관계 이다. 따라서 본질적으로는 기호론과 겹친다.

말이 지시하는 것과 지시되는 것의 관계는 사회적인 관습에 의하여 정해진다. 또한 사회가 다르면 대응 관계도 다르게 된다. 이것은 콘텍스트 (문맥)를 말하는 것이다. 의미의 정의는 말이 가리키고 있는 대상이 사회적 관습으로 정해져 있는 조건을 충족시킬 필요가 있다(池上 1984).

5.7 표시의와 공시의

말은 본래의 의미로 사용될 뿐만 아니라 비유적으로 사용되는 경우가 있다. 말이 비유적으로 사용되는 경우에는 두 가지 수준에서의 의미 작용이 있다. 기호론과의 차이는 언어학적인 비유에 대하여 주목한다는 점이다.

예컨대 젊은 두 사람 사이에 빨간 장미가 피었다는 문에서 다음의 대응 관계를 얻을 수 있다.

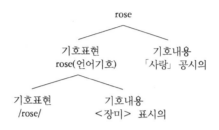

표시의(表示義: denotation) 본래의 기호내용. 여기서는 식물의 「장미」를 의미한다.
공시의(共示義: connotation) 보다 높은 수준에서의 기호내용. 여기서는 「사랑」을 의미한다.

이처럼 말에는 본래의 의미(표시의) 이외에 말에서 연상되는 보다 높은 수준의 의미(공시의)를 갖는다. 따라서 말에는 그것이 사용되는 사회나 그것을 사용하는 사람의 취향이 반영된다(山田 1983).

공시의란 비유다. 이것은 어떤 분야에서 사용되고 있는 말을 다른 분야에 이전하는 경우에 사용된다. 예컨대 원래는 바다의 말이었지만 하늘의 말로 이전된 것이 많다. 비행선, 기류, 캡틴, 운해, 운항, 항로, 항공, 공항 등이 있으며 우주로 확대되면 우주선, 우주 유영 등이 된다(片岡 1988).

이와 같은 비유 표현은 사람의 마음속에 강한 이미지(심상)를 그려 내는 역할을 하고 있다. 그런데 비유는 사물의 설명에 이것과 유사한 것을 빌려서 표현하는 것, 즉 「예컨대」인 것이다. 이 방법에는 은유법과 직유법이 있다.

은유법(metaphor)이란 어떤 것을 다른 것에 비유하는 것으로 수사학의 한 가지이다. 비유하면서 표현 면에는 그 형식을 나타내지 않는 방법이다.

직유법(simile)이란 마치, 흡사, ~같은, 닮은 등의 말을 사용해서 비유하는 것과 비유되는 것을 직접 비교하여 나타낸다. 예컨대 「딱딱한 것이 쇠와 같다」이다.

또한 수사학(rhetoric)이란 독자에게 감동을 줄 수 있는 가장 유효한 표현 방법을 연구하는 학문으로 아리스토텔레스의 「수사학」(변론술)에서 시작되었다. 수사란 말을 꾸미는 것을 말하며 말을 유효적절하게 사용하거나 수사적으로 어구를 교묘하게 사용해서 표현하는 것이다.

6. 언어학과 자연언어 처리

지식의 형태소라고도 할 수 있는 것은 인간이 기록 정보를 다룸으로써 획득된다. 그것은 암묵지이며 그 일부는 언어 기호로 기록된 문서의 형식을 취한다. 일본이라면 일본어 문서이며 일상 사용하는 자연언어로 기술한다. 그런 자연언어로 기술된 암묵지와 이미 언어화된 형식지에서 의미를 짐작하게 된다. 인간의 지성, 지적 활동의 결과를 외부에 표출시키는 도구 중에서 가장 뛰어난 것은 자연언어이다.

6.1 언어 모형의 작용

「알기」위해서는 「나누지」않으면 안 된다. 또한 확실히 알기 위해서는 대상을 분해·분석·해부할 필요도 있을 것이다. 그러나 그런 일이 실제로 될 리가 없다. 그래서 인간은 그 실제의 작용에 견주어 머릿속에서 분해·분석·해부하는 시뮬레이션 능력을 갖고 있다. 이를 위하여 인간은 말을 사용한다. 말이라고 하지만 수나 도형도 포함한 넓은 의미의 말, 즉 기호다. 이와 같은 말을 갖고 있는 사람은 그것을 모형으로 사고 속에서 분해·분석·

해부할 수 있다. 인간의 말은 타인에 대한 의사의 전달 수단일 뿐만 아니라 「알기」 위한 수단으로서도 작용한다. 언어는 대상을 구분하여 골라내는 작용과 함께 대상과 기호를 나누는 역할도 한다(坂本 1982).

6.2 언어적 지식

Winograd의 지식 모형에서 언어 이해의 과정이란 장기적 기억 영역 속에 축적되어 있는 지식 베이스를 사용하면서 외부로부터의 언어 입력이 다양한 내부표현으로 변환되어가는, 즉 이해에 상당하는 처리가 작업 영역 속에서 실행되고 있는 것이라 하였다. 우선, 언어가 입력되면 언어 해석 기구에 의하여 지식 베이스의 언어적 지식을 검색하고 참조하여 통어 구조와 의미 구조의 표현으로 변환된다. 다음에는 인지 표현의 해석을 실행하기 위하여 추론 기구에 넘겨지고 그것도 같은 지식 베이스를 이용하여 처리한다. 언어 이해 기구 및 추론 기구의 지식 베이스에 축적된 지식은 다음과 같은 것이 있다(戶田 1986).

① 언어적 지식　통어론적 지식(문법과 사전)과 의미론적 지식(사전)
② 세계 지식　　상식 등 시대·문화를 공유하는 것
③ 실용 지식　　상황 지식이나 상호작용 지식

언어적 지식의 특색은 유아기의 어느 시기에 급속히 형성되며 사용 가능한 어휘 수를 차치하고 일단 갖게 되면 그 언어를 모국어로 쓰는 사용자 간에는 개인차가 적다. 세계 지식은 상식 등과 같이 시대·문화를 공유한다면 개인 간에 어느 정도 공유하는 부분도 있지만 전체로 볼 때 개인 간의 차이는 크다. 또한 언어 이해와 같은 지적 과정을 통하여 데이터 가 계속하여 부가·집적되어간다.

6.3 말

말과 언어, 이 두 가지는 같은 의미로 사용되는 경우가 있지만 미묘한 차이가 있다. 말이란 어떤 의미를 나타내기 위하여 입으로 말하거나 글자로 쓰는 것이다. 말은 낱말이나 언어, 사물을 부르는 방법, 말투, 어세, 언어에 의한 표현이라 할 수 있다. 어쨌든 말의 도구로서 언어가 있다고 생각된다.

말의 기본적인 역할은 인간의 커뮤니케이션 도구로 사용되는 것이다. 어떤 정보를 다른 사람에게 전달하기 위해서는 우선 다른 사람에게 이해시키기 위한 절차가 상호 간에 필요하게 된다. 이것은 통신 기술의 프로토콜과 같은 것으로 말의 커뮤니케이션 규약이라고도 할 수 있다. 간단히 말하면 「표현 형식」의 규약이며 「내용」과 그것을 이해시키는 「구조」로 구성된다.

이와 같은 말과 표현 형식을 커뮤니케이션 연구에서는 「기호(sign)」라 부른다. 즉, 말은 기호에 속하는 것이며 의미(내용)와 문법(구조)을 가진다. 또한 말은 본래의 의미(표시의) 이외에 말에서 연상되는 보다 높은 수준의 의미(공시의)를 가진다. 따라서 말에는 그것이 사용되는 사회나 그것을 사용하는 사람의 취향이 반영되는 것이다. 이와 같은 영역을 연구하는 것이 「기호론」이다(山田 1983).

말의 학이라는 말이 가능하다면 그것은 「기호론」일 것이다.

6.4 언어학

우선, 유명한 격언인 「일촌광음불가경(一寸光陰不可軽)」을 예로 들어 보자. 이 문의 품사를 보면 다음과 같다(草薙 1985, 6-7).

Time	flies	like	an	arrow.
명사	동사	전치사	관사	명사
타동사	타동사	명사		타동사
자동사	명사	형용사		
형용사	형용사	전치사		
		부사		
		접속사		

그런데 이들 다섯 낱말로 구성되는 글에는 각각 위에서 보인 다른 품사가 할당될 가능성도 있다. 그렇지만 문법적으로 조합시킨 결과 두 종류로 정리된다. 즉, 「화살 같은 시간파리」와 「시간파리는 화살을 좋아한다」는 번역이다.

이 두 가지를 평가해보면 우선 「좋아한다」가 나오는 것은 「파리」밖에 가능성이 없다. 다음으로 「비행기」가 의미상 성립하지 않는 것은 무생물이기 때문에 분명하다. 또한 「시간파리」라는 파리가 실제로 존재하는가라는 상식(지식)도 판단 재료가 된다. 이와 같이 하나의 문에 대하여 여러 가지 의미가 가능한 경우에 인간은 그 문이 사용되고 있는 문맥에서 판단하고 있다.

분명히 문은 이를 구성하는 낱말이 단순히 선형으로 나열되어 있는 것이 아니라 입체적인 관계에 의하여 조합되어 있다. 또한 낱말 그 자체에도 구조가 숨겨져 있다. 즉, 「문법」뿐만 아니라 「의미」의 구조, 「어용(지식)」이라는 수준에서 문을 해석해야 한다. 이들이 언어학의 연구 과제가 된다.

그런데 『広辞苑』(사전)에 의하면 언어란 인간이 음성 또는 문자를 사용하여 사상, 감정, 의지 등을 전달하거나 이해하기 위하여 사용하는 기호 체계이다. 또한 그것을 이용하는 행위나 말이다. 이 기호 체계는 기호론과 마찬가지로 의미와 문법으로 구성된다.

기호(sign 또는 symbol)는 일정한 사물을 가리키기 위하여 사용하는 지각의 대상물을 말하는 것이다. 언어와 문자 등이 대표적인 것이며 통신 신호와 같은 것부터 고도의 상징에 이르기까지 모두 이에 포함된다.

소쉬르는 인간의 언어활동을 우선 그 사회적 시스템과 기능을 나타내는 「langue: 언어」와 개인적인 의미 독해의 과정을 나타내는 「parole: 언어 운용」의 두 수준으로 나누고 언어학의 대상을 전자로 한정하였다.

그리고 「langue」는 언어 기호가 담당한다고 하였다. 언어 기호는 음성이라는 개념화하는 작용인 「의미하는 것」과 그것에 의하여 끌려 나와 개념화되는 의미상(像)으로서의 「의미되는 것」이 있다. 언어 기호는 이 두 가지 요소를 자의적으로 결합시킴으로써 성립한다.

즉, 기호는 기호 표현(signifiant)과 기호 내용(signifie)의 양면을 갖춘 언어의 단위이다. 예컨대 소리형인 「말」의 청각 심상과 「馬」의 개념이 표리일체가 되어 말(馬)을 나타내는 기호가 성립하고 있다. 소쉬르는 이 기호의 양면을 기호 표의 작용(signification)에서 재해석하여 전자를 「능기(能記)」, 후자를 「소기(所記)」라 불렀다. 그 양면의 분리 방식과 결합 방식은 사회제도적으로 규정되고 있다. 이것을 기호의 「간의성(懇意性: arbitraire)」이라 한다.

소쉬르에 의하여 인간의 언어활동 중에서 역사적 영향을 제거한 현대 언어학이 탄생하였으며 두 가지 방향으로 발전하였다.

하나는 야콥슨(프라하 학파)을 중심으로 하는 유럽 언어학이며, 또 하나는 블룸필드를 시조로 하는 구조언어학(미국 언어학)이다.

프라하 학파의 최대 공적은 음운론을 확립하였다는 점이다. 그것은 언어 기호에서 「의미하는 것」과 「의미되는 것」의 결합 방식을 음소나 형태소와 같은 음운의 최소단위 결합 방법을 분석함으로써 명백해졌다. 이에 비하여 블룸필드 이후 미국에서 발전한 「구조언어학」은 행동주의의 영향을 강하게 받은 것이었다. 즉, 언어활동에서 의미나 언어 운용과 같이 주체에 관계되는 일체의 것을 배제하고 언어를 순수하게 「행동」으로서 기능적 측면으로만 관찰하고 기술하고 분석해가는 것이었다.

그 결과 구조언어학은 실제의 언어활동에서 볼 수 있는 생생한 양상과는 전혀 관계없이 객관적으로 추출된 언어의 「구조」만을 추구하게 되었다(北沢 1968).

6.5 생성 문법

촘스키(N. Chomsky, 1965)가 제창한 「생성 문법(Transformational Generative Grammar)」은 언어학에 혁명을 가져왔으며, 동시에 컴퓨터에 의한 형식 언어, 프로그램 언어 등 계산기 언어학(Computational Linguistics)을 탄생시켰다.

촘스키가 문제 삼은 것은 모국어를 말하는 사람과 듣는 사람 사이에 주고받는 자유로운 대화와 창조성과 무한한 다양성이었다. 그곳에서 창조되는 문이 아무리 즉흥적이고 자유로울지라도 듣는 사람은 즉석에서 그것을 해독하고 의미를 이해할 수 있다. 촘스키는 이러한 언어활동의 주체 속에는 언어의 여러 요소를 하나의 전체적 관계로 파악하고 거기에서 무한한 변환을 조작적으로 만들어 내어 말하면서 동시에 듣고 자기 해독하는 피드백 기구를 갖춘 동적이며 창조적인 구조가 있는 것은 아닐까라고 생각하였다.

촘스키는 이러한 직관을 갖고 「구조언어학」의 경험주의적이고 귀납적인 방법을 정면으로 부정하고 언어활동의 주체 속에 깊이 숨겨져 있는 보편적인 구조를 제안하였다. 그것은 수학적 모형과 유사한 것이었다.

촘스키는 소쉬르의 langue와 parole에 대응하는 것으로 언어 능력(competence)과 언어 운용(performance)을 제창하였다. 실제의 회화에서 사용되는 문장은 언어 운용이며 그것을 문제 삼기보다도 언어 능력을 밝히면 언어의 본질을 해명할 수 있다. 언어 능력에는 언어에 치우치지 않는 보편적인 것을 발견할 수 있다. 즉, 그것이 인간 안에 존재하는 언어 발생 기구라는 가설이었다.

그런데 생성 문법은 구 구조(phrase structure)라는 사고방식을 도입한 것이다. 문이란 몇 개의 단어가 모여서 구를 구성하고 구가 모여서 한층 더 큰 구를 구성한다. 그리고 문의 구조는 계층적으로 완성되어간다. 문 그 자체도 구이다. 이와 같이 문의 생성 상태를 관찰하면 개개의 단어나 구는 그 통어적 성질에 따라서 몇 개의 범주로 분류할 수 있다.

구 구조는 「중첩 구조」이기도 하다. 예컨대,

① 나무가 있다.
② 그 나무는 크다

라는 두 문에서

③ 큰 나무가 있다.

라는 표현은 「나무」 명사, 「크다」 술어이기 때문에 이것을 묶어 「큰 나무」 라는 명사구를 만들 수 있다. 이것은 명사와 동격으로 사용되며 하나의 문법적인 구조 단위인 것이다. 따라서 문 속에 명사가 들어가는 위치라면 어디라도 명사구를 대입할 수 있다. 예컨대 「佐藤 집의 큰 나무가 있는」과 같이 명사구가 그것을 포함하는 명사구의 요소가 된다. 이것이 「중첩 구조」 를 갖는 문이며 구 구조 문법의 특징이다. 또한 생성 규칙에서의 「재귀적」 이라는 성질이기도 하다.

<그림 4-5>에서는 최하단의 낱말 위에 품사 혹은 낱말 클래스를 보이 고 있다. 그리고 밀접한 관계를 가진 낱말이 모여서 새로운 단위인 구를 구성한다. 이들에는 예컨대 NP(명사구)라는 이름을 붙인다.

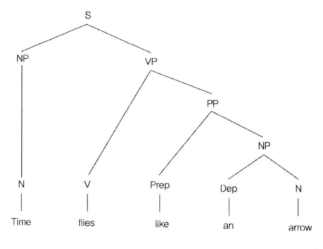

<그림 4-5> 구문나무구조의 예

문을 만들어 내는 규칙(생성 규칙)에 사용할 수 있는 Dep나 N이란 문법 개념이 an이나 arrow란 단어로 치환된다. 또한 한 단 위에서는 NP라는 문법 개념에 의해서 Dep와 N이 치환된다. 여기에서는 다음과 같이 상위 개념을 왼쪽에, 하위 개념을 오른쪽에 두고 화살표(→)를 사이에 둔다.

1 S   → NP VP

2 NP → N

3 VP → V PP

4 PP → Prep NP

5 NP → Dep N

6 N   → time, arrow

7 V   → flies

8 Prep → like

9 Dep → an

이것은 문(S)부터 시작해서 기호를 위의 1~9까지의 생성 규칙으로 바꾸어 쓴다는 것을 나타낸다. 이것을 구 구조 규칙이라 한다.

① 비종단 기호(문법 개념을 나타내는 기호)의 집합,
② 종단 기호(언어의 기호)의 집합,
③ 문 기호, 바꾸어 쓰기 규칙의 집합으로 구성된다.

다만 실제 자연언어 문의 전개(생성)는 이와 같이 단순하지는 않다.

생성 문법은 인간의 언어 이해를 위한 인간 문법이 아니다. 수리 언어적 모형을 명확하게 해주었다는 것에 가치가 있으며, BNF(Backus Naur Form)라는 형식 언어(메타 언어)의 이론화 등에 활용되고 있다.

촘스키 이론의 위대한 점은 인간의 언어활동의 전체성을 파악하기 위하여 「표층 구조」와 「심층 구조」를 대비시킨 것이다.

「표층 구조」란 현실이 대상화되어 「나타내고 있는」 음성 현상으로서의 문의 구조를 말하며, 「심층 구조」란 주체 속에 깊이 숨겨져 있는 구조를 말한다. 양자의 관계는 「형식지」 및 「암묵지」와 유사하다.

6.6 격 문법

문법 개념의 「격(case)」이란 것을 이용하는 문법 이론이 있다. 그것은 문의 각 구성 요소가 문의 술어에 대해서 어떠한 역할을 하는지를 나타낸 것이다.

격에는 주격(주어), 대격(직접목적어), 여격(간접목적어), 속격(소유격)이 있다. Fillmore의 심층격 시스템에서는 다음과 같은 종류의 격을 설정하고 있다(Winograd 1983).

행위자격(agent)	사건의 행위자, 동작주
대행위자격(counter-agent)	행위가 미치는 상대
대상격(object)	행위에 의하여 어떤 변화를 받는 실체
결과격(result)	행위의 결과로 존재하게 된 사물
도구격(instrument)	사건을 일으킨 자극, 물리적 원인
시점격(source)	무엇인가가 이동을 개시한 장소
종점격(goal)	무엇인가가 이동한 결과 닿은 장소
경험자격(experiencer)	어떤 사건의 경험자

John opened the door with the key.

이 예문에서는 동사(open)를 중심으로 행위자격(John), 대상격(the door), 도구격(the key)을 볼 수 있다.

격 문법은 술어와 다른 어구의 관계를 기술한다. 어순은 그다지 문제가 되지 않는다. 이 점에서는 술어 논리와 유사하다.

격 문법은 이와 같이 동사를 중심으로 한 사고방식이기 때문에 격의 종류와 「격 프레임(case frame)」을 정해둘 필요가 있다(黑川 1988).

예컨대 동사 open의 격 프레임은,

Open 프레임(행위자격, 대상격, 도구격)

으로 나타낸다. 격 문법은 의미 처리 방식을 동사 중심의 격이라는 개념으로 구축하였다. 영어에서는 분명히 동사가 그 구문을 결정하는 요인이다. 격 문법은 어순이 임의이기 때문에 구 구조 문법(생성 문법)보다 적절하며, 의미 네트워크(semantic network)에 영향을 주었다.

6.7 자연언어 처리 시스템

기록 및 기록물의 대부분은 언어(자연언어)로 기술된다. 그림이나 음성, 영상, 기타 기호나 멀티미디어에 의하여 기술되기도 하지만 그 경우에도 말은 자연언어가 사용된다. 물론 프로그램 언어와 같은 인공언어에 의하여 기술된 기록(프로그램 리스트)도 있다.

기록 정보의 주요한 부분은 우리말로 표현되고 있다. 그것은 문서 형태로 정리된 기록물이다. 따라서 기록의 주제를 분석(기록 정보화와 지식화)할 때 자연언어로 기술된 우리말 문서를 처리할 필요가 있다.

컴퓨터에 의한 자연언어 처리 시스템은 크게 두 가지로 나눌 수 있다. 즉, 언어 해석과 언어 이해의 처리가 그것이며 특히 언어 해석이 중요하다.

언어 해석에는 형태소 해석, 통어 해석, 의미 해석, 담화 해석이 있다.

이들 중 의미 해석(semantic analysis)에서는 문 전체의 「의미 구조」를 추출한다. 의미 구조를 결정하기 위해서는 개개의 낱말이 나타내는 「개념」을 파악하는 처리와 그 개념 간의 관계를 파악하는 처리가 필요하게 된다. 이를 위해서는 낱말이 나타내는 개념은 어떤 것을 인정할 것인지, 또한 개념 간의 관계는 어떤 것을 인정할 것인지를 명확히 해야 한다. 이와 같은 정보를 정리한 것을 개념 체계(온톨로지)라고 부른다(德永 1999).

6.7.1 형태소 해석

형태소 해석(morphological analysis)에서는 언어학적으로 형태소(morpheme)라는 의미를 가진 최소 단위에 주목한다. 그것은 크게 어소(base)와 접사(affix)로 분류된다. 일본어의 경우에는 낱말 사이에 구별 기호가 없으므로 형태소의 인정이 어렵다.

① そこ/で/はきもの/を/ぬげ   거기/에서/신발/을/벗어라

② そこ/で/は/きもの/を/ぬげ   거기/에서/는/옷/을/벗어라

이 두 가지의 분할된 예문에서는 분할된 곳이 한 군데 다르지만 문의 의미가 전혀 다르다. 그러므로 형태소 해석에서는 읽기, 품사, 연접(그 낱말 전후에 어떠한 낱말이 조합되어 있는지) 등 분절(낱말의 경계 식별)의 사전을 준비하여야 한다.

6.7.2 통어 해석

통어 해석(syntactic analysis)은 구문 해석이라고도 한다. 문의 구조에는 복수의 단어가 하나의 구를 형성하고 어떤 단어나 구가 다른 단어나 구를 수식하고 있다. 일반적으로는 구 구조(phrase structure)나 의존 구조(dependency structure)를 이용한다. 또한 의존 구조는 수식어와 피수식어의 관계에 주목하여 문의 구조를 명확히 한다.

6.7.3 의미 해석

의미 해석(semantic analysis)에서는 문 전체의 「의미 구조」를 추출한다. 의미 구조를 결정하기 위하여 개개의 낱말이 나타내는 「개념」을 식별하는 처리와 그 개념 간의 관계를 식별하는 처리가 필요하게 된다. 이를 위해서는 낱말이 나타내는 개념으로 어떤 것을 인정할 것인지, 개념 간의 관계로 어떤 것을 인정할 것인지를 명확히 해야 한다. 이와 같은 정보를 정리한 것을 개념 체계(온톨로지)라 부르며 그 기능은 의미 구조를 결정하기 위하여 개개의 낱말이 나타내는 개념을 식별하는 것이다. 의미 해석에서는 의미로 어떤 것을 인정할 것인지, 개념 간의 관계로 어떤 것을 인정할 것인지를 정리해둔다. 낱말의 의미를 표현하기 위하여 세 가지 방법이 검토되었다.

① 의미 속성에 의한 분류: 「학교/LOC에서 논다」 「학교/ORG가 담화를

발표하였다」주: LOC은 장소, ORG는 조직을 나타낸다.

② 개념 식별 기호에 의한 분류: 학교라는 교육조직, 학교라는 교육시설,
낱말 고유의 의미를 나타낸다.

③ 동의어의 집합을 이용한 분류

또한 시소러스의 의미 분류는 이것과 유사하다.

6.7.4 담화 해석

의미 해석은 하나의 문이 표현하는 의미 내용을 대상으로 하고 있다.
이와는 달리 담화 해석(discourse analysis)에서는 문을 초월하여 문맥에 관한
정보를 대상으로 한다. 예컨대 대명사나 명사 등의 조응 관계 등을 식별한
다. 조응이란 문 속에 있는 요소가 다른 요소와 동일한 대상을 지시하고
있는 것을 말한다.

강의 섬에는 「커다란 전망대」가 있습니다. 「거기」에는 많은 사람이 있었습
니다.

이 두 문에서 「거기」와 「커다란 전망대」는 조응 관계에 있다.

또한 담화의 이해에는 언어에 관한 지식뿐만 아니라 수사학에 관한
지식, 의도에 관한 지식, 공간에 관한 지식, 역할·인격·물체에 관한 지식
등이 대상이 된다(戶田 1986).

그런데 자연언어는 기호와 그 행위의 결과에 지나지 않으며 지식의
부분 요소나 문맥이라는 표층 면밖에 나타낼 수 없다. 오히려 지식의 본질
은 지식 구조를 부여해주는 「논리」에 존재한다. 「논리」는 말이 서로 갖고
있는 관련성을 보여준다. 이 관련 중에서 순접, 역설, 논증, 추측, 연역
등의 논리(알고리즘)를 찾아내는 능력, 이것이 지식일지도 모른다.

제5장
분류학과 분류 시스템

ontology algorithm

인간의 정신과 지식을 습득하는 방법의 해명에 생애를 바친 심리학자 피아제(Jean Piaget)는 지식 획득의 네 단계 발달에 대해서 다음과 같이 논하고 있다.

제1단계로 아이는 태어나서 대략 두 살까지 행동 방법을 몸에 익힌다. 다만, 정신적인 세계상을 그릴 수 없으므로 그 대상이 보이지 않아 그 존재를 인지할 수 없다. 그것은 제2단계에서 가능하게 되며 대상의 분류 방법과 정리 방법을 이해한다. 제3단계인 일곱 살부터 여덟 살경에는 조작이라 할 수 있는 일련의 기능을 몸에 익힌다. 그리고 열한 살경부터 시작되는 제4단계에서는 연역적 추론을 기호의 형식적 규칙에 따라 조작할 수 있다. 분류의 이해는 성장의 분기점이라 할 수 있을 것이다.

그리고 인공지능 연구자 B. Chandrasekaran(Chandrasekaran 1988)은 다음과 같이 논하고 있다.

분류는 동시적으로 보편적인 정보를 처리하는 일인 것 같다. 그러므로 분류는 인공지능의 관점에서 보면 아무래도 인공적인 것이 아니라 오히려 자연적인 것에 속하며 인지적으로 의의가 깊은 것이다. 분류는 이해와 활동을 위하여 지식을 조직화하는 강력한 인간적 전술이다. 인간은 분류하고 싶은 욕망이 매우 강하기 때문에 무의식적으로 분류하고 있다. 그래서 존재에 범주명을 붙이는 것은 별일 아니지만 그것만으로도 기분이 좋아진다(Campbell 1989, 232).

분류는 지식의 결정이며 분류화라는 지적 과정에는 온톨로지의 「안다」는 것은 「나눈다」로 시작된다는 인류의 지식 획득과 표현의 역사가 새겨져 있다.

坂本賢三은 「안다」라는 것은 그 분류 체계를 안다는 것이며 「서로 안다」는 것은 상대의 분류 방법을 서로 이해하는 것이라 한다.

분류는 인식이나 행동을 위하여 인간이 만든 틀이며 존재 그 자체의 구별은 아니다. 사물과 일을 「안다」는 것은 의식하지 않아도 그것을 「나누는」 것으로 인식하고 있다. 「안다」가 사물과 일을 취사선택하기 위한 하나의 수단이라 생각하면 분류는 정보의 기본이 되는 사항이라 할 수 있다. 즉, 방대한 양의 정보를 「알기」 위해서는 그 정보를 미리 분류해둘 필요가 있다(坂本 1982, 199).

1. 생물의 분류

「안다」는 것은 「나눈다」고 하는 것에서 분류학이 시작되었다. 원래 분류라는 용어는 생물학적인 의미가 강한 말이라 할 수 있다. 이것은 문자 그대로 종류에 따라 나누는 것이기 때문이다. 다양한 수준의 추상적인 개념(클래스)은 계층을 이루고 있어서 상위 개념을 「유(類)개념」, 하위 개념을 「종(種)개념」이라 한다. 생물학의 기초는 유별화(classify)하는 것이며 클래스(class)라고 하는 「사물」의 집합을 결정하는 것이다. 클래스는 부류, 종류, 수준, 등급, 계급, 학년 등이 유별화에 의하여 생기는 것이며 그 행위와 산물을 classification이라 한다. 분류는 어떻게 클래스를 정할지가 초점이 된다. 또한 class보다 딱딱한 말이 카테고리(category)이며 이것은 범주, 종류, 구분, 부문 등으로 번역되고 있다(吉田 1993).

생물학의 분류에서 「식물」이나 「동물」이라는 개념은 추상도가 매우 높은 개념이기 때문에 「계(界: kingdom)」라고 부른다. 동물계에 속하는 「사물」 중 해면동물이나 연체동물, 절족동물, 척추동물 등의 수준을 「문(門: phylum)」이라 부른다. 즉, <그림 5-1>에서 볼 수 있는 바와 같이 큰 쪽에서부터 문(phylum), 강(class), 목(order), 과(family), 속(genus), 종(species), 아종(subspecies), 변종(variety) 등의 클래스를 정하고 있다. 「문(phylum)」인 절족동물문 중에서 거미류나 곤충류의 수준은 「강(class)」이라 부른다. 곤충강 중에 바퀴벌레류나 사마귀류는 「목(order)」이라 부른다. 그 목의 아래에는 「과(family)」가 있으며 그 아래에는 「속(genus)」이 있다. 그리고 속은 「종

Kingdom	계	동물계	Superfamily	상과	개상과
Subkingdom	아계	후생동물아계	Family	과	개과
Phylum	문	척색동물문	Subfimily	아과	개아과
Subphylum	아문	척색동물아문	Tribe	족	족
Class	강	포유강	Genus	속	개속
Subclass	아강	진수아강	Subgenus	아속	아속
Superorder	상목	정수상목	Species	종	개종
Order	목	식육목	Subspecies	아종	아종
Suborder	아목	열각아목			

<그림 5-1> 생물 분류 (출전: 吉田 1993)

(species)」으로 나누어진다. 이와 같이 유로 나누는 것은 생물학의 분류이다. 식물의 경우는 「종」 아래에 「아목」이나 「아과」가 있으며 거기에 「절(節: section)」이나 「열(列: series)」을 부가한다. 덧붙여서 말하면 「과목(科目)」이나 「강목(綱目)」이라는 숙어는 「목」에서 온 것이다. 또한 「과(family)」는 「학과(學科)」나 「교과(教科)」로 사용된다. 그리고 「강(class)」은 「요강(要綱)」이나 「대강(大綱)」이 된다.

이와 같이 보면 분류란 「사물」에 그물을 던지는 것과 같아서 큰 그물눈이 「강」이고 작은 그물눈이 「목」이라 할 수 있다. 분류학은 이와 같은 구별화 (클래스나 범주의 설정)를 철저히 하여 사물 또는 그 인식(존재와 개념화)을 정돈하고 체계화(계층구조화)함으로써 분류표로 완성하기 위한 것이었다(坂本 1982).

2. 택사노미

분류는 classification만이 아니다. 이것과는 다른 분류 방법이 있다. 그것은 taxonomy라 부르는 것이다. 이것은 taxis라는 그리스어에서 유래하였으며 「동물 등을 해체하여 오장육부로 「나눈다」는 의미였다. 그 후 「군대의 부대, 대대·중대·소대 등으로 구분」한다는 의미로 바뀌었으며 그 후에 학(學)을 나타내는 nomy를 붙여서 taxonomy가 되었다. taxonomy와 classification을 비교하면 전자는 「모으는 것, 정리하는 것」이고 후자는 「나누는 것」에 대응된다(吉田 1993, 4).

이것은 문제 해결에서 경험 사례로부터 일반, 즉 보편이라는 결론을 밝히는 연역법이 classification에, 그 반대로 데이터를 수집하고 분석하여 공통 속성을 밝히는 귀납법이 taxonomy에 대응된다. 이와 같이 분류란 반드시 「나누는」 것만이 아니라 「모은다」라는 과정에서도 생겨났다. 따라서 분류의 기본적 원리에는 taxonomy(톱다운 접근방법)와 classification(버텀업 접근방법)이 조합되어 있다.

택사노미에서는 모은 「것」을 정리하게 되지만 거기에는 「나누는」 과정이 생겨난다. 그것은 개념화이며 공통점을 찾아내는 일이다.

예컨대 참새와 제비에는 공통점이 있다. 양자의 다른 점을 버리고 공통점을 찾으면 새라고 하는 개념이 얻어진다. 참새가 제비로 발전하고 양자가 하나가 되어 새가 있는 것은 아니다. 또한 제비가 그 일부로서 참새를 포함하는 관계에 있는 것도 아니다. 새라는 것에 참새와 제비가 포함되어 있다. 참새나 제비는 새와 개념 수준이 다르다. 새는 상위 개념으로 분류된다(吉田 1933; 坂本 1982).

3. 추상화와 개념 형성

대체로 추상이나 추상화가 의미하는 것은 「의미 불명」이라 할 수 있다. 추상의 반대는 구체이지만 의외로 추상화란 구체화를 위한 방책인 것이다. 추상화란 무수히 많은 「사물」 가운데서 「사상(捨象)」에 의하여 유사한 것을 추출하여 하나의 「추상」 수준(개념)으로 파악하는 것이다. 파악한 개념에 알맞은 이름을 붙임으로써 개념 형성이 이루어진다.

새와 짐승과 물고기는 각각 서식하는 공간도 다르고 모양이나 성질도 다르지만 등뼈를 가지고 있다는 공통점이 있다. 서로 다른 점을 버리고 공통점을 찾으면 척추동물이라는 상위 개념을 얻을 수 있다. 이와 같이 상위 개념을 만든다는 것에는 서로 다른 점을 버리는 일이 포함되어 있다. 이것을 「사상(捨象)」이라 한다(坂本 1982, 45).

참새　→　새　→　척추동물　→　동물
지렁이 해파리 곤충　무척추동물　동물
동물　생물　「사물」이라는 개념에 도달한다
　　　무생물

영어의 abstract는 원래 「끌어내다」라는 의미이지만 이것은 「사상(捨象)」을 말하는 것이다. 즉, 「…… 에서 추상하다」라는 것이며 서로 다른 점을 버리고 공통점을 찾는다는 의미가 된다. 그런데 일본어에서는 「추상」이라 번역되어 「의미 불명」을 의미하게 되었다(坂本 1982).

4. 분류의 관점

지식의 획득과 표현은 「보다, 알다, 이해하다」로 성립하는 것이며 우선 「이해하기」 위한 조건이 필요하다. 그 조건은 분명한 것, 구별이 가는 것, 눈에 띄는 것, 예측할 수 있는 것, 은폐되지 않은 것, 입수할 수 있는 것, 일정한 모양을 가지고 있는 것 등 은유법으로 표현된다(瀬戸 1995).

온톨로지의 관점에서 본 분류에서는, 존재하는 것은 「사물」(개개의 사물)이며, 개념은 그 개개의 사물을 정리·정돈하기 위한 것이다. 우선 개개의 사물을 많이 모아서 같은 것, 유사한 것을 그룹으로 나누고 그 그룹을 나열하여 유사한 것을 정리하는 방법으로 분류한다. 이와 같이 동물, 식물, 광물에 대해서 정리한 것이 박물학이 되었다. 『박물지』를 쓴 플리니우스의 분류에서 가장 먼저 나오는 것이 「우주」이며, 여기에는 원소, 천체, 기상 등이 포함되어 있었다. 그 뒤에 「지리」가 오고 이어서 인간에 대한 기술이 있다. 다음에는 지상의 동물이 기술된다. 전체적으로 보면 천문, 지문(地文), 동물, 식물, 광물로 분류되어 있다.

분류는 당연한 일이지만 인식의 과정을 중시하게 된다. 이것은 모기와 벌의 구별 이전에 벌레를 알았다는 추상적인 것에서 구체적인 것으로 진행된다.

인간은 참새와 비둘기와 학을 구별하기 전에 하늘을 나는 동물로서의 새를 안다. 다양한 모양을 갖는 물고기라는 개체를 상호 구별하기 전에 비늘에 싸여 물속을 지느러미로 헤엄치며 이빨을 가지고 있는 물고기라는「개념」을 가진다(坂本 1982, 138).

인간은, 인식하는 순서로 보면 개체를 보고 있음에도 불구하고 개체의 전부를 모은 후에야 비로소 종류를 구별할 수 있다는 것이 아니라 그 개체가 하늘을 나는 것, 물속을 헤엄치는 것이라는 식으로 인식하고 있다. 이것은 톱다운 접근방법에 의한 분류이다.

5. 분류 시스템의 탄생

세계를 분류학적으로 파악한 사람은 플라톤이었다. 플라톤은 모든「사물」을 포함한 유일한 전체라는 개념을 설정하였다. 그 개념을 반복해서 이분해가면 기본적인 개념을 얻을 수 있다고 생각하였다.

그렇다면 도서 분류 시스템의 원조인 아리스토텔레스는 어떤 온톨로지를 그리고 있었을까? 아리스토텔레스는 논리적 분류에서 정의를 찾는다. 예컨대 집의 정의에서는 우선 여러 가지 집을 보고 그 모든 집에 대하여 공통점을 분석한다. 그 결과 공작물, 토지 위에 서 있는 것, 지붕과 기둥과 벽이 있는 것, 인간이 생활할 수 있는 구조와 설비가 있는 것 등 공통된 속성을 얻을 수 있다. 이것이 집이라는 개념의 정의이다(吉田 1993).

아리스토텔레스의『동물지』는 먼저 인류, 즉 인체의 설명부터 시작한다.

그 이유는 우선 자신들에게 가장 잘 알려져 있는 「것」부터 조사하는 것이 당연한 이치이기 때문이다. 인류 다음에는 태생사족류(胎生四足類), 그 다음에는 난생사족류(卵生四足類)가 오고 뒤로 갈수록 불완전한 것이 온다. 아리스토텔레스는 사람을 완전한 유(類)로 보았다.

자연에 의하여 존재하는 실체는 영원히 불생·불멸한 것과 생성·소멸하는 것이 있다. 전자는 「숭고하고 신성한 존재」, 즉 천체이며 완전한 질서를 갖는다. 생성하고 소멸하는 것은 지상에 있는 것이며 무생물과 생물로 구성된다. 그중에서 가장 완전에 가까운 것은 인류이다. 동물 중에서 사람만이 직립하고 머리가 하늘을 가리키고 있기 때문이다. 이 아리스토텔레스의 분류는 12세기가 되면서 그리스도교와 결부되어 분류의 질서는 존재의 질서가 되고 분류의 상하 관계가 존재의 상하 관계로서 고정된다. 그리고 신분의 차이, 계급의 차이가 영원화되고 고정화된다.

서양에서 분류를 「존재」의 질서로 보는 습관은 이렇게 완성되었다(坂本 1982). 분류는 사고의 틀(사상), 사회규범, 문화, 정치 등에 깊은 영향을 주게 되었다.

분류학의 대가 베이컨은 고대에는 존재하지 않았던 과학이나 기술을 분류로 포함시키려고 하였다. 그래서 베이컨이 새로운 기준으로 삼은 것은 활동적인 인간의 지력(知力)이었다.

인간의 지력을 세 가지로 나누었다. 제1은 기억, 제2는 상상, 그리고 제3은 이성이다. 우선, 기억에 대응하는 지적 산물은 「역사」라 하였다. 역사는 과거의 기록이며 기억이기 때문이다. 상상에 대응하는 것은 「시(詩)」라 하였다. 시는 원래 「창작」이라는 의미였기 때문이다. 그것은 또한 좁은 의미의 시뿐만 아니라 극이나 이야기를 포함하는 「문학」이기도 하다. 이성에 대응하는 것은 「철학」이라 하였다. 이 경우의 철학은 좁은 의미가 아니라 모든 학문을 포함하고 있다. 이와 같이 인간의 지적 능력을 기준으로 분류하면 이 학문 분류에

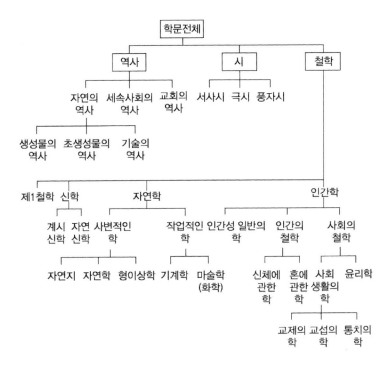

<그림 5-2> 베이컨의 분류 체계

들어가지 못하는 것이 보인다. 예컨대 역사는 그때까지 학문이 아니었으며 기계학도 학으로 존재하지 않았다(坂本 1982, 67).

<그림 5-2> 베이컨의 분류에서 제1의 「역사」는 「자연의 역사」, 「시민의 역사」와 「교회의 역사」로 나누고 있다. 자연의 역사(자연지)는 다시 「생성물(피조물)의 역사」와 「초생성물의 역사(자연의 경이의 역사)」와 「기술의 역사(기술지)」로 나누고 있다. 제3의 「철학」은 총론으로 「제1철학」을 별도로 둔 후 신학과 자연학과 인간학으로 나누고 있다. 「신학」은 계시신학과 자연신학이다. 자연학은 사변적(이론적)인 것과 작업적(실천적)인 것으로 나누고 「사변적인 학」은 자연학과 형이상학으로, 「작업적인 학」은 기계학

과 미술학으로 나누고 있다. 이 미술학이란 「화학」을 말하는 것이다. 제3의 「인간학」은 「인간의 철학」과 「사회의 철학」으로 구분하고 「인간의 철학」은 「신체에 관한 학」(의학, 체육 등)과 「혼(정신)에 관한 학」으로 나누고 있다.

「사회의 철학」은 「윤리학」과 「사회생활의 학」으로 나누고, 후자는 「교제의 학」, 「교섭의 학」(실무의 학), 「통치의 학」(민정의 학)으로 나누고 있다.

이와 같이 리버럴 아츠(자유학과)의 틀을 근본적으로 바꾸어서 문학과 기술을 포함시킨 점이 베이컨의 공적이다.

18세기가 되어 프랑스 혁명에 영향을 끼친 달랑베르와 디드로에 의하여 출판된 『백과전서 엔치클로페디』에서는 인간 지식의 분류라는 말이 사용되고 있다. 기본적으로는 베이컨의 분류와 같으며 인간 지성을 「기억」, 「이성」, 「상상」으로 분류하고 각각 「역사」, 「철학」, 「예술」에 대응시켰다. 달랑베르가 전개한 베이컨류의 분류는 현재에도 도서 분류로 살아 있다.

「일본십진분류법」은 순서와 표현이 다르지만 기본적으로는 베이컨의 분류법에서 파생된 것이다(坂本 1982, 183).

6. 도서 분류 시스템

이 경우의 도서 분류란 도서관의 서가상의 위치를 정하기 위한 서가 분류가 아니라 주제를 중심으로 한 서지 분류를 말한다. 게스너는 16세기에 『만유서지(万有書誌)』라는 서지를 편찬하였다. 그는 지식의 총체로서 철학을 두고, 설화와 수학으로 나누고, 문법과 언어학, 변증법, 천문학 등 전체 21개 학문 영역으로 분류하였다. 게스너 이후 17세기 프랑스에서 뷔요라는 서지학자가 신학, 법률학, 역사학, 철학, 문학의 5대 항목을 계층적으로 전개시킨 도서 분류를 고안하였다. 이 도서 분류가 나중에 도서 분류 시스템으로 발전한다(坂本 1982).

그런데 분류 시스템이란 유(類) 개념을 일정한 원리에 따라 종(種) 개념으로 분석하고 이것을 하나의 체계로 정리한 것이다. 지금까지 논하였지만 철학으로 시작되는 여러 학문(총칭해서 리버럴 아츠라 한다)이 그 구성 요소가 된다. 분류 시스템의 원리는 「동물 → 새 → 카나리아」라는 개념의 계층성(클래스)을 밝히고 「동물 → 호흡한다」, 「새 → 난다」, 「카나리아 → 노랗다」라는 속성을 찾아낸다. 이때 전형성의 효과를 고려하는 스테레오타입(stereotype)을 이용한다. 예컨대 「노랗다」는 「카나리아」의 스테레오타입이 된다. 이와 같은 타입 구분으로 일반화할 수 있는 개념의 유사성을 의미하는 프로토타입(prototype)이 있다.

분류 시스템의 원리는 다음과 같다.

① 개념(概念): 어떤 대상(주제나 오브젝트와 같다)에 대한 사고방식이며 그 대상의 본질을 나타내는 것이다. 대상의 종류에 따라서 단순 개념, 복합 개념, 추상 개념, 상대 개념 등이 있다.

② 명사(名辭): 개념을 언어적 표현으로 나타낸 것이다. 키워드나 분류 기호 등의 색인어는 명사다.

③ 내포(內包): 개념이 의미하고 있는 본질적인 성질을 말한다. 즉, 「속성」을 일컫는 것으로 일반적인 정의에 해당하며 그 개념이 공통으로 가지고 있는 성질을 나타낸다.

④ 외연(外延): 어떤 개념의 내포가 미치는 범위, 또는 그 내포를 공통으로 가지고 있는 대상을 말한다. 내포와 외연은 의미론(기호론)에서 signification의 해석과 같다.

⑤ 유(類) 개념: 상위 개념이라고도 한다. 어떤 개념의 외연이 다른 개념의 외연보다 크고 전자가 후자를 포함하는 관계에 있을 때, 전자를

유 개념이라 한다. 또한 여러 개념의 내포가 서로 공통 성질을 포함할 때나 그 공통 성질을 내포할 때도 유 개념이 된다.

⑥ 종(種) 개념: 하위 개념이라고도 한다. 어떤 개념의 외연이 다른 개념의 외연보다 작고 전자가 후자에 포함되는 관계에 있을 때, 전자를 종 개념이라고 한다.

⑦ 피분류체(被分類体): 분류되는 대상을 말하며 유 개념이 이에 해당한다.

⑧ 분류지(分類枝): 분류된 결과의 종 개념을 말하며 이 종 개념은 다시 그것보다 하위 개념의 유 개념으로 피분류체가 된다.

⑨ 분류 원리: 분류 체계(분류 시스템)를 구성하고 있는 기준 원리이며 종 개념을 분류해가는 관점에 따라서 정해진다. 예컨대

대형선, 중형선, 소형선 (선박의 크기에 따른 관점)
여객선, 화물선, 어선 (선박의 용도에 따른 관점)

6.1 DDC

본격적인 도서 분류 시스템은 19세기가 되어서야 탄생하였다. M. Dewey는 1876년에 『도서관의 도서 및 자료의 분류와 배열』을 출판하였다. 이것이 듀이십진분류법(DDC: Dewey Decimal Classification)이었다.

DDC는 베이컨의 분류법을 바탕으로 하고 있다. 즉, 인간의 정신 능력인 기억력, 상상력, 이성에 착안하여 인간의 지성에 의한 학문을 역사(기억력), 시력(詩力, 상상력), 철학(이성)의 세 가지로 분할하고 도서의 주제를 아홉 개의 유(類)로 나누었다. 표시 방법(코드)은 0~9의 숫자를 사용하였다. 분류할 때는 주제의 대상이 되는 학문 분야를 정하고 그 분야의 세부 영역을 계층적으로 내려가며, 해당하는 단계의 구분을 부여한다. 또한 보조표에서 학문 분야를 정하고, 0을 삽입하여 서로 다른 구분을 연결시키는 패싯

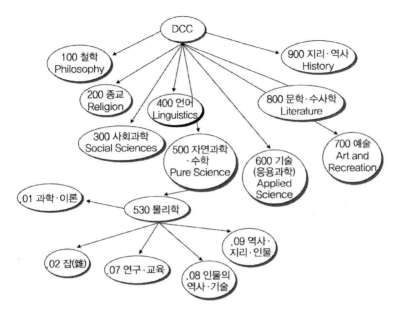

<그림 5-3> DDC의 도해

분류와 유사한 기능도 있다.

<그림 5-3>은 DDC의 도해를 나타내고 있다.

주제

000	총류	General Works
100	철학	Philosophy
200	종교	Religion
300	사회과학	Social Sciences
400	언어	Linguistics
500	자연과학, 수학	Pure Science
600	기술(응용과학)	Applied Science
700	예술	Arts and Recreation

800 문학, 수사학   Literature

900 지리, 역사   History

「물리학 교육」

530 물리학

   .01 과학, 이론

   .02 잡(雜)

   .07 연구, 교육   보조표(공통 세목)

   .08 인물의 역사, 기술(記述)

   .09 역사, 지리, 인물

530 물리학+07 교육 → 530.07 물리교육

6.2 NDC

NDC는 森清에 의하여 1929년에 고안된 일본십진분류법(Nippon Decimal Classification)이다. DDC와 동일하게 학문 분야라는 구분 원리로 체계화되어 있다. 이 기본 원리는 베이컨의 분류에 따른 것이다.

세목표

000 총류

100 철학, 종교

200 역사, 지리

300 사회과학

400 자연과학, 의학

500 기술, 공학

600 산업

700 예술, 스포츠, 오락

800 언어

900 문학

「일본어로 쓴 현대소설」

문학	일본어	소설	현대	
학문 분야	언어	형식	시대	
9	1	3	6	→913.6

6.3 패싯 분류

분류라는 지식을 다면체로서 파악하는 데는 패싯이 효과적이다. 패싯(facet)이란 사물의 측면 혹은 사물을 보는 관점이라는 의미이다. 분류 시스템에서는 표시 기호에 명료하게 나타나야 할 특성을 의미한다(中村 1998).

패싯 분류에 바탕을 둔 콜론 분류법(CC)은 1933년에 Ranganathan에 의해서 고안되었다. 하나의 주제를 주체(personality), 대상(matter), 조작(energy), 시간(time), 장소(space)라고 하는 다섯 가지의 기본 범주로 세분하여 분류한다. 이들은 사물의 측면이며, 사물을 보는 관점이며, 주제 개념을 분류하는 속성이기도 하다. 다차원적으로 주제를 구분할 수 있다. 그 구분 코드로 콜론 기호(; :)를 사용하므로 콜론 분류법(Colon Classification)이라 부른다. 구체적으로는 미리 설정되어 있는 계층구조의 기본 주제 패싯이 있다. <그림 5-4>는 CC의 도해를 나타낸다.

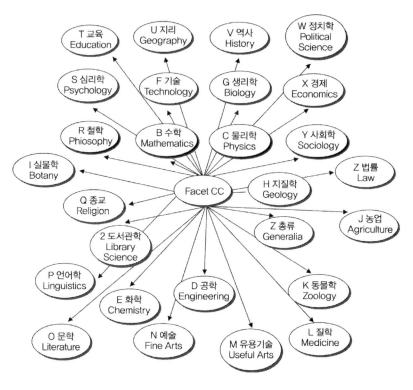

<그림 5-4> CC의 도해

기본 주제 패싯

z 총류 Generalia

2 도서관학 Library Science

B 수학 Mathematics

C 물리학 Physics

D 공학 Engineering

E 화학 Chemistry

F 기술 Technology

G 생리학 Biology

△ 신비주의 Mysticism

N 예술 Fine Arts

O 문학 Literature

P 언어학 Linguistics

Q 종교 Religion

R 철학 Philosophy

S 심리학 Psychology

T 교육 Education

H 지질학 Geology	U 지리 Geography
I 식물학 Botany	V 역사 History
J 농업 Agriculture	W 정치학 Political Science
K 동물학 Zoology	X 경제 Economics
L 의학 Medicine	Y 사회학 Sociology
M 유용기술 Useful Arts	Z 법률 Law

CC에 의한 분류의 예
「시립 도서관에서의 참고도서 분류」라면,

도서관학	시립도서관	참고도서	분류
기본주제	주체(P)	대상(M)	조작(E)
2	22	47	51

패싯 분류 코드   2 22;47;51

6.4 UDC

UDC는 Otlet이 DDC를 기초로 발전시킨 것이다. 1905년에 초판이 간행되었으며 "Mannuel du Repertoire Bibliographique Universel"이라 불렀다. 그 후 1927년부터 1933년에 걸쳐 완성된 제2판에서 "Classification Decimal Universelle"라는 현재의 이름이 붙여졌다.

표시 방법에는 십진분류법과 기호를 사용하는데 이를 표수(標数)라 한다. 표수에는 계층구조의 주표수, 고유보조표수, 공통보조표수가 있다. 보조표수와 연결 기호를 사용함으로써 다차원적 분류가 가능하다. 패싯의 활용은 공통보조표수(학문 분야, 장소, 때, 형식, 언어 등)의 사용에서 볼 수 있다.

주표수

0 총류 Generalities

1 철학 Philosophy·Psychology

2 종교·신학 Religion·Theology

3 사회과학 Social Sciences

4 (빈 항목) (Vacant)

5 수학·자연과학 Natural Science

6 응용과학·의학·공학·농학 Technology

7 예술·오락·스포츠 The Arts

8 언어·언어학·문학 Language·Linguistics·Literature

9 지리·전기·역사 Geography·Biography·History

「영어로 쓴 일본의 물리학에 관한 사전」

물리학	일본	사전	영어
학문 분야	장소	형식	언어
53	(520)	(03)	=111 → 53(520)(03)=111

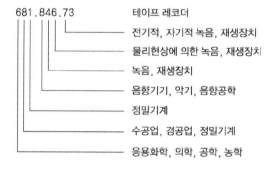

<그림 5-5> UDC 분류 기호의 구조

예컨대 「테이프레코더」는 표수가 「681.846.73」이 되며 그 분류 구조는 <그림 5-5>와 같이 나타낼 수 있다. 표수의 각 상위 자릿수는 각각 상위 개념을 나타내고 있다.

이와 같이 개념을 상위부터 하위로 계층적으로 전개하는 표수뿐만 아니라 보조표수라는 것이 있다. 보조표수에는 공통보조표수와 고유보조표수의 두 종류가 있다.

7. 시소러스

시소러스(thesaurus)란 그리스어로 「말의 보물 상자」를 의미한다. 고전적 시소러스로는 영국의 Roget가 편집한 「Roget 시소러스」가 유명하다. 이것은 말을 의미상으로 분류하고 정리한 특수한 사전이다. 일반의 사전이 자모순으로 배열되어 있는 것과 비교하면 큰 차이가 있다.

시소러스의 구조는 용어의 상호 관계를 상위 개념, 하위 개념, 동의어라고 하는 체계에 바탕을 두고 배열한 의미 네트워크 구조다. 분류는 하나를 2분화하여 구분하고 범주에 따라 분류한다. 그 결과는 나무구조나 계층구조라 부르는 상하 관계 모양으로 나타난다. 그런데 패싯 분류 시스템에서와 같이 계층구조가 되지 않는 것도 등장하였다. 체계화나 분류라는 것은 반드시 계층 관계로 전개된다고는 할 수 없다. 시소러스는 상위 개념, 하위 개념이라는 계층 관계보다는 동의어 관계에 중심을 둔 의미 분류 시스템이다.

자연언어의 말이나 기술 용어(검색 키워드 등)를 사용하는 시소러스는 어떤 개념에 상당하는 범주가 미리 설정되어 있어서 그것에 속하는 용어는 자모순 등으로 배열되어 있다. 범주에는 계층 관계가 없으며 병렬이다. 검색용 시소러스에서는 하나의 기준 용어(target term)를 중심으로 그것의

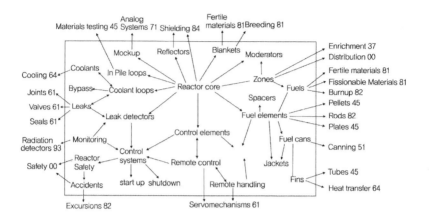

<그림 5-6> EURATOM 시소러스의 예 (출전: Vickery 1987b)

상위 개념을 나타내는 용어(broader term)와 하위 개념을 나타내는 용어
(narrower term)가 표시된다. 동시에 그 동의어나 관련어도 지시 기호로
표시된다. 이와 같은 하나의 용어 관계는 계층구조라기보다는 망구조(네트
워크 구조)로 표시된다. 이 용어의 의미 네트워크가 다시 다양한 다른 용어의
의미 네트워크와 결합되어 거대한 시소러스 사전이 된다.

실용화된 것으로는 <그림 5-6>에 보인 바와 같이 유럽원자력기구의
EURATOM 시소러스가 유명하다(Dolyle 1980).

시소러스의 특색은 다음과 같이 요약할 수 있다.

① 주제의 지식 지도이다.
② 주어진 주제 개념을 지시하는 어휘를 알려준다.
③ 어휘 간의 관계를 정해준다.
④ 분류된 계층 관계를 밝혀준다.
⑤ 정보검색 시스템의 주제 분석을 지원한다.

7.1 시소러스의 원리

영어사전은 자모순이며 말을 알고 의미를 모를 때 의미를 설명하는 「dictionary」인 것에 비하여, 의미를 알고 말을 모를 때 말을 찾아주는 것이 「시소러스」이다. 시소러스의 특색 중 하나는 어떤 말과 관계되는 연상어로 링크되는 하이퍼텍스트적 구조가 보인다는 점이다. 연상에 의한 동의어의 의미지도라 할 수 있을 것이다.

1852년에 출판된 P. Roget의 시소러스는 전체를 여섯 개 부문(클래스)으로 나누고 있다. 그 분류 원리에서는 칸트의 오성 개념(카테고리)의 영향을 볼 수 있다(吉田 1993).

제1은 「추상적 관계」이며, 존재, 관계, 양, 순서, 수, 시간, 변화, 인과 관계의 여덟 개 섹션으로 나눈다.

제2는 「공간」이며, 공간일반, 차원, 형태, 운동의 네 섹션으로 나눈다.

제3은 「물질」이며, 물질 일반, 무기물질, 유기물질의 세 가지로 나눈다.

제4는 「지성」이며, 크게 두 부문으로 나눈다. 첫 번째가 「관념의 형성」이며 두 번째가 「관념의 전달」이다. 또한 관념의 형성에서는 지적 작용일반, 예비적 제 조건, 추론의 요소, 추론의 과정, 추론의 결과, 관념의 확대, 창조적 사고 등 일곱 섹션으로 나눈다. 또 관념의 전달에서는 전달된 관념의 성질, 전달의 양상, 전달의 수단의 세 섹션으로 나눈다.

제5는 「의지」이며, 크게 「개인적 의지」와 「사회적 의지」의 두 가지로 나눈다. 전자는 의지 일반, 예상 의지, 의지 행위, 대립, 결과의 다섯 가지로 나누며, 후자는 일반 의지, 특수 의지, 조건 의지, 소유 관계의 네 섹션으로 나누고 있다.

제6은 「감정」이며, 감정 일반, 개인 감정, 동정, 도덕, 종교의 다섯 섹션으로 나눈다. 이렇게 해서 각 섹션은 몇 개의 헤드(항목)로 나누어져 헤드의 총수는

990이 된다(坂本 1982).

7.2 유서

고대부터 모든 서지류는 어떤 범주에 따라 그 내용을 분류할 것인가가
문제였다. 플리니우스의 『博物誌』는 천문, 지문(地文), 동물, 식물, 광물이
란 범주로 분류하였다. 중국의 박물지 『三材図会』는 14의 「문(門)」으로
구성되어 있으며 그 범주는 천문, 지리, 인물, 시령(時令), 궁실(宮室), 기용
(器用), 신체, 의복, 인사, 의제(儀制), 진옥(珍玉), 문사(文史), 조수(鳥獸),
초목이다(坂本 1982, 160).

중국에서는 이와 같이 범주로 분류한 백과사전을 유서(類書)라 한다.
유서는 시소러스의 원점이라 할 수 있는 특색을 갖추고 있다.

일본의 시소러스로서 국립국어연구소가 편집한 『分類語彙表』가 있다.
1964년에 간행된 것으로 약 3만 2,600어의 현대어를 모았다. 여기에서는
어휘를 크게 「체(体), 용(用), 상(相), 기타」의 네 가지 범주로 분류하고 있다.

「체(体)」는 체언으로 명사다. 「용(用)」은 용언으로 동사다. 「상(相)」은
형용사, 부사, 연체사 등이다. 「기타」에는 접속사와 감탄사가 포함된다.
품사적 분류라고 할 수 있는 것이다. 「체, 용, 상」이라는 범주는 중국에서
고안된 것이다. 예로부터 불교에 있는 『大乘起信論』이라는 불전에서는
대상을 「체, 용, 상」의 세 가지로 이해하였다. 「체」는 바로 「그 자체」이며,
「상」은 「보이는 모습」이며, 「용」은 「활동」(작용, 효용)이다.

즉, 세계를 이해할 때, 사람을 볼 때, 도구나 기술을 볼 때, 그리고 사회,
예술, 학문을 다룰 때는 언제나 「체, 용, 상」의 세 가지 면에서 보고 있다는
인식론에 바탕을 두고 있다. 이 세 가지는 같으면서 국면이 다르며 상하
관계나 동일 평면에는 나란히 할 수 없는 관계인 점에서 「면(面)」이라
부른다. 이 생각은 패싯(관점)과 같다고 할 수 있다.

7.3 정보검색 시스템의 시소러스

정보검색 시스템에서 이용되는 시소러스는 의미적으로 관련 있는 말을 통제하면서도 융통성 있게 모은 검색 용어집이라고 정의된다(Aitchison 1987).

예컨대 「컴퓨터」라는 주제를 표현한다고 하자. 그러면 다음과 같은 많은 용어(어휘·숙어)가 대응하게 된다(斉藤 1987b).

「전자계산기」, 「전산기」, 「계산기」
「마이크로컴퓨터」, 「퍼스널컴퓨터」, 「오피스컴퓨터」
「호스트컴퓨터」, 「Computer」

이들 용어를 그대로 키워드로 사용하면 다양한 표현의 자유가 있기 때문에 문제가 발생한다. 그래서 표현의 자유를 통제할 목적으로 시소러스가 이용된다. 그 목적은 다음과 같은 관리를 하기 위함이다.

① 동의어, 동음이의어의 관리
　　같은 의미를 가진 말을 어떤 용어로 통일해서 관리한다.
　　컴퓨터: 전산기, EDPS
　　메모리: 눈금, 기억
② 상위 개념, 하위 개념의 관리
　　어떤 말을 중심으로 해서 그 용어보다 의미적으로 넓은 개념을 나타내는 말을 상위 개념어로 하고, 좁은 개념을 나타내는 말을 하위 개념어로 한다.
　　컴퓨터: 일렉트로닉스(상위 개념), 마이크로프로세서(하위 개념)
③ 관련어의 관리

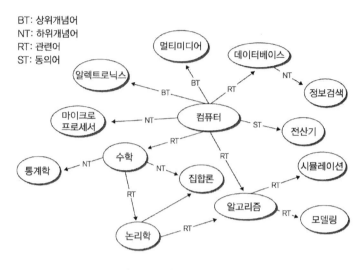

BT: 상위개념어
NT: 하위개념어
RT: 관련어
ST: 동의어

<그림 5-7> 시소러스의 지식 지도

어떤 말과 관련되는 용어를 나타낸다.

컴퓨터: 데이터베이스, 알고리즘, 수학, 멀티미디어

<그림 5-7>은 시소러스의 구조를 나타낸다. 컴퓨터라는 키워드를 중심으로 "BT"나 "NT"라는 관계 기호로 관련되는 키워드의 관련 구조를 나타내고 있다. "BT"란 Broader Term의 약자로 상위 개념을 나타내며, "NT"란 Narrower Term의 약자로 하위 개념을 나타낸다. 이와 같은 시소러스 구조는 시소러스의 용어집에서 다음과 같은 배열로 표시하는 것이 일반적이다.

일렉트로닉스
· 컴퓨터
· · 마이크로컴퓨터
· · · 마이크로프로세서

이 예에서 "·"은 키워드의 포괄 관계를 나타내는 것으로 점의 수에 따라서 상하 개념의 의미 폭을 나타낸다.

7.4 롤과 링크

시소러스는 정보검색 시스템에서 키워드나 분류 기호를 결정하는 색인화(Indexing)와 관계가 깊다. 또한 키워드는 자연언어를 그대로 이용하기 때문에 여러 가지 이름이 있다. 예컨대 시소러스에서 통제된 것을 디스크립터라 하고 그렇지 않은 것을 프리워드라 부른다. 둘 다 색인어이며 이들을 이용하여 주제를 표현한다. 그 기본은 분류 시스템의 원리와 같으며 구성 개념의 분석부터 시작된다. 단지, 문제는 명사에서 예컨대 측정 장치라는 주제를 「측정」과 「장치」로 나누어야 하는지 아닌지에 있다. 이것은 단위 개념과 그 조합에 관한 것이며 그 해결 방법은 롤(Role)이라는 다음의 기능을 이용하는 것이다.

① 주체   작용을 일으키는 주원인
② 객체   작용을 받는 대상
③ 작용   동작, 과정
④ 수단   작용을 일으키기 위한 수단
⑤ 결과   작용에 따라 생겨난 상태
⑥ 조건   작용이 일어난 상황

지금 키워드 「자동화」, 「설계」, 「컴퓨터」가 있다고 하자. 그 조합에서 ①「컴퓨터에 의한 자동화설계」와 ②「컴퓨터설계의 자동화」라는 해석이 성립한다. 이것을 롤에서는 다음과 같이 이용한다.

① 컴퓨터(주체), 설계(작용), 자동화(수단)

② 컴퓨터(객체), 설계(작용), 자동화(수단)

그런데 이 롤(Role)의 역할과는 다르게 링크(Link)라는 것을 설정하는 경우도 있다.

단순한 예이지만 「온톨로지」, 「알고리즘」, 「표준화」라는 세 색인어(키워드)가 있다고 하자. 이것을 이용해보면 다음과 같은 문이 생성된다.

① 온톨로지 알고리즘의 표준화

② 알고리즘으로서의 온톨로지 표준화

③ 표준화된 온톨로지 알고리즘

이 예문에서는 모두 유사한 해석이 되지만 ③은 다른 것과 다르다. 그것을 엄밀히 구별하기 위해서 링크(괄호 기호)를 사용하여 조합 관계를 명확히 한다.

① (온톨로지, 알고리즘), 표준화

② (온톨로지, 표준화), 알고리즘

이와 같이 시소러스에서 롤과 링크가 담당하는 역할은 매우 크다.

7.5 개념 사전

시소러스는 개념 사전이라 할 수 있다. 개념 사전이란 자연언어의 번역에 사용되는 것으로 컴퓨터로 처리할 때 의미를 이해시키기 위하여 개발되었다(横井 1990).

의미에는 의의소(意義素)라는 것이 있으며 그 내부 구조는 서로 관계하는 복수의 의미적 특징으로 밝혀지게 된다. 그 관계에는 계층 관계, 동의 관계, 유의 관계, 반의 관계 등이 있다. 이들 관계에서 밝혀지는 의미는 문맥(용례)에서 파악된 것으로 본다.

예컨대 "산"이라는 개념(의의소)은 "산에 오른다", "산은 높다", "산에 나무를 심는다", "산에서 나무를 심는다" 등의 용례 속에서 정의된다. 이 예 가운데 "산에 나무를 심는다", "산에서 나무를 심는다"의 두 용례에서는 "에"와 "에서"라는 기능어의 차이 때문에 "산"과 "심는다" 사이에는 행위가 이루어지는 장소(place)라고 하는 관계 기호(롤)가 밝혀진다. <그림 5-8>은 "자르다"라는 개념에 관한 개념지도(지식 지도)이며 다음과 같은 관계 기호에 의하여 지도를 그릴 수 있다.

① 격(格) 관계 기호

agent	유의지(有意志) 동작을 일으키는 주체
abject	동작이나 변화의 영향을 받는 대상 속성을 갖는 대상
place	장소
manner	동작이나 변화의 방법
implement	유의지 동작의 도구나 수단

② 사상(事象) 간 관계 기호

condition	사상의 조건 관계
coocurrence	사상의 동시 관계

③ 의미적 관계 기호

supc	상위 관계와 하위 관계
equivalent	동의 관계

④ 가(仮) 관계 기호

possessor	소유 관계

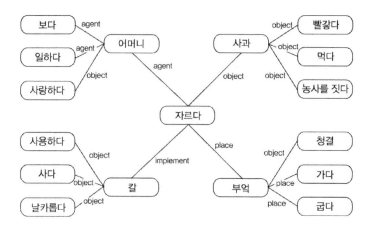

<그림 5-8> 개념지도 (출전: 横井 1990)

purpose   사상의 목적

개념 사전은 후술하는 개념 의존 구조(CD: Conceptual Dependency)(Schank 1975)와 같은 생각이라 할 수 있다. CD에서는 관계 기호를 개념의 유형이라 부른다. 또한 Semantic Web에서 이용되는 「온톨로지 기능」이란 이와 같은 개념 사전을 말하는 것이다.

또한 이와 같은 연구 방법과 유사한 것으로 개념 용어학(술어학)이라는 것이 있다. 술어학에서는 술어가 나타내는 개념의 논리적 관계와 존재론적 관계(온톨로지)에 주목한다(岡谷 2003).

7.6 의미의 표현 방식

시소러스는 단어, 용어, 색인어 등 말의 의미를 분류한 의미 네트워크라 할 수 있다. 그 의미의 표현 방식은 다음의 세 가지로 분류할 수 있다(德永 1999).

① 의미 속성에 따른 분류

② 개념 식별 기호에 따른 분류

③ 동의어의 집합에 따른 분류

　의미 속성은 말의 기본적인 의미를 정리하여 분류한 결과에서 일반적인 패싯을 밝히고 그것을 부여함으로써 의미를 분류한다. 예컨대, 「학교에서 논다」와 「학교에서 강연을 듣는다」라는 두 가지 문에서 「학교」의 의미는 장소(LOC) 와 조직(ORG)이라는 의미 속성을 부여함으로써 「학교/LOC에서 논다」와 「학교/ORG에서 강연을 듣는다」라는 차이를 나타낸다. 즉, 학교라는 단어의 모호함을 분명히 한다.

　개념 식별 기호는 의미 속성과 유사하지만 「학교라는 교육하는 조직」과 「학교라는 교육시설」이라는 개념의 모호함을 분명히 한다. 이 경우에 「학교」라는 개념은 조직을 나타내고 있는 것이지 일반의 조직을 나타내고 있는 것은 아니다. 이를 위하여 개념 사전이 중요한 역할을 한다.

　동의어의 집합은 국립국어연구소가 편찬한 분류어휘표나 유어사전에서 볼 수 있는 「체, 용, 상」이나 「자연, 성상(性狀), 변동」, 「행동, 심정, 인물, 성향」, 「사회, 학예, 물품」이라는 범주(패싯)에 의하여 분류된다. WordNet 이라 하는 시소러스(Miller 1995)에서는 약 12만의 영어 어구를 분류하고 있다. 그 특징은 말의 의미를 synset(synonym set)이라 하는 동의어의 집합에 의하여 동의어와의 상대적인 관계로 나타내는 것이다.

　예컨대 「school」의 의미는 다음과 같이 표시된다.

{school} ─(an educational institution's faculty and students ------)

{school, schoolhouse} ─(a place where young people receive education; ------)

{school} ─(a body of creative artists or writers or thinkers linked by ------)

시소러스는 자연언어의 모호함을 그대로 가지고 온 것이기 때문에 그 의미 규정이나 개념의 정의를 위하여 다양한 장치를 연구하고 있다. 이 점과 관련하여 동일한 분류 시스템에 속하는 십진분류표가 분류 코드로 나타낸 것과 언뜻 보아서는 대상적(対象的)이지만, 분류 코드라 하더라도 그것이 지시하는 의미와 개념에는 여전히 모호함이 남는다. 분류 시스템에는 온톨로지 알고리즘의 고육지책이라 할 수 있는 흥미 깊은 성과가 보인다.

그런데 시소러스나 개념 사전과 같은 사전적 온톨로지는 그 자동 편집 시스템이 나오기도 하였으며 WordNet 온톨로지, MikroKosmos 온톨로지, Stanford 서지 온톨로지 등 대규모 온톨로지부터 다양한 소규모 주제별 온톨로지에 이르기까지 개인, 기업, 대학, 연구기관 등에서 설계 및 개발되고 있다. 오늘날에는 응용 온톨로지 공학(Mena 2001)이라는 분야가 확립되어 시맨틱 웹, 인공지능, 자연언어 처리, 인간공학 등 첨단의 정보과학을 가로지르는 원리로 활용되고 있다.

21세기에 들어서 인공지능, 지식 공학, 인지과학, 지식 관리와 같은 학제적인 연구 분야에서는 철학과 마찬가지로 온톨로지에 대하여 탐구하고 있다. 인간의 지적 활동이 어떤 것인가를 여러 가지 지식 모형에 따라 컴퓨터상에서 시뮬레이션한다. 이 모형이란 지식을 추상화한 모형에 지나지 않는다. 그것은 온톨로지 알고리즘에 근거한 가설로 제안되어 실세계의 사상(事象)에서 연역적, 귀납적, 그리고 그 조합에 의한 나선 과정으로 응축된다. 이 과정의 도중에는 모형과 현실의 차이가 명확해지고 한층 정련된 지식 모형이 재구축될 것이다.

지식 모형 연구의 목표는 M. Minsky의 명저 『마음의 세계』(Minsky 1985)에서 설명하는 마음의 해명이라 생각된다. 본장에서는 우선 기록정보학의 정보 모형에 대하여 그 연구 접근의 역사를 되돌아본다. 그리고 그 지식 모형 「분류의 작성과 활용능력」에 대하여 해설하고 그 한계를 넘어서기 위하여 필요한 다양한 지식 모형의 연구 동향을 전망한다.

1. 다양한 지식

철학자 포퍼(Karl Popper)(Popper 1973)는 「3세계 모형」이라는 지식 모형을 제창하였다. 19세기 말까지 많은 철학자들은 한 종류의 지식에 대해서만 논하고 있었다. 선천적인 것, 또는 경험의 결과로 생겨나는 것이었다. 그러나 포퍼는 세 종류의 지식의 존재를 제안하였다. 즉, 세계 1이란 자연, 인간, 책과 같은 물질세계이며, 세계 2는 개인의 마음속에 있는 주관적 지식의 세계이며, 그리고 세계 3은 기록된 지식과 같이 객관적 지식의 세계이다. 또한 세계 3의 최초의 것은 7세기의 스콜라학자 이시돌스(560-636)의 『어원록』이란 제목의 백과사전이라고 한다.

한편, 『広辞苑』을 보면 "지식이란 알려져 있는 내용, 인식에 의하여 선택된 성과, 엄밀한 의미로는 원리적 및 통일적으로 조직되어 객관적 타당성을 요구하는 판단의 체계"라고 되어 있으며 「체계」라는 말로 끝나 있는 것이 인상적이다. 이러한 지식의 체계론은 17세기 초두에 베이컨이 제창한 학문체계의 분류와 닿아 있으며 도서관학이나 정보학에서의 지식 모형의 해석과 유사하다. ISKO(International Society of Knowledge Organization)라 불리는 국제지식학회(Olson 1999)에서는, 지식이란 「분류」를 의미하며 분류 행위와 분류 표시에 관련된 과정을 지식이라 하고 있다. 그 분류 기술 언어라고도 할 수 있는 것이 UDC(Universal Decimal Classification)이다. UDC와 이를 이용하는 분류와 색인 과정은 ISKO와 기록정보학(Documentation)의 전통적인 지식 모형이었다(Blackler 1995).

세계 표준이라고도 할 수 있는 이 지식 모형을 계승한 새로운 온톨로지 알고리즘은 인지과학, 지식 공학, 지식 관리와 같은 지식 연구에서의 다양한 지식 모형의 이점을 도입하여 재구축되고 있다.

2. 해석학 모형

기계 번역 시스템은 처음에는 문장을 번역자처럼 외국어로 번역하는 것을 목표로 하였다. 그러나 그런 연구는 하나같이 실패하고 말았다. 그 이유는 단어를 그대로 외국어로 바꾸고 그 배열 방법, 즉 문법만을 생각하여 번역하려고 하였기 때문이다. 인간이 말을 이해할 수 있는 것은 논의되고 있는 주제와 관련된 여러 가지 지식을 갖고 있기 때문이다. 인지과학자 戶田正直은 다음과 같이 논하고 있다.

> 인간의 지식이라고 한마디로 말하지만 그 내용은 극히 다양하다. 대단히 높은 수준의 추상 작용을 경유하고 있는 개념, 예컨대 「에너지」가 있다. 거의 순수하게 감각적 인상으로 이루어진 이미지, 예컨대 아침에 경험한 이슬에 젖은 장미의 향기, 학교에서 배운 수학의 정리와 같은 기술적인 지식, 달걀 프라이의 요리 방법과 같은 절차적 지식도 있다. 또한 언어를 배제하고는 생각할 수 없는 언어화 가능 지식이나 걷는 방법, 스키를 타는 방법과 같은 언어화 불가능 지식도 있다. 더 나아가 의식화 가능 지식이나 의식화가 불가능한 유전적으로 얻어진 지식도 있다. 이러한 다양한 지식을 동일하게 취급할 수는 없다. 무엇보다도 「언어」라는 극히 강력한 도구가 있기 때문에 우리는 지식이라고 하면 곧 언어적 지식만을 떠올린다(戶田 1986, 27).

분명히 언어라고 하는 하나의 표현도구만으로 표현되는 지식 모형은 빈약하다고 할 수 있다. 지식은 인간이 기억 속에 가지고 있는 세계의 이미지이며 그것은 개념 체계(온톨로지)임에 틀림없다. 따라서 배경에 잠겨 있는 의미의 해석이 반드시 필요해진다. 이 때문에 해석학이라는 것이 예전부터 존재해왔다.

원래 해석학(hermeneutics)이란 성전(聖典)의 해석법이었다. 이것이 자연언어 처리 연구에서는 기계 번역의 방법론을 의미하게 되었다. 이때 문장을 외부에 있는 대상으로 보고, 독자의 정신이나 저자의 의도와는 완전히 별개의 것으로 다룬다. 즉, 해석의 대상이 되는 것은 개인적 경험에서 생겨난 것으로 본다. 해석학의 접근방법은 기호논리학(술어 논리)과 같이 기호가 하나의, 단 하나의 지정된 의미만을 가진다는 단순한 것은 아니다. 의미는 문맥의 문제만은 아니며 또한 외적인 환경에 좌우되는 것도 아니다. 오히려 독자의 정신에 존재하는 신념과 의견, 더 나아가 지식이 갖는 내적인 문맥도 있다. 진정으로 암묵지(暗黙知)의 문맥이라 할 수 있다.

인간이 언어를 읽거나 들을 때, 인간은 어떤 몇 가지 방법으로 조직화된 어떤 몇 가지 종류의 지식을 동원한다. 그리고 이들 지식 구조 자체는 인간의 세계에서 그때까지의 경험에서 생겨난다. 이해는 해석을 위하여 필요하며 이 해석이 다시 이해를 낳는 환경적 과정을 「해석학적 순환」이라 한다.

이러한 해석학의 지식 모형은 철학, 언어학, 심리학, 그리고 이들의 학제적 과학인 인공지능에서 주목을 받았다. 스탠포드 대학의 T. Winograd (Winograd 1983)는 1970년에 해석학 모형에 기반한 SHRDLU를 개발하였다. 이는 나무 블록을 쌓는 작은 세계를 로봇이 질문에 대답하면서 해석하는 것이었다. 실험 결과 행동의 방아쇠로서 언어를 중요시하지만 언어가 세계에 관한 지식(사실)으로 표현된 것은 아니라는 것이 밝혀졌다. 이 경우의 언어는 로봇에게 나무 블록을 쌓으라는 지령으로서 표현된 것에 지나지 않는다. 즉, 글이 세상에 있는 어떤 것에 대하여 언급하고 있는 것이 아니라 정신의 활동에 어떤 변화를 불러일으키는 것이다. 그럼에도 불구하고 해석학 모형은 정신의 문제를 다루는 것이며 그 모형화는 쉽지가 않다.

3. 정보 모형

기록정보학에서의 지식 모형 연구는 우선 그 기반이 되는 기록에 관한 정보 모형을 명확히 해둘 필요가 있다. 정보학 분야에서는 정보를 어떻게 다루어 왔는지 그 정보 모형 연구의 접근방법에 대한 역사를 되돌아보도록 한다. 정보학의 학문적 아이덴티티(Saracevic 1992)에 대한 물음은 1970년대 후반부터 활발해졌다. 그것은 모두 정보학의 독자성을 모색하는 것이었지만 그중에서도 Debons(Debons 1980)의 「informatology」라는 틀이 독특하다. 정보학이란 정보의 조직화를 이해하기 위한 체계임과 동시에 정보 현상을 지배하는 기본적인 법칙을 발견하는 것이기도 하다. 더 나아가 인체 조직과 같은 생물마저도 정보 시스템으로 보고 그 영역에 발을 내딛으려고도 한다.

예컨대 유전 정보와 같은 정보까지도 포함한다. 아미노산의 결합 양식에 대응되는 구조를 전사한 RNA가 세포 내의 리보솜으로 이동함으로써 RNA에 복사되어 있는 것과 동일한 아미노산이 결합된다. 그 결과로 단백질 합성이 진행된다. 분명히 생체 속에서는 아미노산의 배열이라는 정보가 전달되고 있다. 이같이 생물에서 정보 시스템의 모형을 찾는 접근방법은 학습 기억 정보의 과정을 뉴런계로 해명한다. 그것은 의학에서 심리학, 인지과학에 이르기까지 정보의 대상 영역을 확대하여 간다. 「informatology」는 정말로 원대한 틀을 그린 것이며 정보학을 태양과 같이 학문의 중심에 두는 것이었기 때문에 결국 그 이름값을 하지 못하였다.

어떤 학술 영역에서도 개별적으로 독자성을 갖게 되면 곧 학문이 제도화된 특권계급이 되는 것이다. 따라서 새로운 계급의 출현은 기존의 학문에서는 배제된다. 또한 학문 영역의 확대나 독립에는 언제나 세력다툼이 따르는 법이다.

3.1 정보 철학 모형

정보학이 중심이 되어 정력적으로 기존의 학문을 포괄하거나 흡수하는 것은 패권주의로서 반발을 불러오게 된다. 그런 우려 때문에 겸허한 입장에서 정보학의 영역을 명확하게 한 것은 Brookes(Brookes 1980)이다. 그가 들고 나온 것은 Karl Popper의 존재론, 「3세계 모형」 중에서 세계 3 수준에 위치하는 기록 지식(객관적 지식)이라는 것이며 이를 정보학의 관심 영역으로 두는 것이었다. 이러한 정보 철학에 기초하여 北川敏男(北川 1977)은 "정보학의 대상이란 보(報)의 세계에 사상(写象)된 한에서의 정(情)의 세계이다"라는 존재론적인 제안을 하였다. 또한 Dretske(Dretske 1981)는 Shannon의 「정량적」 정보 이론보다도 정보의 내용에 초점을 둔 「의미론적」 정보 이론을 제안하였다. 인간의 지식 활동을 「정보의 흐름」이라는 개념을 사용하여 모형화하는 것이었다.

정보는 자기 자신을 이해함으로써 비로소 정보가 된다. DNA는 자신을 이해하기 위하여 단백질을 만든다. 정보는 정보를 계속 만들어낸다. 즉, 정보의 자기 조직성인 것이다.

吉田民人(吉田 1990)의 자기 조직성을 갖는 정보 과학이 잘 알려져 있다. 우주에는 물질적 질서, 광의의 정보적 질서, 즉 물질의 구조, 그리고 기호적 질서라는 세 종류의 질서가 누층화되어 있다고 생각하고 그러한 입장에서 이 우주 전체에 관한 사고방식의 전환을 주장하였다. 정보 개념을 축으로 우주를 다시 보는 사고방식이다.

더 나아가 藤川正信(藤川 1965)은 기호학과 의미론에서 정보와 지식에 접근하였다. 정보는 그 말이 제시하는 개념의 외연을 포함하는 문맥을 설정함으로써 비로소 정의할 수 있는 것이라고 하였다. 즉, 외연에 포함되는 구성원을 추출하고 그 구성원에 의한 특정집단을 식별하고 나서야 비로소 정의가 가능해진다. 또한 藤川正信(藤川 1997)은 「기호와 기호화」에서 정보 획득 알고리즘을 밝혔다. 이 경우의 기호란 총칭이며, signal(메시지의 물질적 구체화), sign(상태에 부여하는 전달 내용), symbol(유사한 성질을 갖는 sign), icon(어떤 형식이 지시하는 대상과 유사성을 지닌 sign), message(어떤 합의성을 갖는 sign의 집합), code(명확한 룰의 집합)와 같이 구분된다.

藤川正信가 이야기하는 정보학은 정보 환경이라고 하는 표현을 사용하여 다종다양한 기호와 다종다양한 요구를 지닌 인간의 존재를 전제로 하고 이 양자를 포함하는 공간에서 정보의 생산, 수여, 처리, 누적, 이용에 관한 활동이 어떤 채널을 통하여 실현되고 그것이 어떤 효과를 가져오며 나아가 어떻게 새로운 환경을 만들어 나가는지에 대하여 논하는 것이었다.

3.2 주제 지향 모형

정보 철학은 필수적인 것이지만 정보와 지식의 성립을 알기 위해서는 실세계의 역사도 알아둘 필요가 있다. 마침 「정보의 역사」를 먼저 밝히려는 시도가 있다(根本 1992; 松岡 1990).

村主朋英(村主 1994)은 역사를 탐구함으로써 정보학의 이론과 실제를 다루어 온 사람의 행동과 지혜를 얻을 수 있다고 하였다. 세계의 역사에서 정보에 관한 문제와 그에 대하여 인류가 무엇을 해왔는지를 알 수 있다. 그곳에 어떤 정보 전문가가 개입하여 어떤 조직적인 방법으로 「정보 유통」이 이루어져 왔는지가 명확해지기 때문이다.

津田良成(津田 1990)과 上田修一(上田 1992)은 정보를 유효하게 활용하기 위해서는 정보나 지식이 무엇인지 알 필요가 있다고 하였다. 그리고 그것을 기초로 정보의 특성과 이론의 체계화, 정보에 관한 기술, 사고 활동으로 응용해나간다고 하였다.

요약하자면 기록 정보와 그 지식은 의학, 화학, 문학, 경제, 사회학과 같이 명확한 주제를 갖는 것이며 정보 시스템에 의하여 조직화되고 문헌과 같은 기록 미디어(Document)에 의하여 밝혀지는 것이다. 정보의 본질을 묻기보다는 이용자로부터의 「요구되는 정보」를 물으면 기록 정보 지식의 영역도 명확해진다.

그 출발점은 기록 정보(기록 미디어)에 두어야 한다. 기록 정보는 생산자에 의하여 주제 분석화된 1차 정보의 산물이다. 그리고 도서관이나 정보센터, 그리고 나아가 정보검색 시스템과 같은 정보 시스템에 의하여 2차 정보로 만들기 위하여 주제 분석이 이루어진다.

말할 것도 없이 정보 시스템은 이용자를 최우선적으로 고려하여 설계되고 이들 1차 정보 및 2차 정보와 같은 기록 정보를 제공한다. 이를 위한 서비스의 효율이나 질과 같은 온톨로지 알고리즘이 「요구되는 정보」를 결정한다. 즉, 기록 정보는 이용자가 정보를 검색할 수 있는 효율에 의하여 정량화될 수 있다. 이것이 기록 정보의 가시화이며 이러한 가시화를 위해서 이용자를 통하여 기록 정보를 획득하는 것이 「기록 지식」이라고 부르는 영역이 된다.

3.3 이용자 연구 모형

기록 지식은 기록 정보나 기록 정보 시스템의 외부에 있으며 그것을 둘러싼 인간, 즉 이용자의 머릿속에 있는 암묵지라고 불리는 것이다. 이는 「기록 정보 암묵지」라고 불리며 그 속에는 「서지 암묵지」도 포함된다.

이와 같은 연구 관점은 전통적인 문헌정보학에서 이용자의 정보 요구(Saracevic 1988; Ingwersen 1986), 이용자의 정보 탐색 행동(Belkin 1982), 이용자 지향적 접근(Ingwersen 1988) 등에서도 볼 수 있다.

전체로는 「이용자 연구(User Studies)」로 분류되는 것이며 어느 것도 동일하게 「기록 정보 암묵지」에 대하여 연구한다(斎藤 1992). 그 연구방법론으로 여러 가지가 제안되었으나 인지과학적 접근방법(Ellis 1989)과 커뮤니케이션 과학적 접근방법(吉田 1994)의 두 가지로 압축할 수 있다.

우선 인지과학적 접근방법은 지각, 인지, 개념화, 이해, 사고, 언어의 역할 등에 초점을 맞춘 것으로 마음의 표현 내용, 구조, 기능, 발달에 대하여 연구하기 때문에 심리학의 영역에 들어가게 된다. 분명히 지식을 연구하기 위해서는 인간을 연구해야 한다. 지식은 모든 인간의 생활에 깊게 관여하며, 사고, 신념, 행위, 의도, 목적, 가치, 감정과 같은 마음속의 인지적 표현에 의하여 생성되기 때문이다(Belkin 1990).

한편 커뮤니케이션 과학적 접근방법에서는 커뮤니케이션이란 인간관계와 사회관계의 성립 기반으로 보고 있으며 극히 사회정보학적인 것이기 때문에 편입시키기도 용이하다고 생각된다. 원래는 커뮤니케이션의 매체인 기호에 초점을 맞추고 기호가 갖는 의미 전달을 분석하는 연구였으나 인간성을 무시할 수 없는 커뮤니케이션의 실태로 인하여 인간관계를 중시하고 여기서 출현하는 사회관계를 고찰하는 연구가 대세를 점하게 되었다. 실용주의자이면서 교육학의 권위인 Dewey의 커뮤니케이션 사상은 유명하다. 또한 그것이 문헌정보학에 있어서도 Mead나 Shera 같은 많은 연구자들에게 영향을 준 것도 잘 알려져 있다. Mead의 휴먼 커뮤니케이션론(山田 1963)은, 커뮤니케이션이란 인간이 고도의 상호관계를 결합하기 위한 것이며, 「사상의 세계(Thought World)」를 형성하는 것이며, 여기에서 인간은 기호를 다루는 주체적 존재라고 하였다. 이 사상에 영향을 받아 Shera(Shera 1972)는 도서관의 기능을 사회학적 및 심리학적인 현상 속에 두어야 한다고 제안하였다. 그 영향에 의한 예로 인디애나 대학의 Social Informatics(Kling 1988)가 큰 참고가 된다. Social Informatics란 일본의 사회정보학에 해당하는 것으로 인디애나 대학에서는 문헌정보학을 진화시킨 새로운 대학원 교육 프로그램으로 개설되었다.

Knowledge Studies(정확하게는 Knowledge Acquisition)는 Social Informatics의 주요한 커리큘럼이다. IT를 활용한 지식 영역의 개척을 목적으로 하며

극히 실증적인 이론과 기술을 이용하는 것이 특색이다. 그 영역은 지식의
듣기(knowledge elicitation)(Cooke 1994)와 그 기술, 지식의 표현, 지식 획득의
방법론과 개념 모형의 형성, 지식 모형의 패러다임과 지식 모형의 형성,
지식 베이스, 지식 중개자, 지식 작업, 개념의 분류와 지식의 축적구조,
지식 철학, 지식의 인지심리학 등에 이른다(Compton 1990; Guarino 1995;
Sawyer 2000).

3.4 정보학의 지식 모형

정보학의 지식 모형은 Brookes(Brookes 1975)가 제안한 정보와 지식의
기본 방정식이 유명하다.

$$I + (K) \rightarrow (K')$$

즉, 정보의 증가 I는 기존의 지식 구조(K)와 상호작용의 결과 수정된
구조(K')로 변화한다. 이 지식 구조란 <그림 6-1A>가 가리키는 곳에
위치하며 지식을 인간의 머릿속에 있는 기호처리 시스템을 이용하여 표현,
축적, 가공, 활용한다. 지식은 구조화되어 기억의 틀(스키마)에 맞아 들어간
것을 말한다. 만일 맞지 않는다면 새로운 틀이 만들어진다. 메시지가 입력
되고 그것이 지식 구조의 틀에 적합하다면 지식 구조와 관련이 맺어진다.
틀에 맞지 않는 부분이나 전체가 있으면 틀은 갱신되고 새로운 것이 작성되
어 증가해간다.

이러한 Brookes의 지식 모형이 정보의 축적과 검색 시스템(IR시스템)으
로 구현되면 각각 「지시물＝색인어」, 「개념＝주제」, 「주제 분석과 색인화
에 의한 구조화＝지식 구조」, 「메시지 ＝ 문헌이나 질문」으로 대응시킬
수 있다.

정보학의 이론가인 Vickery(Vickery 1987b)는 <그림 6-1B>를 이용하여 IR시스템의 지식 모형을 제안하였다. 그것은 정보(I), 메시지(M), 정보원(S), 채널(C), 정보의 수신자(R)를 활용하여 다음 기호에 따라 정의된다.

① 정보원에서 메시지를 발하는 것　　S-M
② 메시지가 공유 지식으로 편입되는 것　　M-ΣM
③ 공유 지식의 구조가 변화하는 것　　ΣM-ΣM´
④ 메시지에 지시가 할당되는 것　　M-D(M)
⑤ 메시지 집합의 의미적인 조직화　　D(M)-ΣD(M)
⑥ 수신자의 개인적인 지식 구조　　K(R)
⑦ 정보 요구의 표명　　K(R)-Q
⑧ 표명된 요구를 검색 질문식으로 표현하는 것　　Q-D(Q)
⑨ 검색 질문의 수정　　D(Q)-D(Q)´
⑩ 검색 과정　　D(Q)↔ΣD(M)
⑪ 수신자가 검색된 메시지에서 정보를 획득하는 것　　M-I(R)-K(R)

이 정의를 이용하여 <그림 6-1B>의 지식 모형을 설명해보자. 우선 지시물은 정보원인 사람의 머릿속에 어떤 개념을 형성시킨다. 그 개념은 개인적인 지식 구조에 편입되어 말이나 다른 기호로 표현된다. 그리고 개념에 관한 정보를 전달하기 위하여 언어 기호가 메시지나 텍스트의 형태로 발신되어 공적(公的) 지식에 속하는 조직화된 메시지 집합에 통합된다. 메시지에는 지시가 할당되며 각 지시는 색인으로 조직화된다. 여기까지는 정보의 축적 과정이다. 한편, 검색 과정에서 검색 질문은 수신자의 지식 구조로부터 언어 기호로 표현되며 색인어(검색어)라는 지시가 할당된다. 그리고 조직화된 색인 지시의 집합과 조합(照合)되어 해당하는 개념을 검색하고 수신자의 지식 구조로 넘겨준다. 이와 같이 정보학의 지식 모형은

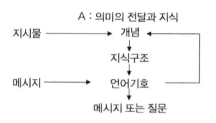

A : 의미의 전달과 지식

지시물 ──────────► 개념 ◄───────┐
                    │   │
                  지식구조   │
                    │   │
메시지 ──────────► 언어기호 ──────┘
                    │
             메시지 또는 질문

B : 지식구조와 메시지

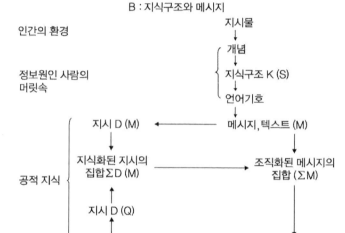

<그림 6-1> 정보학의 지식 모형 (출전: Vickery 1987b)

메시지의 축적과 검색에 관한 의미의 전달과 깊은 관계가 있다. 그리고 정보 전달에서는 서로 다른 많은 의미 구조가 그 사이에 존재한다. 예컨대 메시지의 축적과 조직화(주제 분석), 분류와 시소러스, 색인자와 검색자의 지식 구조, 수신자의 개인적인 지식 구조(암묵지) 등이 있다. 이와는 반대로 형식지(形式知)라고 하는 것은 분류 시스템과 시소러스에 의하여 정보화된 것이다.

3.5 색인 모형

메시지는 기록의 내용이며 그것은 주제를 표현한다. 기록물이라면 그 저자나 작성자가 의도하는 발신 내용이라고 할 수 있다. 또한 정보검색에서 메시지는 질문자의 탐색 요구나 정보의 수신자인 이용자에게 주는 회답이다. 어느 경우에도 메시지는 주제를 전달하는 것이다. 이 메시지는 지시하는 것, 즉 색인에 의하여 기술된다.

이 색인이란, 색인어, 색인의 작성 기준, 색인 작업이라고 하는 일련의 주제 분석과 관련된 온톨로지 알고리즘의 과정을 가리킨다. 색인을 분류로 바꾸어 보면 분류 기호, 분류표, 분류 작업에 대응한다.

이와 같이 정보학의 지식 모형의 중심에는 색인 모형이 위치하고 있다. 색인 모형이란 주제의 압축과 이에 해당하는 색인어와 분류 기호의 부여에 관한 것이라고 할 수 있다. 이 과정에서 가장 결정적인 역할을 하는 것이 주제 분석이며 메시지의 주제를 밝혀준다. 그런데 주제 분석과 혼동하는 경우가 많은 내용 분석은 메시지의 언어적 분석이나 기호론적 분석에 의하여 의미를 발견하지만, 주제 분석에서는 문장의 구조나 언어적 분석이 주제를 결정하는 실마리가 되지 않는다. 언어나 기호가 달라져도 주제는 변하지 않으며 그 주제의 구성 요소를 분명하게 할 뿐이다. 이 구성 요소는 개념이며 개념을 형성한다. 그리고 그 개념을 구조화하고 지시하는 색인어와 분류 기호를 부여한다.

<그림 6-2>는 정보의 축적과 검색에 관한 색인 모형을 나타내고 있다. 축적에서는 입력된 기록을 메시지로 보고 주제 분석을 통하여 개념이 형성된다. 이를 지시하는 정확한 색인어를 분류 시스템에서 선택하여 변환한다. 그리고 기록 정보(메시지)로서 데이터베이스 파일로 출력한다. 검색에서는 입력된 질문(메시지)의 주제를 분석하여 해당하는 색인어(검색어)로 변환한다. 이들 색인어는 분류 시스템에서 추출한 것이다. 이 검색어와 검색식으

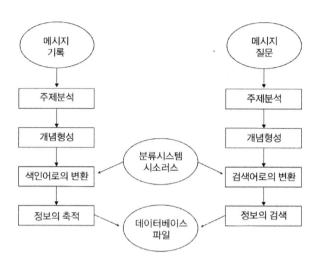

<그림 6-2> 색인 및 분류 모형

로 데이터베이스 파일을 탐색한다.

색인 모형이란 주제 분석, 개념 형성, 색인어로의 변환이라고 하는 세 가지 주요한 요소로 구성되는 온톨로지 알고리즘이라고 할 수 있다.

3.6 분류 모형

기록정보학의 지식 모형은 정보학과 동일하다. 즉, 「분류 모형」이라 할 수 있다. 분류는 지식의 결정이며 분류화라는 지적 과정에는 인류의 지식 획득과 표현에 관한 역사가 깊이 새겨져 있다. 분류는 바로 온톨로지 알고리즘의 핵심적인 위치에 있다. 온톨로지 알고리즘을 요약하면 다음 두 가지가 된다.

① 어떻게 하면 자기류의 분류 및 시소러스를 작성할 수 있는가?
② 어떻게 하면 기존 분류 시스템 및 시소러스를 활용할 수 있는가?

즉, 「분류의 작성과 활용능력」이라 할 수 있다.

기록정보학의 지식은 분류하는 과정에서 암묵지로 생겨난다. 즉, 정보를 일정한 구분 원리(개념화 및 분류 시스템)로 분할하고 그것을 어떤 단위의 이용 가능한 형태로 구조화한 결과로서 얻을 수 있는 것이다. 이때 지식의 표현 단위를 그 지식을 이용하는 목적, 즉 문제 해결의 네 가지 관점에서 구조화해야 할 필요가 있다.

① 영역의 사실
② 그 사실의 속성
③ 각 사실의 상호 관계
④ 그 지식을 다루는 규칙

온톨로지 알고리즘은 우선 기록에서 정보를 생성하는 정보 알고리즘(주제 분석)으로 나타난다. 다음으로 그 정보를 이용하는 지식 알고리즘으로 나타나며, 이는 전술한 문제 해결의 관점에서 구조화되어 지식 지도로 도해된다.

3.7 인지과학적 접근방법

기록정보학의 지식 모형은 기록이라고 하는 외부표현밖에 다루지 않는다는 과제를 남기고 있다. 분명히 이것 역시 넓은 의미에서의 지식임에는 틀림없지만, 단순히 정보를 보존한 것에 지나지 않는다는 문제가 있다. 그 정보의 처리 방법, 즉 지식화에서 내부표현의 과정을 무시하고 있으며, 이것을 인간의 인지 시스템에 맡기고 결과로서의 외부표현만을 지식(서지 지식)이라고 말하고 있다. 원래 지식 모형이란 외부표현만으로 구축할 수 없으며 내부표현을 포함해야 하는 것이다. 이러한 지식의 내부표현을 중시한 지식 모형을 대상으로 하는 것이 인지과학이다. 인지과학자 戸田正直는 다음과 같이 말하고 있다.

인간이라고 하는 생물의 특징 중 하나는 거대한 뇌라고 하는 생리적인 하드웨어상에 방대한 「지식」이라 불리는 구조화된 정보의 집합을 축적시켜 가지고 있는 것이다. 지식이란 무엇에 「관한」 지식인 것이며 그 무엇이라는 것은 자신 및 환경의 총체로서 「대상 세계」를 구성하는 사물이라 할 수 있다. 그러나 물론 지식이란 대상세계 사물의 축소 복사물과 같은 것은 아니다. 인간의 기억을 담당하는 것이 물리적으로는 단백질인지 신경회로인지, 아니면 그 이외의 어떤 것인지는 아직 밝혀지지 않았지만 무엇이 기억을 담당하더라도 기억된 대상 그 자체와는 거리가 먼 것임이 분명하기 때문에 그것은 일반적으로 추상화·심벌화의 과정을 통하여 만들어진 대상의 「표현」이라고 생각해야 할 것이다. 그 표현에는 내부표현과 외부표현이 있다(戸田 1986, 23).

이 내부표현이란 실제로 인간이 마음속에서 만들어내고 있는 지식 시스템의 모양이라고 할 수 있다. 그것을 만들기 위하여 인간은 외부 세계에서 정보를 가져와서 그것을 여러 가지 형태로 처리하고 있다. 그 정보의 원천은 자연언어의 메시지일 수도 있고 비언어적인 것일 수도 있다. 외부표현이란 가설적으로 생각한 지식 모형을 지칭하는 것이다.

인지과학은 인지심리학에서 영향을 받고 있다. 인지심리학은 지각, 기억, 학습, 사고와 같이 인지 기능으로 총칭되는 것에 대하여 연구한다. 여기서 다루는 인간의 정보 처리 모형은 다음과 같은 세 가지 기억이며 정보가 어떻게 처리되고 있는지를 밝힌다.

① 단기 기억(1차 기억). 어느 정도의 시간 동안 그곳에 정보가 머무르는가, 정보의 저장 양식은 어떠한 것인가, 어느 정도의 분량까지 저장할

수 있는가?

② 장기 기억(2차 기억). 망각은 왜 일어나는가, 그곳에 어떤 형식으로 정보가 저장되는가, 저장되는 정보는 어떻게 변용되는가?

③ 작업 기억. 어떤 문제를 해결하기 위하여 단기 기억과 장기 기억에 저장되어 있는 정보는 어떻게 사용되는가?

이러한 인지심리학에 기초한 인지과학적 접근방법은 D. Norman(松岡 1991)이 제안한 열두 가지 인지 시스템의 개요도에서 볼 수 있다. 그 일부를 열거하면 신념 시스템(세계에 대한 지식), 의식 시스템(자기의식, 주의, 인지의 제어, 의도의 형성), 발달 시스템(개념 형성의 발달), 상호작용 시스템(자연, 사회, 기계와 인간), 언어 시스템, 학습 시스템(지식의 재구조화), 기억 시스템, 사고 시스템(경험에서 추론) 등이다. 요약하면 다음 다섯 가지 연구 영역이 된다(松岡 1991, 164-165).

① 감각의 과정   시각과 청각의 변환
② 패턴인식의 과정   생리학, 정보 획득 과정, 시간과 문맥
③ 언어를 이해하는 과정   구문론과 의미론
④ 기억의 과정   1차 기억과 2차 기억
⑤ 추론의 과정   애널로지와 문제 해결

4. 인공지능의 지식 모형

컴퓨터를 「사고하는 기계」라고 생각한 것은 Bush의 Memex(Bush 1945) 였지만, 더 나아가 기호논리학의 문제 해결 장치로 사용한 것은 A. Newell 과 H. A. Simon(Newell 1976)이었다. 그들은 1956년에 GPS(General

Problem Solver)를 제안하였다. GPS는 기호논리학의 원리를 증명하기 위한 것으로 체스나 퍼즐을 푸는 것을 목적으로 하며 이것을 이용하여 인간 지능의 진수라고 생각되는 규칙에 따른 기호 조작을 해명하였다. GPS는 기호가 없이는 어떠한 지능도 없다는 가설을 실증하는 것이었다. 이 A. Newell과 H. A. Simon의 사고방식은 인공지능의 원점이 되었다.

인공지능은 「지식을 획득하는 능력」을 컴퓨터를 이용하여 실현하는 정보 시스템이라고 생각할 수 있다. 컴퓨터는 수치 계산 처리와 마찬가지로 기호 처리에 특화된 정보 처리 시스템이다. 이 기호 처리에 의하여 단순한 문자열 조작에 지나지 않는 명제의 표현과 그 연역추론(삼단논법)을 간단히 처리할 수 있다. 이러한 점에서 컴퓨터는 분명히 인공지능 시스템에 적합하다. 인간이 지식을 기호화하여 뇌에 기억시키는 메커니즘을 해명하고 그 지식과 외부 세계의 사실이라는 정보의 조합 방법을 탐색하는 프로그램을 작성한다면 컴퓨터를 한없이 인간의 뇌에 가깝게 만들 수 있다(上野 1985).

이러한 가설에 바탕을 둔 인공지능의 지식 모형은 크게 두 가지 요소로 구성된다.

하나는 지식의 획득과 표현을 위하여 지식을 구조화한 지식 베이스를 구축하는 일이며, 다른 하나는 문제 해결에 효율적인 정보와 지식의 조합 방법을 찾는 탐색 알고리즘을 만드는 일이다. 이를 위해서는 상식, 학습, 이해와 같은 지식의 해명이 필수적이다.

인간이 상식에 의하여 간단히 해결하고 있는 평범한 문제를 왜 로봇은 해결할 수 없는 것일까? 그 이유는 로봇에게는 상식이 없기 때문이라고 생각할 수 있다. 이러한 상식을 지식 베이스에 축적해둔다면 패턴을 이해하고 인간에 가까운 지능 로봇은 이론적으로는 실현 가능하다. 인간은 보거나 들은 것, 또는 행동한 것의 노하우나 경험을 기억하고 있다. 정리나 발견과 같은 지식을 기억하거나 경험이나 노하우와 같은 자신이 체험한 사실을 지식으로 사용될 수 있는 형태(개념화)로 바꾸어 기억할 수 있다. 이 학습 능력이 있음으로 해서 방대한 지식이나 상식과 같은 정보를 기억하고 새로운 사태가 발생해도 이를 이용하여 문제 해결이 가능하다. 즉, 문제 해결은 이해하는 것이며 이해란 입력에 대한 응답(출력)이다. 인간은 자기 자신의 경험에 기초하여 사물과 일을 이해한다. 이 세상의 일을 이해하려고 할 때, 그 사람이 갖고 있는 지식 구조의 차이에 따라 같은 입력에 대해서도 응답이 달라진다. 사람이 다르면 경험도 다르고 경험에 의하여 조직화되는 개념, 즉 지식이 달라진다. 역으로 지식을 공유한다면 동일한 입력에 대하여 같은 응답을 할 수 있게 되고 이해가 가능해진다. 인공지능의 지식 모형은 이러한 가설에 기초하여 구축되었다(大須賀 1986).

인공지능의 지식 모형은 1960년대까지 연역적 추론(삼단논법)을 사용한 탐색에 의한 추론에 문제 해결의 바탕을 두고 있었으므로 모두 이러한 탐색 알고리즘을 만드는 데 중점을 두었다. 이는 마치 퍼즐을 푸는 세계라고 할 수 있다. 종합적으로 볼 때 인공지능의 지식 모형에 대한 평가는 나쁘다. 이는 표정을 단순화하고 몇 가지 특징을 과장한 지능(인간의 뇌)의 초상화 같았기 때문이며 그 인지 모형은 기호와 기호의 조작만을 문제로 삼고 있었기 때문이다.

5. 지식 공학의 지식 모형

철학에서는 인간의 지성이란 무엇인가라는 문제를 「존재론(온톨로지)」으로 밝히고 있으며, 인공지능과 지식 공학의 연구에서는 인간의 지적 활동이란 무엇인가라는 문제를 「컴퓨터 프로그램」으로 밝히고 있다.

온톨로지는 인간의 존재를 그 지성에서 탐구하는 것이었다. 철학에서의 인간의 연구란 지성을 연구하는 것과 동일하다. 철학적 온톨로지는 근세에 와서 크게 두 가지 방향으로 갈라졌다. 하나는 데카르트·헤겔 등의 합리주의이며, 다른 하나는 로크·흄 등의 경험주의로 발전한다. 전자는 공리론적 접근방법이며 기호논리학으로 연결된다. 그리고 후자는 기술주의적 접근방법이며 절차 프로그램으로 이어진다.

20세기에 들어 인공지능, 지식 공학, 인지과학 등은 컴퓨터를 이용하여 철학과 동일하게 인간의 지성에 대하여 탐구한다. 인간의 지적 활동이 어떤 것인지를 다양한 인공지능 모형을 이용하여 컴퓨터상에서 시뮬레이션한다. 그 방법론의 원점에는 기호논리학과 절차 프로그램의 두 가지를 볼 수 있다.

5.1 재귀적 문제 해결

인공지능(AI: Artificial Intelligence)은 컴퓨터를 이용하여 인간의 지적 활동과 비슷한 것을 실현하려고 한다. 이것은 지식 연구에 있어서 인간의 지적 활동을 이해하는 모형을 제공하는 것이다. 이들 대부분의 지식 모형은 문제 해결 과정을 시뮬레이션한다.

문제 해결의 원리는 재귀적(recursive) 과정이다. 인간에게는 개별적인 문제 해결의 경험이 있다. 그 다양한 경험을 일반화하고 구조화한다. 즉, 지식의 획득과 지식 베이스의 구축이다. 이는 후에 문제 해결에 도움을 주기 위한 지식이다. 또한 새로운 문제의 해결을 경험으로 새로운 지식을 동화시키거나 지식 베이스를 갱신해나간다. 이와 같이 문제 해결이란 문제를「안다와 나눈다」로 이분화하여 여러 번 문제 해결을 반복하는 재귀적 과정이다.

문제 해결의 입장에서 지식 모형을 생각하면 이는 질문에 올바르게 답하는 능력을 말한다. 이 목적을 달성하기 위한 지식은 질문영역의 사실의 성질과 그 관계를 기술한 것, 그리고 그 사실을 다루는 규칙으로 이루어진다. 인간은 지식을 가지고 있기 때문에 다른 사람의 질문의 의미를 이해하고 그 질문에 답할 수가 있다. 인간이 상식으로 간단히 해결하고 있는 문제를 로봇이 해결할 수 없는 이유는 로봇에게는 상식이 없기 때문이다.

이를 위해여서는 패턴을 이해하고 상식을 활용할 수 있는 지능 로봇이 필요하다. 즉, 인간이 갖고 있는 방대한 상식이라고 하는 지식을 지식 베이스로 축적함으로써 인간에 상당히 가까운 지능 로봇을 실현할 수 있다. 인간은 보고 들은 것, 또는 행동한 것에 대한 노하우나 경험을 기억하고 있다. 이론을 사용하지 않고 경험에 의하여 그 방법을 습득한다. 이것은 모든 경험을 기억하고 그것을 응용하는 인간의 학습 능력과 상식이나 직관의 성과인 것이다. 다른 사람이 찾아낸 것이나 정리 또는 발견과 같은 지식을 기억하거나 경험이나 노하우와 같은 것을 자신의 지식으로 이용할 수 있는 형태(개념화)로 바꾸어 기억할 수 있는 능력이 있다.

이 학습 능력이 있기 때문에 인간은 방대한 지식이나 상식과 같은 정보를 기억하고 새로운 사태가 발생해도 이를 이용하여 문제를 해결할 수 있다(石崎 1984).

5.2 전문가 시스템

인공지능의 지식 모형은 1960년대까지 연역적 추론(삼단논법)을 이용한 탐색 중심의 추론으로 문제 해결이 가능하다고 생각되었다. 따라서 이러한 탐색 알고리즘을 만드는 일에 중점을 두었다. 이것은 탐색 중심의 추론을 프로그래밍한 것에 지나지 않아서 지식이라 부를 만한 것은 아니었으며 프로그래밍 기법의 폭을 넓힌 것일 뿐이었다.

이에 대한 반성으로 지식 중심형 접근방법이 등장하였다. 그 최초의 것이 스탠포드대학 E. Feigenbaum의 DENDRAL이다. 이것은 질량 분석, 핵자기공명, 그리고 그 밖의 화학 분석 데이터를 입력하면 유기화합물의 분자구조를 식별한다. DENDRAL은 그때까지의 인공지능에 대한 연구를 바꾸었다. 그때까지 인공지능의 연구는 인간 사고의 폭넓은 일반법칙을 찾으려는 태도를 보였지만 DENDRAL의 성공으로 좁고 특수한 분야의 지식을 획득하여 조직화하고 이를 이용하려는 태도로 전환되었다(Minsky 1985).

사물을 이해하기 위해서는 우선 알아야 한다. 알기 위해서는 많은 것을 배워야 한다. 바로 이 지식의 획득이 인공지능의 중심적 과제가 되어 「지식 공학」이 탄생하였고 그 응용은 전문가 시스템이라 불리는 정보 시스템에 의하여 실용화되었다. 전문가 시스템이란 전문가가 가지고 있는 지식을 재생 가능한 지식으로 구조화한 것이며 지식을 공업력으로 변환할 수 있을 것으로 기대되었다.

5.3 알고리즈믹과 휴리스틱

인공지능을 포함하여 지금까지의 컴퓨터에 의한 정보 시스템은 실시간 및 온라인에 의한 대화 기능(인터랙티브)을 중시하였다. 이는 인간과 컴퓨터 가 서로 뛰어난 기능을 상호 간에 활용하기 위한 것이다. 즉, 인간은 사물과 일에 대한 반응도 임기응변식이며 문제 해결도 발견적이다. 이와는 달리 컴퓨터는 정해진 수순(프로그램)을 고속 및 기계적으로 처리할 뿐이다. 이 경우 발견적을 휴리스틱(Heuristic)이라 하며, 기계적을 알고리즈믹(Algo-rithmic)이라 할 수 있다.

기록 지식에는 형식지(形式知)와 암묵지(暗黙知)라는 것이 있다. 「암묵지」 란 주관적인 것으로 언어화 또는 형식화하기 어려우며 개인적 경험, 이미 지, 숙련된 기능, 문화, 풍토와 같은 것으로 나타난다. 이에 반하여 「형식지」 는 객관적으로 포착할 수 있으며 언어나 구조를 동반한다. 따라서 「형식지」 는 기록 알고리즘이 명확하므로 기록 정보라고 생각할 수 있다. 다만 엄밀 하게 해석하면 기록 정보라고 할 수는 없다. 지식 연구에 대한 지식의 본질적 영역은 「암묵지」인 것이다. 「암묵지」는 인간 개인의 스킬과 경험에 의존하는 것이며 「휴리스틱 지식」이라 할 수 있다. 이 형식지와 암묵지의 관계는 알고리즈믹과 휴리스틱으로 대비할 수 있다.

알고리즈믹은 프로그래밍화된 「계산 가능 지식」이며, 이것을 기술할 수 있는 프로그래밍 언어도 갖추고 있다. 한편 휴리스틱의 의미는 발견적이라고 번역되며, 형식화할 수 없고 임기응변으로 대처하는 문제 해결의 장에서 경험할 수 있는 것이다. 어떤 문제를 해결하는 경우, 해법의 지식 (Algorithmic)이 빈약하다면 체계적으로 해결할 수가 없다. 장인이나 전문가라면 경험에 의한 직감을 살릴 것이다. 이것이 「휴리스틱 지식」인 것이며 암묵지에 상당한다.

5.4 계산 가능 지식

철학에는 데카르트, 칸트, 헤겔에 의한 합리주의와, 로크의 「인간 지성론」, 흄의 「인성론」에 의한 경험주의가 있다. 이러한 흐름을 이어받아 인공지능 연구의 접근방법에는 기호논리학을 채용한 「공리적 접근방법」과 프로그램으로 모든 것을 실현하고자 하는 「기술주의적 접근방법」이 있다. 이들은 철학에서의 합리주의에 「공리적 접근방법」이, 그리고 경험주의에 「기술주의적 접근방법」이 대응된다(長尾 1992).

1960년대 후반에 등장한 MYCIN이나 DENDRAL 같은 전문가 시스템에서의 지식이란 의사 결정(decision making)을 위한 것이다. 의사 결정이란 어떤 사실의 집합이 주어졌을 때 이를 설명하는 가장 적절한 가설(hypothesis)을 결론으로 선택하는 문제 해결을 가리키며 사실로부터 결론에 도달하는 과정에서는 다양한 판단, 즉 추론(inference)을 하게 된다(中島 1985).

이러한 지식 공학에 의하여 「계산 가능 지식」이 명확히 밝혀졌다. 그것은 의사결정의 과정에 영향을 주는 계산 알고리즘이며 다음과 같은 세 종류로 나눌 수 있다(Hart 1992).

① 사실로서의 지식　　「~은 ~이다」 데이터베이스는 사실의 집합
② 판단으로서의 지식　　사실에 대한 판단규칙이나 판단절차의 집합
③ 추론에 관한 지식　　　추론을 위한 판단으로 지식을 적용하면서 사
　　　　　　　　　　　　실에서 출발해 결론에 도달하는 과정의 집합

이와 같이 「계산 가능 지식」은 논리 추론에 기반한 기호논리학을 근거로 하고 있는 것이 특징이다(斉藤 1979). 또한 「계산 가능 지식」은 기호 처리 수준(표층 구조)에 머무는 것이며 「기계의 지식 처리」라 할 수 있다(Winograd 1986). 따라서 어떤 방식으로든지 「인간의 지식 처리」는 인지 행위(심층 구조)를 다룰 필요가 있다.

5.5 지식의 종류

지식 공학에서의 지식 표현이란 문제 해결을 위한 문제의 기술 및 그것을 이용하는 지식을 컴퓨터가 실행 가능한 형태로 표현하는 것이다. 지식 모형의 구축을 위하여 고려되는 지식은 다음과 같다.

① 대상세계에 대한 지식
　　문제 영역의 지식이며 문제가 되는 세계의 대상 간의 관계와 대상
　　간에 성립하는 사실에 의하여 성립한다.
② 대상세계에서 성립하는 법칙이나 경험규칙
　　인공지능의 문제 해결은 지식을 기반으로 탐색하지만 지식 베이스
　　내부의 지식을 이용하여 맹목적으로 탐색하여도 탐색지(探索枝)의
　　폭발적인 증가를 불러일으킨다. 효율적인 탐색을 위해서 대상 세계에

서 성립하는 법칙이나 경험규칙을 이용한다.

③ 메타 지식

인간은 문제를 해결할 때 메타 지식이라는 지식에 대한 지식을 이용
한다. 이것은 그 문제를 해결하는 데 어떤 지식이 필요한가에 대한
지식에 대한 지식이다. 예컨대 지식의 제어에 관한 지식(프로그램),
지식의 구조에 관한 지식(지식 모형), 지식의 출처, 출전에 관한 지식(백
과사전), 지식의 표현방법에 관한 지식(문법) 등이 있다.

지식 공학의 지식 모형은 계산 알고리즘이 처리할 수 있는 모의적인
지식 세계를 미리 정의해둔다. 그 지식 모형을 뒷받침하는 기본 원리는
술어 논리이다. 다만 술어 논리로는 복잡한 대상의 표현에 한계가 있으므로
확률 추론, 시상(時相) 논리, 양상 논리 등도 사용하게 되었다. 다양한 지식
모형이 제안되었지만 대표적인 것으로 의미 네트워크, 프레임, 스크립트,
생성규칙 등이 있다. 이들은 다음과 같이 크게 두 가지로 나눌 수 있다(大須
賀 1986; Dillon 2000).

① 룰 모형(rule-based model)

이것은 지식이란 룰(규칙)의 집합에 의하여 표현할 수 있다고 본다.
그 룰은 선언형 지식(declarative knowledge)이라고도 불리며, 「만약
~라면」과 같은 룰로 형식화되기 때문에 룰을 술어 논리에 대응시키
기가 쉽다. 이것을 이용하여 시험적으로 제작된 것을 프로덕션 시스
템이라고 부른다. 이 시스템에서는 룰 베이스와 데이터베이스의 두
가지에 의하여 지식 베이스가 구축된다. 또한 선언형 지식에 대하여
절차형 지식(procedural knowledge)이라는 구분 방법도 있으며 이것은
플로차트와 같이 도해된다(Ashford 1997).

② 프레임 모형(frame model)

이 모형으로 유명한 것으로 Minsky(Minsky 1975)의 프레임 이론이 있다. 프레임은 영화의 한 프레임과 같이 정보를 구조화하고 지식으로서 두뇌 속에 기억된다. 프레임은 기억 틀의 하나라고 할 수 있다. 정보의 단위를 너무 작게 구조화하면 조금 복잡한 문제를 해결하는 데 시간이 너무 걸리게 된다. 그렇다고 큰 단위로 구조화하면 상세한 기술이 불가능하다. 프레임은 그보다 단위가 작은 슬롯을 가지고 있어서 의미 네트워크(semantic network)(Minsky 1985)를 구성한다. 슬롯에는 개개의 부분 지식이 기술되어 있다. 그 전형적인 기술을 디폴트값이라 부른다. 슬롯 기구에서는 지식 검색을 하고 기존의 지식을 바탕으로 대응하는 슬롯을 찾는다.

프레임은 개인이 지식을 보는 방법이라고도 할 수 있다. 이는 영상을 파악하는 것과 유사하게 감성적인 것이기 때문에 감성변수의 조합으로 나타낸다.

예컨대 '비행기'를 생각해보자. 이는 물체(a), 난다(b), 날개(c), 하늘(d)이라고 하는 감성변수에 의하여,

Frame(a, b, c, d)

라고 하는 개념이 구성된다면 이를 실현할 수 있는 함수,

Frame(x, y, z, w)

라는 도식이 지식 베이스에 들어 있게 된다. 이 함수는 감성 변수가 프레임을 형성하게 되므로 예컨대 다음과 같이 재귀적으로 구성되어 복잡한 도식

을 계층적으로 조립하게 된다.

Frame (x, Frame(x´, y´), z, w)

이와 같은 서브프레임을 슬롯이라고 부른다. 프레임 모형에서 지식은 주제 단위로 도식화되며 의미 네트워크로서 지식 베이스에 축적된다 (Clancey 1985).

6. 인지과학의 지식 모형

인지과학(Cognitive Science)이라는 말은 1977년에 출판된 미국의 잡지 *Cognitive Science*(Collinse 1969)의 제목으로 처음 사용되었다. 이미 이와 비슷한 학제적 공동 연구는 인지심리학자, 인공지능 연구자, 언어학자 등을 중심으로 이루어지고 있었다. 이것이 인지과학으로 재구축된 것은 컴퓨터의 응용에 기인한다고 할 수 있다(淵 1983).

인지과학은 마음의 표현의 내용, 구조, 기능, 발달에 관한 인간 연구이다. 따라서 주로 언어학, 인공지능, 심리학으로 구성된다. 인지과학에서의 지식 모형과 그 연구는 지각, 인지, 개념화, 이해, 사고, 언어의 역할 등과 같이 현상을 쫓는 접근방법에 그 특색이 있다.

6.1 행동주의 모형과 인지주의 모형

인지의 연구에서는 인지심리학이나 교육공학에서의 학습 이론이 선행되고 있다. 이 분야에서는 B. F. Skinner의 행동주의 모형과 J. Piaget의 인지주의 모형이 논의된다(管井勝男 1988).

행동주의 모형에서 인간은 객관적인 세계, 즉 사실이나 데이터의 세계에 살고 있으며 누구에게나 성립하는 일반법칙을 찾는다. 게다가 자극이나 반응 또는 강화와 같은 절대적인 개념 장치를 이용하여 학습한다. 한편 인지주의 모형에서 인간은 표현계(表現系)에서 나타나는 것과 같이 주관적인 세계, 즉 개인적으로 어떤 일을 경험하고 느끼고 지각하며 사고하는 세계에 살고 있다. 따라서 공통되는 일반법칙으로 설명할 수 없는 부분이 존재한다. 또한 인지나 이해, 「안다」, 사고, 지식과 같이 극히 상대적인 개념 장치가 이용된다. 인지과학은 그 네트워크 속에서 다루어진다. 양자의 차이는 온톨로지 알고리즘의 연구 방향에 시사적인 것이다.

　현재의 지식 연구는 행동주의 모형적 수준에 있으며 그것을 인지주의 모형적 수준으로 가져가는 것이 과제로 남아 있다. 참고로 양자의 차이를 다음과 같이 정리하였다.

	행동주의 모형	인지주의 모형
대상	행동, 행위	의식, 자기각성
인간행동	예측 가능	예측 불가능
인간이란	정보 전달 매체	정보 생성체
실재성의 기초	객관적 물질적 사회	체험적 주관적 세계
개인	다른 사람과 동일한 법칙으로 지배된다	특유한 것으로 전체가 공유하는 법칙에 의하여 분류된다
인간의 기술(記述)	절대적인 말	상대적인 말
인간적 특징	단독으로 연구	전체로서 상호 의존
인간의 이해	과학적, 논리적, 경험적	어느 정도까지 이해할 수 있다

6.2 이해의 수준

인간은 자기 자신의 경험을 바탕으로 사물을 이해한다. 세상일을 이해하려고 할 때 그 사람이 갖는 지식 구조의 차이로 같은 입력에 대해서도 응답이 달라진다. 사람이 다르면 경험도 달라지고 경험에 의하여 구조화되는 개념, 즉 지식이 달라진다. 역으로 지식을 공유하면 같은 입력에 대하여 같은 응답을 할 수가 있다. 즉, 이해가 가능해진다. 이해에는 서로 다른 수준이 존재한다.

① 의미의 이해 수준   패턴 이해 시스템의 수준
② 인지적 이해 수준   마음의 해명
③ 감정적 이해 수준   희로애락과 같은 감정을 공유하는 것

인간은 같은 환경 아래에서 동일한 경험을 하며 생활하였다면 두뇌나 타고난 유전적인 차이는 차치하더라도 완전히 같은 지식을 가질지도 모른다. 감정을 갖지 않는 컴퓨터로는 다음과 같은 점은 실현할 수 없다.

① 경험을 바탕으로 학습하거나 변화한다.
② 현재의 경험을 과거의 경험에 지적으로 연관시킨다. 즉, 쓸모 있는 비교나 중요하고 흥미 깊은 관계를 추출한다.
③ 스스로 새로운 정보를 만든다. 경험을 근거로 자신의 결론을 도출한다.
④ 설명한다. 왜 그렇게 연관시켰는가, 결론에 도달하기 위하여 거친 사고과정을 설명한다.

6.3 인지 모형

인지란 눈이나 귀 같은 감각기관을 통하여 입력된 외부의 데이터가 어떤 처리를 통하여 의식 수준까지 올라온 결과의 의식적 체험을 가리킨다. 인지에는 인지의 대상이 있으며 그것을 입력으로 하는 정보의 흐름이 있다. 또한 인지는 사고하고 추론하는 인간의 능력이라고 생각할 수 있다(Goldstein 1978).

이는 인간이 어떤 식으로 사고하고, 추론하고, 문제를 해결하는가에 대한 것이다. 이와 같이 인간을 생각하는 기계로 보고 그 입출력의 관계를 연구함으로써 인간의 의식, 기억, 학습, 추론의 기구를 해명할 수가 있다.

인공지능의 연구는 이러한 입장에서 접근하며 인지과학과 매우 유사하다. 인지심리학, 언어학을 기초로 계산기 과학의 입장에서 인간 행동의 기구나 「앎」의 구조를 해명하기 때문이다.

예컨대 다음과 같은 사고방식이다. 「인지」는 「인지 모형」과 「인지 패턴」으로 구성된다(友野 2001).

① 「인지 모형」 세계를 어떻게 파악할 것인가 하는 「개념 모형」
② 「인지 패턴」 문제 해결이나 인지를 위하여 반복 사용하는 템플릿

6.4 멘탈 모형

사람은 끊임없이 밀려오는 정보의 파도에 「의미」를 부여하기 위하여 사고나 세계관에 대하여 심상(인지 모형)을 형성한다.

그리고 「마음의 아키텍처」나 「마음의 이론」과 같은 멘탈 모형을 평가하게 된다. 이 모형은 「조직화」, 「구조화」, 「파악하기」 위한 것이다. 즉, 인지 모형은 사람이 「환경」을 「개념적」으로 「모델링」하는 것이다.

인지 모형에는 「도메인」, 「프레임워크」, 「인지 지도」, 「패턴」이 있다. 예컨대 「인지 지도(Cognitive Map)」는 「길 찾기」와 「문제 해결의 길」을 위하여 이용된다. 지도로 만듦으로써 환경을 표현하고, 환경(지도에 그려진 환경) 위에서 이동할 수 있다.

지도는 랜드 마크, 패스, 방향, 개관(조감에 의한 대국적인 추론)에 의한 문제 해결의 길을 제시해준다. 이 인지 모형을 「온톨로지 알고리즘」으로 치환할 수 있다.

6.5 표현의 과학

표현에는 내부표현과 외부표현이 있다. 내부표현이란 실제로 인간이 마음속에 만들어 둔 지식 모형을 말한다. 이것을 만들기 위하여 인간은 외부로부터 정보를 얻고 이를 여러 가지 형태로 처리하고 있다고 생각된다. 이 정보의 원천은 자연언어의 메시지일 수도 있고 완전히 비언어적인 것일 수도 있다.

세계의 외부표현으로서의 지식이 어떤 과정을 거쳐 획득되고 어떤 방법으로 심벌화·추상화되며 또 어떤 식으로 구조화·조직화되어 기억으로 저장되는가를 찾는 것은 인지과학의 큰 과제이다.

인지과학의 접근방법은 전체가 부분에 의하여 어떻게 조립되어 있는가를 고찰하는 것이며 이를 위해서는 지나치게 단순화시키는 한이 있더라도 일단 모형을 만들어보는 것이 필요하다. 이를 통하여 지식의 외부표현의 기본형을 만들려고 하면 아무래도 자연언어로 된 글에 대응하는 명제적인 의미 부분이 가장 구성하기 쉽다. 또한 이 부분이 글의 의미의 중심 부분을 이룬다는 것도 틀림없을 것이다. 지식의 외부표현에 대한 연구에서는 우선 명제적 의미를 들 수 있다. 이러한 표현에 주목한 인지과학을 「표현(Representation)의 과학」이라 한다(下嶋 1998).

「표현의 과학」의 지식 모형은 다양한 그림이나 그래프, 입체 모형, 그리고 여러 가지 언어에 의한 기술 등과 같은 지식의 외적 표현(기록 지식)이 효과적인지 여부에 따라 구축된다. 즉, 표현의 종류와 표현되는 정보 사이의 「상성(相性)」을 연구한다.

「표현」이란 문장, 신문의 일기도, 텔레비전의 영상, 건물의 미니어처 모형과 같이 정보의 운반을 그 기능으로 하는 오브젝트나 사건이다. 정보는 이러한 표현이 의미하고 있는 그 어떤 것이다.

「표현의 과학」의 제창자 중 한 사람인 下嶋篤(Shimojima 2001)은 표현의 품질이 장래의 생활이나 사회를 좌우한다고 하였다. 따라서 「표현을 설계하는 쪽」에서는 표현의 품질을 정확히 제어하기 위한 지침이 필요하게 된다. 이러한 지침은 예전에는 통계 데이터 표시법의 세계에 속하였지만 최근에는 웹 디자인이나 비즈니스 프레젠테이션의 세계에서 요구되고 있다. 앞으로는 더욱 큰 규모로, 그것도 체계적인 연구에 바탕을 두고 요구될 것이다. 또한 「표현을 받아들이는 쪽」은 자신이 접하고 있는 표현의 장점과 단점에 대한 정확한 지식이 필요하다. 예컨대 표현의 소비자가 생산자의 의도에 의해서만 제어되지 않고 역으로 표현을 제어하고 적절한 지식을 적절한 상황에서 추출하기 위하여 필요하다. 그리고 표현의 생산자와 소비자를 묶는 「표현의 주고받음」, 즉 커뮤니케이션의 다이내믹스에 대한 정확한 이해도 빼놓을 수 없다.

「표현의 과학」에서는 다음과 같은 기초연구가 필요하다(下嶋 1998).

① 논리학　　　　응용 모형론, 상황 이론, 채널 이론
② 철학　　　　　마음의 자연화, 인식론
③ 언어학　　　　담화 의미론, 어용론, 회화 분석
④ 인지심리학　　외화(外化), 분산인지(分散認知)
⑤ 인공지능　　　도적(図的) 추론

⑥ 인터페이스 시각적 인터페이스, 대화 에이전트

시각을 달리하면 「표현의 과학」은 기호론의 시험이며 인간과 표현의
관계를 전문적으로 연구하는 커뮤니케이션 과학이라고 할 수 있을 것이다.

7. 소프트웨어 공학의 지식 모형

소프트웨어 공학에는 지식 공학도 포함되지만 여기서는 시스템 설계와
개발에 관한 소프트웨어 기술로 제한하도록 하자. 그곳에서는 지식을 어떤
식으로 파악하는 것일까? 이 경우의 지식이란 CASE(Computer-Aided Soft-
ware Engineering), 요구 정의에서의 개념 설계 혹은 오브젝트 지향 설계에서
볼 수 있는 소프트웨어 사고의 지식 모형으로 분명해진다.

7.1 데이터 의미론

우선, 데이터베이스 설계에서 데이터 의미론, 스키마와 서브스키마 등
데이터 모형이라고 하는 지식 모형이 확립되었다. 그리고 개념 설계나
오브젝트 지향 설계라고 부르는 요구 정의와 시스템 설계에는 소프트웨어
공학의 지식 모형이 등장한다.

데이터는 정보자원으로 관리되므로 개인의 사유물에서 벗어나 데이터
베이스로서 공유된다. 컴퓨터에서 데이터의 의미 해석은 원래 이것을 사용
하는 개인 또는 프로그램에 의존하도록 되어 있다. 여기 금액을 나타내는
두 가지 숫자가 있다고 하자. 이들은 덧셈을 하는 데 의미가 있다. 그러나
각각의 수가 신장과 연령을 나타낸다면 이들의 덧셈은 상식적으로는 무의
미한 것이다.

이와 같이 데이터를 정보자원, 즉 데이터베이스로서 공유하는 환경에서는 데이터가 갖는 의미를 명시적으로 표현하여 데이터의 의미 해석을 명확히 할 필요가 있다.

그렇다면 데이터와 그 의미에 대하여 생각해보자. 예컨대 다음과 같은 데이터를 참고해보자.

9509001吉元浩二정보제공과 데이터베이스QBC사19934534015232

이 데이터는 이 상태로는 단순한 숫자와 문자로 이루어진 스트링(문자열)에 지나지 않지만, 정보 관리 전문가라면 지금까지의 경험으로 여섯 개 데이터의 집합이 아닐까 하고 상상할 수 있을 것이다. 즉,「吉元浩二」라고 하는 것은 저자명인 듯하고,「정보제공 ……」이라는 것은 서명일 것이라고 판단한다. 이와 같이 데이터에 틀(범주)을 부여하고 그 의미를 정의하는 것이 항목(아이템 또는 필드)이다. 이를 데이터로 보면 대상의 데이터와 구별해야 하는 경우가 있으므로「메타 데이터」라고 부른다. 이 예에 전술한 틀과 항목을 부여해보면 데이터 속성이 다음과 같이 명확해진다.

입수번호	9509001
저자명	吉元浩二
서명	정보제공과 데이터베이스
출판사	QBC사
발행연도	1993
ISBN	4534015232

7.2 레코드와 파일

전술한 예에서는 틀이 되는 항목 그 자체에는 실체가 없지만 9509001과 같은 실체가 할당된다. 이것을 항목의 실현치(속성치)라고 한다.

이 예에서는 여섯 개의 실현치가 모여서 전체로서 하나의 데이터를 구성하고 있다고 이해할 수 있을 것이다. 이렇게 모인 데이터 집합이 문헌을 나타내는 레코드가 된다. 말하자면 레코드란 컴퓨터가 처리하는 하나의 데이터 단위이다. 이에 반하여 항목의 실현치는 그 이상 나눌 수 없는 데이터의 최소 단위라고 생각할 수 있다. 하나의 항목밖에 없는 경우에는 그 항목의 실현치가 레코드가 된다. 그리고 레코드가 여러 개 모인 것을 파일이라고 한다.

7.3 데이터 모형과 스키마

데이터베이스에 축적하려고 하는 정보의 파악 방법을 「데이터 모형」이라고 한다. 데이터 모형은 실세계의 정보를 가능한 한 자연의 형태로 추상화해서 데이터베이스의 세계로 사상(寫象)시키기 위한 모형이다. 말하자면 정보 구조를 추상화한 기호 모형을 말한다. 데이터베이스는 물리적으로는 기억된 데이터의 집합에 지나지 않으므로 이용자는 직접 이 물리적인 파일에 접근하는 것이 아니라 실세계의 정보 구조에 가까운 「데이터 구조」로 보이게 한다. 따라서 이에 접근할 수 있도록 이용자와 데이터베이스의 사이에는 「데이터 모형」을 둘 필요가 있다. 이 모형을 표현하는 방법에는 여러 가지가 있으나 나무구조(계층형), 관계구조(표형), 망구조(망형)의 세 종류의 모형이 일반적이며 각각 데이터베이스 구조에 대응된다.

실세계의 정보 구조를 「데이터 모형」을 이용하여 데이터베이스의 세계로 추상화시키는 것을 데이터베이스의 논리 설계라고 한다. 예컨대 도서

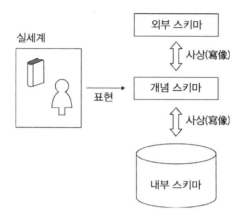

<그림 6-3> 데이터베이스의 개념 스키마

문헌의 정보 구조는 관계(표)형의 데이터 모형을 사용함으로써 저자명, 표제, 출판사를 데이터 항목으로 한 「표(테이블)」로 표현할 수 있다. 데이터 모형이 실세계의 정보 구조를 추상화하는 모형임에 반하여, 이 데이터 모형에 의하여 추상화된 결과를 데이터베이스에 정의한 것을 「스키마 (Schema)」라고 부른다. 스키마는 「세마」로서 철학자 칸트가 사용한 지식 구조를 의미하는 것과 동일한 것이다. 칸트는 스키마의 개념을 인간정신이 감각을 전하는 정보를 받아 그것을 지식으로 바꾸는 과정의 일부라고 하였 다(Campbell 1989).

　칸트는 인간은 실체의 범주, 원인과 결과, 통일과 총체성, 부정 등 12가지 의 개념에 따라 세계를 이해하고 해석한다고 하며, 감각이 받아들인 것을 범주에 할당하는 규칙을 「스키마(세마)」라 하였다.

　그런데 데이터베이스의 스키마는 <그림 6-3>에서 보듯이 데이터베이 스를 이용하는 입장에 있는 사람의 이용 관점(뷰)에 의하여 규정되는 외부 스키마(논리 구조)와, 데이터베이스를 어떻게 하면 파일 장치상에 구축할 수 있을 것인가 하는 물리적 구조를 규정하는 내부 스키마(물리 구조)로 구성된다. 간단히 말하면 외부 스키마와 내부 스키마의 관계란 외부 스키마가 데이터의 논리적인 속성의 기술이라면 내부 스키마는 하드웨어에 의존하는 물리적인 기술이라 할 수 있다. 또한 전술한 「뷰」에 의하여 결정되는 이용자 고유의 스키마를 「서브스키마」라고 한다.

7.4 오브젝트

오브젝트란 「대상」이라고 번역되는 경우가 많지만 실제로는 「사물」을 가리키는 말이다. 인간은 수많은 「사물」을 통하여 외부 세계를 이해한다. 오브젝트란 인간이 인식하는 대상을 가리키는 것이다.

오브젝트 지향이란 우리가 살고 있는 실세계를 있는 그대로의 모습으로 컴퓨터의 세계에서 모형화하려고 하는 것이다. 세계의 현상을 자연스런 형태로 컴퓨터의 세계에 반영함으로써 컴퓨터에서의 모형을 인간이 갖는 사고와 일치시켜 더욱 창조적인 일을 할 수 있도록 하자는 의식이 깔려 있다. 이러한 추상적인 지각을 프로그래밍 기법에 도입하여 실현 가능하도록 한 것이 오브젝트 지향 프로그래밍이며, 인간과 컴퓨터 사이에 존재하는 표현의 차이를 메워 줄 것으로 기대되었다.

1990년대가 되어 오브젝트 지향 패러다임을 정보과학의 다양한 영역에 도입하려는 조짐이 급격히 높아졌다.

오브젝트 지향을 위해서는 개념 모형의 사고방식(온톨로지 알고리즘)이 필수적이다. 개념 모형(conceptual model)은 요구를 정의하기 위한 기법이며 이 경우의 모형이란 이용자 요구의 구조를 일컫는다(片岡 1988).

개념 모형의 목적은 이용자의 세계를 설계하는 것이라 할 수 있다. 이용자의 세계에서 어떤 정보 처리(지식 행위, 정보의 획득 행위)가 행해지고 있으며 어떻게 행해져야 하는가를 모형화한다.

가장 우선적으로 개념의 인식이 중요한 과제이다. 개념은 말로 정의된다.

그리고 개념은 「오브젝트」와 「오퍼레이션」으로 구성된다. 오브젝트와 오퍼레이션을 정의하기 위해서는 말을 바르게 사용하지 않으면 안 된다. 모호한 말을 사용하면 정의 자체가 모호해지기 때문이다.

따라서 개념 모형에는 정의 원리가 준비되어 있다. 정의는 관계자가 공통으로 이해할 수 있는 말로 기술되어야 한다. 자기 마음대로 말을 사용해서는 안 된다. 또한 상식적으로 받아들이기 힘든 정의를 해서는 안 된다. 정의에는 대상과 동등의 의미를 갖는 말을 사용해서는 안 된다. 예컨대 장표(帳票)란 일상의 업무 처리 작업에 사용되는 장표를 말한다와 같은 정의는 회귀적(토톨로지)이기 때문에 피해야 한다. 그리고 정의에는 모호한, 다의적인, 비유적인 말을 사용해서는 안 된다. 또한 말로 표현되는 개념은 내포와 외연을 갖는다는 것을 배려해야 한다.

이러한 정의 원리는 바로 온톨로지 알고리즘 그 자체라고 할 수 있다.

7.5 오브젝트 지향 설계

오브젝트 지향은 세 가지의 주요 개념과 일곱 가지의 기본 개념을 이해하는 것으로 시작된다. 그것은 오브젝트, 메시지, 클래스라고 하는 주요 개념과 메소드, 서브클래스, 인스턴스, 인헤리턴스, 캡슐화, 폴리모피즘이라고 하는 기본 개념이다.

우선 기본 요소가 되는 것은 다음과 같은 것이 있다.

① 클래스
② 인헤리턴스
③ 메시지

오브젝트는 "외부에서 메시지를 수신하고 메시지에 대응하여 동작(응답)

을 하는 것"이다. 오브젝트는 그 오브젝트 고유의 정보(데이터)와 그 데이터의 조작방법이 쓰여 있는 소위 절차(메소드)가 일체화되어 있으며, 각각의 오브젝트는 자신이 할 수 있는 조작 방법을 알고 있다.

오브젝트는 데이터와 처리 절차가 일체화된 구조를 갖고 있으므로 오브젝트 자신이 능동적인 형태를 띠고 있으며 프로그램을 자연스럽고 있는 그대로의 감각으로 반영하여 기술할 수 있다는 특징이 있다. 오브젝트의 내부 조작을 기동하기 위해서는 오브젝트에 메시지를 보내면 메소드가 이것을 받아 처리한다.

7.5.1 클래스

클래스란 어떤 공통된 성질을 갖는 것이 하나로 모인 그룹을 일컫는 말이다. 이것은 오브젝트의 집합이지만 분류되어 있다. 이 클래스에 분류되어 속하여 있는 오브젝트를 인스턴스라고 한다.

예컨대, 캔디가 들어 있는 상자를 생각해보자. 「상자」가 클래스이며 안에 들어 있는 몇 개의 캔디가 인스턴스에 상당한다. 상자는 외부의 물건과 구별하기 위한 단순한 「형(型)」이며 사람에게 「단 것이 먹고 싶다」라는 욕구가 생겼을 때 실제로 그 요구를 만족시키기 위한 활동을 하는 것은 캔디의 형이 된다. 인스턴스의 성질(데이터 구조), 동작(데이터에 대한 조작)은 클래스에 규정된다.

<그림 6-4>의 클래스를 하나의 단위로 보면 그 사이에는 계층 관계가 성립하며 상위 클래스와 하위 클래스가 존재한다. 가장 하위의 클래스에서 상위를 보면 그것이 상위 클래스(슈퍼 클래스)이며, 더욱 위를 보게 되면 그것이 다시 슈퍼 클래스가 된다. 슈퍼 클래스를 따라 가면 마지막에는 오브젝트(Object)라는 이름의 슈퍼 클래스에 닿게 된다.

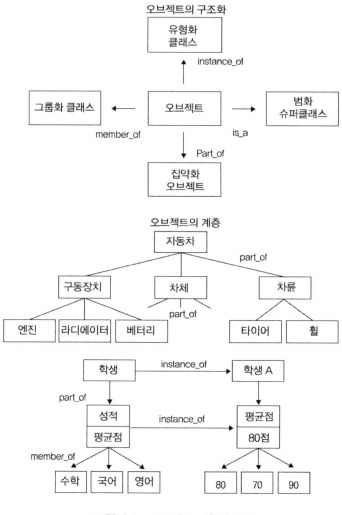

<그림 6-4> 오브젝트 지향의 도해

7.5.2 상속

상속(inheritance)은 원래는 유전학의 용어이며 부모의 체질이나 성격이
자식에게 전해지는 것을 의미하지만 오브젝트 지향 설계에서도 사용되고

있다.

인간이 만들어내는 것(지식과 정보를 포함하여) 중 대부분은 과거에 존재하던 것을 개조하거나 조합한 것이다. 전자는 개조의 기반이 된 것의 성질을 상속하고 있다. 후자는 조합을 구성하는 복수 요소의 성질을 다중 상속하고 있다. 상속과 다중 상속은 인간이 인식하는 대상이 만들어져 온 과정과 역사 그리고 그 구성을 생각할 때 언제나 의식화되어온 것에 지나지 않는다. 그리고 개념이라는 형태로 정리된 「지식」의 재이용을 의미하고 있다. 상속의 기능은 지식의 재이용 기구라고 할 수 있다.

구체적인 예를 들어 생각해보자. 하나의 개념으로 규정된 클래스는 일반적으로 다양한 성질(복수의 내포)을 갖고 있다. 「라디오카세트」는 「라디오」와 「카세트테이프 플레이어」를 일체화한 것이므로 「라디오카세트」는 「라디오」의 성질과 「카세트테이프 플레이어」의 성질 양쪽을 모두 갖고 있다. 즉, 「라디오카세트」에게 있어서는 「라디오」와 「카세트테이프 플레이어」 양쪽이 모두 부모이며 양쪽의 성질을 상속하고 있다. 이러한 복수의 부모의 성질을 상속받는 것을 「다중 상속(multiple inheritance)」이라 한다.

오브젝트 지향 설계에서는 상속 기능이 이용되고 있다. 이때 클래스를 하나의 단위로서 보면 그 사이에는 계층 관계가 성립하며 상위 클래스와 하위 클래스가 존재한다. 가장 하위의 클래스에서 상위를 보면 그것이 상위 클래스(슈퍼 클래스)이며 더욱 상위를 보면 그것이 다시 슈퍼 클래스가 된다. 슈퍼 클래스를 따라 가면 마지막에는 「오브젝트」라는 이름의 슈퍼 클래스에 도달한다. 이것은 어떤 하위 클래스에서 보아도 마찬가지이다. 이러한 클래스의 계층화는 프로그래밍에서 상속 기능을 가능하게 하며 효율화를 꾀할 수 있게 된다.

이러한 상속 기능에 의하여 하위 클래스는 상위 클래스에서 정의된 데이터구조나 메소드를 사용할 수 있다. 즉, 하위 클래스는 어떤 메시지에 대하여 처리하고 응답할 때 자신이 조작할 수 있는 내용에 한계를 갖고 있으며, 능력이 없는 경우에는 상위 클래스에서 이에 대응하는 조작을 전달받아 실행한다. 예컨대 어린이가 다른 사람에게서 무엇인가를 부탁받 았을 때, 스스로는 불가능한 것이라면 부모의 힘을 빌려 처리할 수 있는 것과 같다. 이 상속 기능 덕분에 프로그램은 중복된 정의를 할 필요가 없어졌고 공통된 프로그램을 생략할 수 있어 프로그램의 분량이 줄어든다.

그런데 인공지능에서의 지식 모형으로 프레임이 있는데, 이 사고방식과 오브젝트 지향은 유사하다. 둘 다 상속 기구를 갖추고 있지만 명칭이 다음 과 같이 다르다.

오브젝트   프레임
클래스   부모프레임
속성   슬롯
값   값
메소드   부가 술어

7.6 소프트웨어 사고

소프트웨어 공학에서의 지식 모형은 다음과 같은 소프트웨어 사고(思考) 가 반영된 것으로 후술하는 지식 지도를 이용하여 도해된다(Davis 1986).

① 알고리즘 사고
② 모듈 사고
③ 시스템 사고
④ 상태 사고
⑤ 메타 사고

① 알고리즘 사고

프로그램이나 절차를 중시하며 문제를 분할하여 해결하기 쉬운 작은 문제로 나눈다. 모든 것을 「예스, 노」로 답할 수 있는 기본 부분까지 분할한다. <그림 6-5A>의 「짜쉐이(雜碎)를 만드는 조리법의 절차」로 나타낼 수가 있다.

② 모듈 사고

편리한 알고리즘을 여러 개 구축하여 표준화하고 모듈(블랙박스)로 준비한다. 그것들을 블록 쌓기처럼 조합하여 사용한다. 오브젝트 지향은 이러한 사고의 전형적인 예다. <그림 6-5B>는 여러 가지 조리법 알고리즘을 준비하여 두고 공통된 입력이나 절차에 착안하여 서로 관련시키고 있다.

③ 시스템 사고

구조적 설계에서 이용되는 방법이며 모듈 사고를 대규모로 확대한 것이다. <그림 6-5C>는 식당의 일을 시스템으로서 이해한 것이다.

④ 상태 사고

양상(모드)을 중시하는 방법이다. 양상이란 그 순간의 상태를 의미하며, <그림 6-5D>에서는 시스템 1(통상의 식당)의 위치를 변경하면 간단히 다른 식당을 만들 수 있음을 나타내고 있다.

⑤ 메타 사고

프로그램을 입력하여 프로그램을 출력하는 방법이다. 보통은 데이터가 입력 대상이 되고 프로그램에 의하여 처리되어 정보라는 데이터가 출력된다. 그러나 이것은 프로그램이 프로그램을 입출력 처리하는 구조를 취하고 있다. <그림 6-5E>에서는 조리법이라는 요리 절차 프로그램을 입력하면 추가·삭제·변경과 같은 처리의 결과로 각각 갱신된 프로그램이 출력된다.

A: 알고리즘 사고

짜쉐이를 만드는 과정이 조리법으로 알고리즘화되어
요리사의 손으로 실행된다.

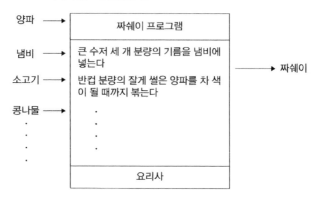

<그림 6-5> 소프트웨어 사고 (출전: Davis 1986)

B: 모듈 사고

각종 요리를 알고리즘화하고 공통의 입력이나
공통의 절차에 착안하여 서로 관련시킨다.

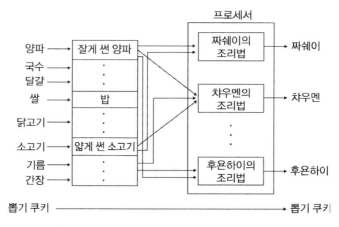

<그림 6-5> 소프트웨어 사고 (출전: Davis 1986)

C: 시스템 사고

식당의 일을 시스템으로 조직화한다. 메뉴와 운영형태는 일정.

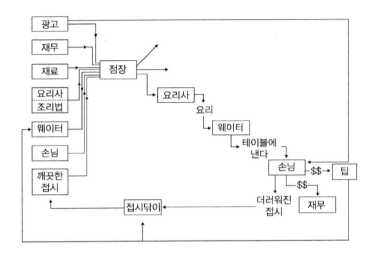

<그림 6-5> 소프트웨어 사고 (출전: Davis 1986)

D: 상태 사고

하부 시스템의 배치를 바꾸면 쉽게 다른 식당을 만들 수 있다.

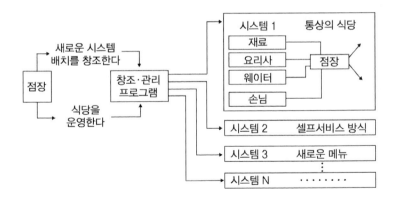

<그림 6-5> 소프트웨어 사고 (출전: Davis 1986)

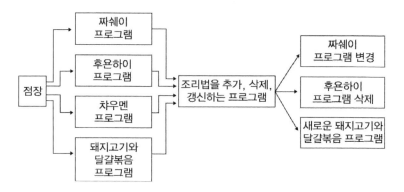

E: 메타 사고

조리법을 입력하여 추가, 삭제, 변경한다.

점장 → 짜쉐이 프로그램, 후온하이 프로그램, 챠우멘 프로그램, 돼지고기와 달걀볶음 프로그램 → 조리법을 추가, 삭제, 갱신하는 프로그램 → 짜쉐이 프로그램 변경, 후온하이 프로그램 삭제, 새로운 돼지고기와 달걀볶음 프로그램

<그림 6-5> 소프트웨어 사고 (출전: Davis 1986)

8. 지식 관리의 지식 모형

지식 공학은 지식을 공업화로 변환하는 것이라고 하였지만 지식 관리(野中 1990)는 지식을 경영 자원화하는 것이라 할 수 있을 것이다. 지식 관리의 지식 모형은 지식이라는 것을 「형식지」와 「암묵지」의 두 가지로 나누는 데 특징이 있다.

즉, 형식 언어로서 표현할 수 있는 「형식지(explicit knowledge)」와 개인적인 생각이나 가치와 같이 언어화하기 어려운 「암묵지(implicit knowledge)」로 구성된다. 이 두 가지 지식의 상호작용인 「다이내믹스」를 기업에서의 지식 창조의 열쇠로 생각한다. 그리고 「조직적 지식 창조」란 그러한 상호작용이 반복되어 일어나는 나선(螺線) 과정이다(野中 1995; Davenport 1998).

「암묵지」는 특정 상황에 관한 개인적인 지식이며 형식화하거나 다른 사람에게 전달하기가 어렵다. 「암묵지」에는 인지적인 측면과 기술적인 측면이 있다. 인지적인 측면에는 세계관, 신념, 관점 등이 포함되며, 기술적

인 측면에는 노하우, 기교, 기능 등이 포함된다. 한편 「형식지」는 형식적·논리적 언어에 의하여 전달된다. 예컨대 「암묵지」는 다음과 같은 것을 가리킨다(児玉 2000).

고로(高爐) 작업이라는 것은 15세기부터 1960년대까지 숙련공만이 아는 세계였다. 고로 상부에 철광석과 석탄을 넣으면 아래에 녹은 철이 나온다. 이것밖에 알지 못한다. 그 안에서 어떤 화학 변화가 일어나고 있는가는 아무도 알지 못한다. 숙련공이 흘러나오는 선철의 색을 보고 고로 내의 온도를 추정하고 얼굴에 비친 불빛으로 고로의 상황을 파악하였다.

이러한 상황이 센서와 컴퓨터에 의하여 정보 처리가 가능해지고 숙련공이 갖는 「지혜」의 일부 역시 데이터베이스화되어 고로의 컴퓨터 제어가 실현되었다. 이것은 「지혜」를 끄집어낸 것이라고도 할 수 있다. 지혜라고 하는 것은 비논리적인 개인 정보로 보았으며 개인의 행동을 좌우한다. 이것과 암묵지의 차이는 체계화되지 않는 요소를 포함한다는 데 있다(Yeh 2000).

「암묵지」와 「형식지」는 개인 지식과 공유 지식으로 대비된다. 개인 지식을 흡수하고 그것을 범용화하여 공유 지식으로 활용한다(Alavi 2001).

8.1 지식 관리의 나선 과정

지식 관리의 지식 모형은 다음과 같은 네 개의 나선 과정을 처리하는 온톨로지 알고리즘으로 생각해볼 수 있다.

① 공동화(Socialization): 암묵지에서 암묵지로
  이것은 「몸으로 안다」는 암묵지의 획득·축적·전수의 단계이다.
② 표출화(Externalization): 암묵지에서 형식지로

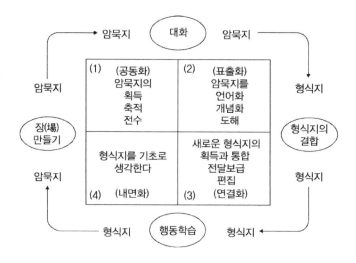

<그림 6-6> 암묵지와 형식지 (출전: 野中 1990)

이것은 암묵지를 언어화·개념화·도해화하는 단계이다.

③ 연결화(Combination): 형식지에서 형식지로

　이것은 새로운 형식지의 획득과 통합, 전달 보급 및 편집의 단계이다.

④ 내면화(Internalization): 형식지에서 암묵지로

　이것은 말이나 형식을 몸소 경험하여 얻는 단계이다.

이러한 나선 과정은 <그림 6-6>과 같이 ①→②→③→④, 그리고 다시 ①로 회전하여 그 사이에 이루어지는 대화, 형식지의 결합, 행동학습, 장(場) 만들기는 단계적으로 높아지며 온톨로지 알고리즘도 고도화된다.

8.2 암묵지와 메타포

지식 공학의 지식 모형은 주로 객관적인 지식을 술어 논리적으로 확립하

려고 노력해왔다. 즉, 지식의 기본적인 형태로서 「언어화된 지식(명제)」을 문제로 삼아 왔다. 그러나 문제로 삼아야 하는 것은 주관적 지식(암묵지)이 무엇인지에 대한 해명이다. 이 암묵지를 제창한 M. Polanyi는 다음과 같이 말하고 있다.

우리는 말하는 것 이상으로 많은 것을 알 수 있다. 우리는 어떤 사람의 얼굴을 다른 사람의 얼굴과 구별할 수 있다. 그럼에도 불구하고 어떻게 그렇게 구별할 수 있는가를 말하는 것은 어렵다(大塚 1987).

M. Polanyi에 의하면 인간은 경험을 능동적으로 형성·통합하는 개인의 주체적인 관여로 새로운 지식의 획득이 가능하다고 한다. 즉, 우리는 세부 사항이나 단서를 바탕으로 스스로 능동적으로 이들을 통합하여 어떤 의미(포괄적인 전체)를 획득한다. 이 말로 설명할 수 없는 지식이 암묵지이다. 간단히 말하자면 직감이나 영감에 의하여 얻은 의미와 발견을 가리키는 것이다. 예컨대 숲이란 무엇일까? 이는 형식지에서는 나무가 많이 있는 장소라고 정의된다. 그러나 암묵지에서는 나무들의 수나 간격, 하늘이나 지면과의 관계, 밝기 등 말로는 표현할 수 없는 양상으로 설명된다. 「숲」은 처음부터 그곳에 존재하고 있는 것이 아니다. 우리들이 능동적으로 나무나 밝기 등의 여러 세부 항목을 통합함으로써 「숲」이라고 하는 개념을 갖춘 공간을 그곳에서 발견하기 때문이다. 세부 항목과 포괄적 전체(comprehensive entity)의 관계는 그 자체로 완결되는 것이 아니라 무한하게 계속되는 층의 상태로 되어 있다. 세부 항목에만 신경을 쓰다 보면 포괄적 전체가 보이지 않게 된다. 흔히 말하는 「나무를 보고 숲을 보지 못하는」 일이 된다.

예   숲이란 무엇인가?

형식지	수목이 많이 있는 곳
암묵지	나무들의 수나 간격, 하늘이나 땅과의 관계, 밝기 등 말로는 나타낼 수 없다.

이와 같이 암묵지는 감성이나 체득에 극히 의존적이며 그 실체의 파악은 쉽지가 않다. 그 파악의 수단이라고 할 수 있는 것이 「메타포」이다. M. Polanyi가 「암묵지」라고 부르는 것 중 대부분은 「메타포」로 표현할 수 있다. 이 경우 메타포의 본질은 어떤 사물을 다른 사물에 연관시켜서 이해하고 경험하는 것이다. 메타포는 개념의 공통 속성을 분석 또는 통합에 의하여 파악하는 것이 아니라 상상이나 상징에 의하여 직감적으로 사물을 이해하는 지식 모형이라 생각된다.

인간은 개념의 형성적인 속성이 아니라 범주의 전형(프로토타입)으로 세계를 기술한다. 프로토타입은 스키마와 같은 것으로 지식을 증폭시키는 기억 구조라고 할 수 있다.

「작은 새란 무엇인가」　ｏ「붉은 가슴 울새」「참새」「사랑잉꼬」
　　　　　　　　　　　×「크기」「울음소리의 주파수」「골격」

프로토타입에 의한 인식은 일상에서 사용하는 자연언어로 한정되는 경우가 많으나 보다 추상적인 의미를 창조할 때는 메타포가 그 힘을 발휘한다.

「유리 같이 약하고 깨지기 쉬운 마음」
「아기를 달래듯이 부드럽게 흙으로 모양을 만든다」

메타포에 의하여 이미 획득된 암묵지가 기억으로부터 호출된다.

그런데 다양한 지식 모형이 제안되고 이것을 가설로 삼아 실증 연구가 이루어지고 있지만 어떠한 접근방법을 채택해도 지식의 해명에 있어서는 취약하다고 하겠다. 한마디로 요약하면 「장난감 퍼즐」이라고 할 수 있으며 이를 푸는 것이 실세계에까지 확대 응용될 수 있다고 착각하고 있다.

연구대상으로서 인간의 지식을 다루기 위해서는 Campbell이 말한 현세성(現世性)을 추구해야 할 것이다(Campbell 1989). 현세성이란 "뇌=정신"이 인류의 발생 이래 지구 환경 속에서 진화하여 살아오면서 생존하기 위하여 익힌 현실 처리 능력이다. 이것은 수학이나 논리학과는 본질적으로 다른, 인간의 역사에서 발생하고 인간의 역사를 배경으로 작용하는 "뇌=정신"이라는 잠재적 존재이다. 이에는 항상 역사적 및 사회적 문맥이 따라다닌다.

이와 비슷한 것을 후설(1859-1938)의 현상학 속에서도 찾아볼 수 있다. 후설은 철학의 원점 회귀주의자였다. 그는 위압적이지 않고 소박하고 일상적인 의식 작용(노에시스)에 관점을 두었다. 후설은 지식이란 것은 심적으로 확립되는 것이라고 하였다. 즉, 인간의 의식 속에 나타나는 확신이나 신념과 같은 것이다.

마지막으로 잊어서 안 되는 것은 중국과 그 영향을 받은 동양적인 지식 모형의 존재이다. 예컨대 장자와 노자의 사상을 고찰해보자. 플라톤은 말과 개념에 의하여 파악된 세계가 진실의 세계라고 하였으며 보고 듣는 세계는 가상의 세계라고 하였다. 모든 것은 하나에서 분화된 「사물」로 보고 진리를 확립하는 방법을 탐구한다. 이것이 바로 서양철학의 온톨로지 계보이다. 그러나 노자의 경우에는 이름 붙일 수도 없는 것, 즉 혼돈(카오스)이 태초에 존재하며 그것은 미래영겁에 걸쳐 계속 존재한다고 한다. 만물을 정의나 연역적 및 귀납적 증명에 의하여 합리화하는 것은 현세성(정신)이 취약하기 때문이라고 생각한다. 진리는 유동적인 세계에 존재하기 때문이다. 이와 같은 동양적인 온톨로지는 퍼지(fuzzy)적 지식 모형으로 이용된다.

일본적인 온톨로지도 생각해볼 필요가 있을 것이다. 데카르트적인 이원론은「주체와 객체」,「정신과 신체」,「정신과 물질」같은 대립적 구도를 특징으로 하며 이것이 과학적 방법론의 원점에 위치한다. 野中郁次郎(野中 1990)에 의하면 일본적인「지(知)」의 전통은「주객일체」,「심신일여(心身一如)」,「자타통일」과 같이 퍼지적이다. 그 영향으로 일본인은 개인적인 지(知)보다는 화(和, 조직)의 지식을 존중하고 공유지를 소중히 해왔다. 또한 말로 나타낼 수 없는 신체와 행위를 중시해왔다. 그리고 자연과의 상호작용 하에서 인간은 그 일부의 존재임을 강하게 의식하고 있다. 이와 같은 화(和)의 조직론이 지식 창조 기업 모형이 되어 일본 기업의 원동력으로 활용되어 왔다. 또한 일본적인 온톨로지는 더욱 확장되면 복잡계 모형을 세우는 데도 응용될 수 있다. 이는 구조화라고 하는 본래의 시스템론(조직론)을 정반합의 관점에서 해석하고 구조를 비선형적이며 복잡한 혼돈(카오스)적인 존재로 생각한다. 이 구조는 어떤 성질이 증가하거나 감소하면 붕괴하여 새로운 성질을 갖는다. 또한 조직 전체는 부분이 갖고 있지 않는 성질을 갖는다. 이것이 자기 조직화이며 그 자체도 진화하고 재귀적으로 자기 조직화를 한다. 따라서 조직은 복잡계에 속하며 그 미래를 예측하는 것은 불가능하다. 이는 예측 불가능한 것에 집착하기보다는 창조성의 중요성을 암시하고 있는 듯하다.

기록 지식이란 「분류의 작성과 활용 능력」이며 그 과정과 성과는 지식 지도로 그릴 수 있다. 지식 지도는 온톨로지 알고리즘을 그림으로 설명한 것이다. 지식 지도를 대규모로 만든 것이 분류 시스템이며 이는 분류를 계층구조에 의하여 그림으로 설명하고 시소러스는 용어의 의미를 네트워크 구조로 도해한 것이다.

문제를 이해할 수 없는 경우나 문제가 복잡한 경우에는 보통 그림을 그려 보게 된다. 문제집에서는 요점을 그림으로 설명하는 방법을 볼 수 있다. 그림으로 설명된 전체상을 바라보고 있으면 분명하게 그 주제의 구조와 의도가 나타난다. 방대한 말에 의한 표현도 「그림으로 그림」으로써 그 내용을 간결하게 전달할 수 있다. 그리고 이는 언어라고 하는 전달방법에 대한 「익숙함」을 깨고 설득력을 가진다. 도해는 사고 과정을 시각화한다. 도해는 문자 그대로 「그림을 이용해서 푼다」는 의미이다.

즉, 「그림의 특성」을 활용하여 주제를 설명하는 과정과 그 결과로 만들어지는 기록물을 의미한다.

K-Map이란 「그림의 특성」을 교묘히 살림으로써 주제 생성과 주제 분석의 과정을 명확히 드러내고 그 결과를 지식 지도로 출력한 것이다.

K-Map은 서지 암묵지의 온톨로지 알고리즘을 도해한 것으로 지식의 획득과 표현의 모형이다. 이 경우 모형이란 가설을 위한 추상화를 의미한다. 추상화란 두 가지 작용에 의하여 성립한다. 하나는 일반화·도식화라고 하는 도해이며 개념으로의 환원을 지원한다. 다른 하나는 이미지나 패턴, 즉 형태와 기하로의 환원을 나타낸다. 이 두 가지가 조합되어 지식의 체계화를 재현한다.

요약하면 「K-Map=지식 지도=지식 모형=추상화」와 같은 대응 관계가 된다.

1. 그림의 특성

西岡(西岡 1984)은 도해를 다이어그램(diagram)을 번역한 것으로 표(table), 도표(graph), 차트(chart), 도보(score), 설명도(illustration), 지도(map)를 총칭한 것이라 하였다. 그는 각각의 「그림의 특성」을 다음과 같이 정의하였다.

① 표(table)

도해의 가장 초보적인 것으로 이차원으로 데이터를 배치한 것이다. 명쾌한 구조이기 때문에 데이터를 읽어 내는 것도 간단하다. 수치나 사실을 열거하고 기초 데이터로서의 가치를 보존하면서 어떤 인과관계를 발견하려고 하며 정보의 시각적인 변환은 적지만 객관적인 인상을 갖는 서술방법으로 사물의 통계적인 측면을 추구하는 데에는 빼놓을 수 없는 양식이다. 따라서 표를 만드는 데 필요한 능력은 적절한 항목을 선정하는 일과 정확한 수치화 또는 언어화의 능력,

즉 분류 능력이다.

② 도표(graph)

수치를 선이나 면의 양으로 변환하여 그 비교와 추이를 시각적으로 강조하는 것으로 표와 비교하여 시각적인 변환도가 높다. 단점은 구체적인 이미지를 제공할 수 있지만 데이터 가치는 감소한다. 도표의 작성에는 그래프를 형성하는 축과 변수를 설정하는 능력, 즉 대상 속에서 변동하면서 전체의 다이내미즘을 결정하는 모습과 그것을 구조로서 보장하고 있는 요인을 분별하는 능력, 소위 분석적 사고 능력이 요구된다.

③ 차트(chart)

그림에 의한 식(図式). 사물의 관계를 회화적으로 배치하여 이해를 돕는다. 화면 전체에 「시간」이나 「절차」 또는 「계층」이라고 하는 큰 흐름이 설정되어 있다. 대표적인 것은 플로차트이다. 그 밖에 조직도, 공정표, 분류표, 가계도, 계통도, 작업 과정, 명령 계통 등이 있다. 차트의 작성은 그 전후와 상하의 관계, 대소·우열의 관계를 정확하게 도시하는 작업이므로 관련 사항을 구조로 파악하고 관계가 갖는 방향성을 동시에 발상하는 능력, 즉 시스템 엔지니어링적인 사고법이 필요하다.

④ 도보(score)

예컨대 음악의 오선보는 음악의 표현 내용이나 연주 기술을 시간의 진행에 따라 기술하고 있다. 이와 같이 도보는 현상의 변화를 도해하는 것이다. 도표가 그 변화의 「양」을 중심으로 기술하는 것에 비하여 도보는 그 변화의 「질」을 기술한다. 따라서 도보에서는 다양한 기호나 문자의 복합 작용에 의하여 「질을 기술하기」 위한 연구를 볼 수 있다.

⑤ 지도(map)

현실세계를 기술하는 능력의 최고봉이다. 실제적으로는 여러 가지

도해가 복합된 최고의 표현을 보여 준다. 도해 기법의 도해란 이 지도 또는 의사 지도를 의미한다.

1.1 지도(map)

인지과학이나 지식 공학 분야에서 다양한 지식 모형이 제안되었지만 그중 다수는 도해를 이용하고 있다. 전술한 「그림의 특성」에서 몇 가지를 조합하여 활용하고 있으나 그중 대다수는 지도(map)에 속한다고 할 수 있다. 지도는 현실세계의 여러 물체나 현상을 일정한 약속에 따라 축척하고 기호나 문자를 이용하여 평면상에 표현한 것이라고 할 수 있다. 지형도나 일기도가 그 전형적인 예다. 원래 지도의 목적은 공간을 표현하는 것이었다. 「공간」이라는 개념은 인간의 의식을 강력하게 지배하고 있다. 분명히 우리가 의식이나 사고에 대하여 이야기하는 말은 놀랄 만큼 공간적인 표현으로 가득 차 있다. 예컨대 다음과 같은 표현 속에서 볼 수 있다(西岡 1984).

학습의 영역, 학문의 분야, 기술의 범위
권력의 정점, 사회의 저변, 정계의 주변
정보의 자리매김, 인재의 배치변경
깊은 인식을 갖는다, 넓은 지식을 얻는다
다른 측면을 안다, 다른 반면을 본다
자리에 맞는 발언, 도리를 지키는 행동

이러한 글 속에 나타나는 범위, 주변, 배치, 넓은, 면, 행동 등과 같은 말은 공간의 범주에 포함되는 개념을 나타낸다.

그렇다면 왜 이렇게까지 「공간」이라는 것을 의식하는 것일까? 그 이유는

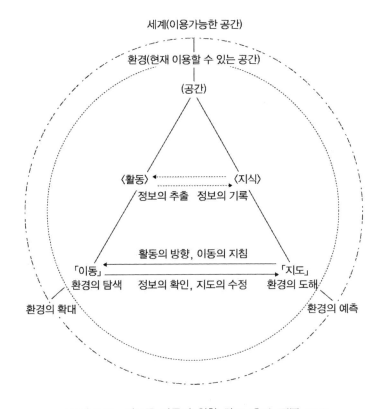

세계(이용가능한 공간)

환경(현재 이용할 수 있는 공간)

(공간)

〈활동〉 ┄┄┄┄→ 〈지식〉
정보의 추출　정보의 기록

활동의 방향, 이동의 지침

「이동」 ←──────────→ 「지도」
환경의 탐색　정보의 확인, 지도의 수정　환경의 도해

환경의 확대　　　　　　　　　　　　　　　환경의 예측

<그림 7-1> 지도를 만들기 위한 차트 (출전: 西岡 1984)

인간이라는 동물이 「이동」을 전제로 하고 있기 때문일 것이다.

동물은 식물과 달리 먹기 위해서도 잠을 자기 위해서도 이동하지 않으면
안 된다. 어떤 식으로든 공간과 이동을 결부시키는 지도가 필요하게 된다.
동물의 머릿속에는 본능적인 지도가 각인되어 있는지도 모른다.

지도는 이동을 위한 정보를 기록한다. 그 이동에서 얻어지는 공간의
새로운 정보는 지도를 확인하고 수정하기 위한 재료가 되며 그 수정된
지도가 새로운 이동의 지침이 된다.

이동은 동시에 지도 작성을 위한 정보탐색이며 또한 지도 작성은 그

이동의 계획 입안 활동을 수반한다. 이렇게 「이동」과 「지도」는 서로가 상대의 작업 목적과 결과라는 관계를 가지며 더욱 넓은 「공간」의 더욱 깊은 인식에 다가간다.

<그림 7-1>은 지도를 작성하는 가설을 도식화한 것이다. 공간, 이동, 지도의 트라이앵글을 그리고 「공간을 이동하는 활동」(정보검색)과 「지식화하는 지도」(정보 축적)에 각각 대응시켜서 세계(이용 가능한 공간)와 환경(현재 이용할 수 있는 공간)의 관계를 나타내고 있다.

인간은 자신의 부(副)세계에 상당하는 환경의 확대를 위하여 환경을 탐색(이동)하고 환경을 도해(지도)한다. 이 과정을 반복함으로써 지식 지도는 자기 조직화해간다. 이것이 학습이나 지적 성장이며 어쩌면 인생인지도 모른다. 이는 상당히 수긍 가는 西岡文彦의 지도론이다(西岡 1984).

1.2 지도 메타포

지도는 원래 지형도만을 의미하였지만 그 의미의 범위도 확대되었다. 영어로는 map이지만 그 원래 뜻은 mop이며 이는 지도를 그린 천을 가리킨다. 지도첩은 atlas가 되며 해도는 chart이다. 그리고 지도와 유사한 것으로 성도, 천체도 등이 있다. 또한 지도는 아니지만 map을 이용하는 것으로는 유전자 지도(genetic map), 의미 지도(semantic map), 관련 지도(association map), 인지 지도(cognitive map), 개념 지도(concept map) 등 다양한 것이 존재한다. 이들은 모두 지형도가 아니라 도해이므로 chart, diagram, graph, table 등을 사용해야 하지만 모두 map을 쓴다.

그 이유는 명확하지는 않으나 map이라는 것이 현실세계의 여러 사물이나 현상의 모형으로 뛰어나기 때문일 것이다.

지도는 다양한 메타포로서 사용되고 비유표현으로 사람의 마음속에 강한 심상을 그려 내는 역할을 가지고 있다. 또한 지도는 사고 과정을 도해한 것이다. 이것은 발상과 창조나 문제 해결에 필요한 것을 머리로 생각하는 대신 눈으로 생각할 수 있도록 한 것이라고 할 수 있다.

사람은 끊임없이 밀려오는 정보의 파도에 「의미」를 부여하기 위하여 사고나 세계관에 대한 심상, 즉 인지 모형을 형성한다. 그리고 「마음의 아키텍처」나 「마음의 이론」과 같은 멘탈 모형을 평가하게 된다. 인지 모형은 「조직화」, 「구조화」, 「파악하기」 위한 것이다(友野 1986).

인지 모형은 인지 지도임에 틀림없다. 분명 인지 모형 중에는 「인지 지도(cognitive map)」라 불리는 것이 있다. 이것은 「길 찾기」와 「문제 해결의 길」을 위하여 이용된다. 지도로 제작함으로써 환경의 표현과 환경(지도에 그려진 환경)에서의 이동이 가능해진다. 지도는 랜드 마크, 경로, 방향, 개관(조감에 의한 대국적인 추론)으로 문제 해결의 길을 열어 준다. 이 경우의 지도는 현실의 도로 지도를 이용할 때처럼 순차적으로 「읽는」 것이 아니라 예컨대 「X지점」에서 「Y지점」까지 이동하는 것과 같은 문제 해결의 구조를 제공해준다. 지도는 이차원의 좌표상에 위치 관계를 나타내므로 이용자는 두 지점을 잇는 복수의 루트를 자유롭게 찾을 수 있다. 이는 처음부터 순차적으로 읽어 나가지 않으면 알 수 없는 문장과는 대조적이다. 지도 자체에는 시점도 종점도 없다. 어떤 지점에서든지 필요에 따라 탐색을 시작할 수 있다. 시간축의 관점에서 보면 대부분의 지도는 현시점을 설명하는 것이다.

사람들은 문제 해결을 위하여 어떻게 정보를 획득하는가? 그 과정, 학습과 발달의 추이라고 하는 것은 마치 씨앗에서 싹이 나오고 줄기가 되고 이윽고 가지가 나와 무수한 가지가 우거지는 나무의 성장을 보고 있는 것과 같을 것이다. 즉, 나무구조라고 할 수 있다. 다만 모두 이렇게 정연한 것은 아니다. 나무의 가지가 쓸모없거나 또는 보기 좋게 하기 위하여 트리밍하는 것처럼 「지식의 나무」도 나무 심는 전문가에 의하여 정형된다. 즉, 계층구조라고 하는 지식의 체계화가 이루어진다. 식물에도 다양한 종류가 있으며 그 성장의 형태도 다르다. 담쟁이덩굴처럼 가지가 벽을 타고 올라가 그물처럼 성장하는 것도 있다.

2. 프레임 모형과 의미 네트워크

지식이라는 것은 사실 또는 개념 그 자체뿐 아니라 이들 상호 간의 관계성에 의하여 표현된다. 그것을 정확하게 표현한 것이 프레임 모형과 의미 네트워크라는 지식 지도이다.

2.1 프레임 모형

1975년에 MIT의 Minsky는 프레임 모형이란 도해 기법(지식 모형)을 제안하였다(Minsky 1975).

정보의 단위를 너무 작게 하여 구조화하면 조금 복잡한 문제를 다룰 때 검색, 즉 이용하는 시간이 지나치게 많이 걸린다. 그렇다고 큰 단위로 구조화하면 상세한 기술이 불가능해진다. 그러한 대응을 인간의 기억은 잘 해결하여 추론하고 있다.

이러한 점에 주목해보면, 인간은 큰 단위로 정보를 구조화한 지식을 기억하고 있다고 가정할 수 있다. Minsky는 이 큰 단위에 프레임이라는 이름을 붙였다.

프레임은 영화의 한 프레임처럼 정보가 구조화되고 지식으로서 머릿속에 기억된다.

예컨대, 어떤 사람이 다른 사람의 집을 방문하는 상황을 생각해보자. 우선, 문을 열고 안으로 들어간다. 다음에는 현관이 있다는 프레임을 찾는다. 만일 현관이 없다면 없다는 프레임을 찾을 필요가 있다. 새로운 장면을

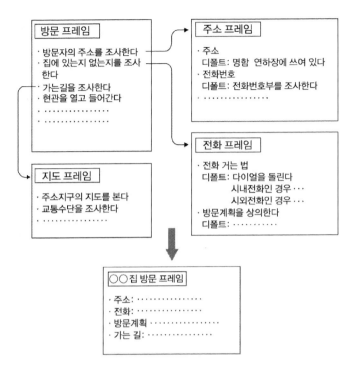

<그림 7-2> 프레임의 지식 지도 예

만났을 때는 그것에 가장 가까운 프레임을 상정해간다. 친구를 방문하였을 때 프레임의 구조는 <그림 7-2>처럼 도해된다. 프레임에는 그것보다 작은 단위인 슬롯이라는 것이 있고 이곳에 부분 지식이 기술되어 있다. 그 전형적인 기술을 디폴트값이라 한다. 슬롯기구에서는 기존의 지식을 기초로 대응하는 슬롯을 검색하여 찾는다.

프레임 모형에서 지식은 주제 단위로 도식화되고 의미 네트워크로서 지식 베이스에 축적된다.

2.2 의미 네트워크

의미 네트워크(semantic network)에서는 지식이 사실 또는 개념 그 자체뿐
만 아니라 이들의 상호 간의 관계성에 있다고 보고 네트워크에 의하여
지식 지도를 그린다(長尾 1988).

어떤 의미로는 관계 모형과 비슷한 사상이기도 하다. 세상에 존재하는
「대상」은 모두 다른 대상과의 「관계」에서 「존재」한다. 자신이라는 인간은
자식, 가정, 학교, 직장 등에서의 인간관계에 의하여 존재하고 있다. 개념의
세계에서도 같은 이야기를 할 수 있다.

추상 개념이 될 수록 다른 개념과의 「상호 관계의 세계」에서 존재한다고
말할 수 있다. 따라서 이와 같은 대상 간의 「상호 관계성」을 가능한 한
있는 그대로 표현하면 인간의 두뇌 속에 가지고 있는 지식 구조에 가깝게
되어 인간적인 지적 활동이 가능해진다고 가정한다.

의미 네트워크는 두 가지의 「대상」 또는 「개념」이 「어떤 관계」로 결합되
어 있는 것을 기본으로 하며, 두 개의 「절점(노드)」과 이들을 묶는 「방향성을
가진 호(아크)」로 표현된다. 예컨대 명제를 의미 네트워크로 표현하면 다음
과 같이 된다(戸田 1986).

자연언어의 문장
「나는 귀여운 洋子가 바나나를 먹는 것을 보았다.」

이 예문은 이하의 세 가지 명제로 구성된다.

① 洋子는 귀엽다.
② ①의 洋子가 바나나를 먹었다.
③ 나는 ②를 보았다.

(1) 의미 네트워크 표현

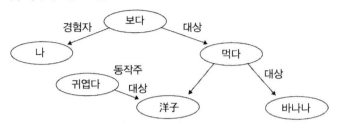

(2) 리스트 표현
  (보다 경험자: 나
        대상:
     먹다 (동작주: 洋子 (귀엽다 대상: 洋子)
         대상: 바나나)

<그림 7-3> 의미 네트워크의 지식 지도

의미 네트워크와 리스트는 <그림 7-3>과 같이 표현된다. 이 그림에 표시되는 경험자, 대상, 동작주는 뒤에 설명하는 롤(role)을 나타낸다.

의미 네트워크는 이렇게 표현된 대상 또는 개념의 전체를 나타낸다. 절점이나 호는 표현하기 원하는 상황에 따라 어느 것을 선택해도 좋다.

의미 네트워크의 기본 단위는 기술 언어 표현으로는 R(x, y)에 대응한다.

$$R(x,\ y)\ x \xrightarrow{R} y$$

의미 네트워크에서 두 가지의 개념을 결합하는 관계로서 대표적인 것은 상위 관계 및 하위 관계이며 이것을 isa 관계라고 한다.

A isa B는 A가 B의 하위 개념임을 나타낸다. 예컨대,

$$太郎 \xrightarrow{isa} 인간 \xrightarrow{isa} 동물$$

이 된다.

관계로서는 isa 링크 이외에도 다음과 같은 것이 있다.

has   X has Y (X는 Y의 부분 개념이다)

is   X is Y (X는 Y라는 성질을 지닌다)

cause   X causes Y (X는 Y의 원인이 된다)

太郎 isa 교사

太郎 teaches 학생 at 문학부

太郎 is 50세

太郎 is 키가 크다

太郎 has 백발

이와 같은 표현 형식은 기호논리학에서의 다음 표현과 동일하다.

ISA (太郎, 교사)

TEACH (太郎, 학생, 문학부)

IS (太郎, 50세)

IS (太郎, 키가 크다)

HAS (太郎, 백발)

2.3 성질의 상속

상속은 개념이라는 형태로 정리된 「지식」의 재이용을 의미한다.

하나의 개념으로 규정된 클래스는 일반적으로 다양한 성질(복수의 내포)을 갖고 있다. 상속을 의미 네트워크에서는 다음과 같이 나타낸다(長尾 1988, 224).

새	isa	척추동물
포유류	isa	척추동물
육식동물	isa	포유류
호랑이	isa	육식동물

그리고 각각의 대상이 갖고 있는 성질이나 부속 개념은 별도의 가지에 붙인 「정보」에 부여한다. 예컨대,

새 $\dfrac{do}{}$ 난다

이다.

이 경우 날 수 있는 것은 새뿐만 아니라 비둘기 등 새의 하위 개념에 위치하는 대상은 대부분 날 수 있다. 따라서 원래는 이 모든 대상에 대하여 「do 날다」라는 아크가 있어야 하지만 상위 개념의 대상에 대하여 규정된 성질은 모두 하위 개념의 대상이 상속받는 성질의 상속(property inheritance) 이라는 메커니즘을 도입함으로써 이 문제를 해결할 수 있다.

isa라는 아크는 추이율(推移律)을 만족하는 것으로 A isa B, B isa C이면 A isa C라고 할 수 있으므로 일반적인 성질은 되도록 상위의 개념에 부여하 게 된다.

이와 같이 의미 네트워크로 지식을 정리해두면 여러 가지 질문에 답할 수 있게 된다. 예컨대,

새는 나는가?
새가 갖고 있는 성질은 무엇인가?

라는 질문에 대해서는 의미 네트워크 속의 새의 절점을 찾아내어 그 절점에 연결되어 있는 do, has를 체크하면 된다.

비둘기는 목이 있는가?

라는 질문에 대해서는 비둘기라는 절점에서부터 isa 링크를 순차적으로 따라가서 척추동물까지 올라가면 그것을 확인할 수 있다.

2.4 의미 네트워크의 한계

의미 네트워크에는 단점도 있다. 의미 네트워크에서는 변수, 함수, n항 관계, 전칭기호나 존재기호가 잘 표현되지 못한다는 문제가 있기 때문이다. 따라서 의미 네트워크는 사실적 지식의 표현에는 좋지만 기호논리학이 갖고 있는 것과 같은 강력한 표현 능력은 불충분하다고 할 수 있다.

또한 시간이라는 개념의 취급에도 문제가 있다. 시간은 기호논리학에서도 간단히 취급할 수는 없으나 의미 네트워크에서는 불가능하다.

의미 네트워크는 주로 명사적 개념의 상호 관계, 또는 명사와 그 성질(형용사적 개념)에 관한 것이어서 대부분은 2항 관계이지만, 우리가 갖고 있는 지식은 이와 같은 정적인 것만은 아니다.

더 큰 문제는 「동작」에 관한 지식의 취급이다. 이들은 시간과 공간 속에서 일어나며 그 동작에는 많은 대상(개념)이 관련되어 있다.

예컨대 공부한다는 행위에는 시간(언제), 장소(어디서), 행위자(누가), 대상(무엇을), 도구(무엇으로), 목적(왜), 방법(어떻게) 등 많은 관련 개념이 존재한다. 의미 네트워크는 실용적이지만 한계가 있는 것도 사실이다(長尾 1998).

3. 자연언어의 의미 도해 기법

언어로 표시된 개념과 그 의미 구조를 명확히 해주는 도해 기법이 있다.

3.1 개념 의존 구조

개념 의존 구조(CD: Conceptual Dependency)는 자연언어 처리의 의미 분석을 목적으로 Schank가 제안하였다(Schank 1975). Schank는 지식이란 대담하게도 「이야기」라고 말한다. 그의 스크립트란 이야기하는 것, 이야기하려고 할 때 머릿속에서 꺼내는 이야기의 단위를 말한다. 또한 그 끄집어낼 때 사용할 색인을 붙이는 법, 그리고 상대방과 대화하는 화술이라고도 하였다. Schank는 이러한 무수한 「이야기」의 집합과 분산에 의하여 통괄되는 것을 추구하고 이것을 지식 모형이라고 하였다(戶田 1986).

이 개념 의존 구조는 다음과 같은 것이다.

① 표현 언어의 차이에도 불구하고 의미가 같은 문에는 단 한 가지의 의미 표현이 존재한다.
② 문장의 지구에 명시적으로 표현되어 있지 않은 개념이라 할지라도 문 속에 포함된 개념은 모두 그 문의 의미 표현에 포함된다. 즉, 문의 의미 표현은 문 구조에 속박되는 것이 아니며 그 문에 포함된 여러 가지 개념과 개념 간의 관계에 의하여 표현된다.

CD에서는 자연언어 문을 구성하고 있는 각 개념의 역할을 식별하기 위하여 그 역할을 수행할 개념의 형(템플릿)을 정의하여 둔다. 이에 따라 독특한 CD 표현의 구조를 결정하는 일곱 가지의 기본적인 개념이 정해져 있다.

① 행위자(actor)　　　　행위를 실행하는 자

② 행위(act)　　　　　　대상에 대한 행위

③ 대상(object)　　　　행위를 받는 대상

④ 수령자(recipient)　　행위의 결과로서 대상을 받는 자

⑤ 방향(direction)　　　행위가 지향하는 방향

⑥ 수단(instrument)　　행위의 수단

⑦ 상태(state)　　　　　대상의 상태

예컨대 「洋子는 京都로 갔다」는 글은 다음과 같이 된다.

Actor　　　　: 洋子

ACT　　　　　: 갔다

Object　　　 : 洋子

Direction　　: 京都

CD로 도해하는 것, 즉 행위 표현을 개념화(conceptualization)라고 한다. 또한 존재하는 것 또는 대상이나 추상적이 아닌 명사로 지시되는 것을 PP(Picture-Producer)라고 명명하고, 동작을 나타내는 ACT는 기호 ⇔로 표시한다. ACT 기호는 좌변(행위자)과 우변(행위)을 나타낸다.

자연언어의 표현

I gave the man a book. 나는 그 사람에게 책을 주었다.

CD의 표현

$$
\begin{array}{l}
\quad\text{P} \qquad\quad \text{O} \qquad \text{R}\overset{\text{to}}{\longmapsto} \text{man} \\
\text{I} \Leftrightarrow \text{ATRANS} \Leftarrow \text{book} \Leftarrow \bigg[\\
\qquad\qquad\qquad\qquad\qquad \overset{\text{from}}{\longrightarrow} \text{I}
\end{array}
$$

P 과거시제를 나타낸다		⇔ 행위자와 작용 간의 양방향 링크를 나타낸다	

P 과거시제를 나타낸다   ⇔ 행위자와 작용 간의 양방향 링크를
                            나타낸다

O 대상격의 관계를 나타낸다   ATRANS 소유의 이동을 나타낸다

R 수용격의 관계를 나타낸다   ⇐ 의존 관계의 방향을 나타낸다

Actor   : I
ACT   : ATRANS
Object   : book
Direction : from : I
                   To : man

역할을 하는 개념의 형(型)은 다음과 같다.

① ACT: 행위에 관한 개념의 형으로는 11개의 기본 행위가 있다.
② PP(Picture Producer): 기본적으로는 문을 구성하는 명사로 표현되는
   물리적 대상 개념의 형. 그 명사로 인간의 마음속에 표현되는 현실세
   계 대상물의 상(像).
③ Picture를 만들어 내는(Produce) 것.
④ AA(Action Aider): ACT를 수식하는 개념의 형. 빨리, 늦게 등.
⑤ PA(Picture Aider): 대상의 속성을 나타내는 개념의 형. 속성은 「상태치」
   라는 형식으로 표현된다.
⑥ LOC(Location): 위치를 나타내는 개념의 형.
⑦ T(Time): 시간을 나타내는 개념의 형.

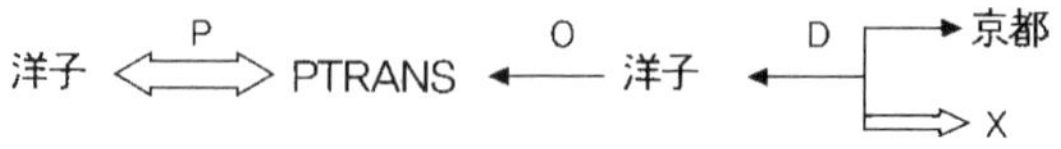

Actor (洋子) ⟺ PTRANS (
Object (洋子)
Direction to ((京都)
from (X))
Time (過去))

<그림 7-4> CD의 지식 지도

ACT가 갖는 11개 기본 행위의 개념의 형은 다음과 같다.

ATRANS	추상적 관계의 이동(예: 주다)
PTRANS	대상의 물리적 위치 이동(예: 가다)
PROPEL	대상에 대한 물리적 힘의 작용(예: 누르다)
MOVE	소유자가 그 몸의 일부를 움직인다(예: 차다)
GRASP	행위자가 대상을 잡는 것(예: 쥐다)
INGEST	동물이 대상을 먹는 것(예: 먹다)
EXPEL	동물의 신체에서 무엇인가를 배제하는 것(예: 외치다)
MTRANS	지적 정보의 이동(예: 이야기하다)
MBUILD	낡은 정보에서 새로운 정보를 만드는 것(예: 정하다)
SPEAK	음의 생성(예: 말하다)
ATTEND	자극 쪽으로 감각기관을 향하는 것(예: 듣다)

CD는 의미 네트워크로 표현되고 컴퓨터에서 실현되는 경우에 리스트 표현이 된다. 개념 구조를 만드는 규칙은 <그림 7-4>에 나타낸 통어 규칙에 의하여 의미 네트워크와 비슷한 그림으로 나타낸다.

3.2 ACT

ACT는 CD와 같은 언어 모형과 인지적 모형의 중간에 위치하는 지식 지도이다. ACT는 Anderson이 인간의 인지과정의 모형을 기술하기 위한 인지적 정보 처리 시스템으로 제안하였다. 지식 공학에서의 계산 가능 지식은 선언적 지식(declarative knowledge)과 절차적 지식(procedural know-ledge) 두 가지로 구분된다. 전자는 「어떤 것은 …… 이다」와 같은 what에 관한 표현이며 후자는 「어떻게, 어떤」과 같은 how에 관한 표현이 된다.

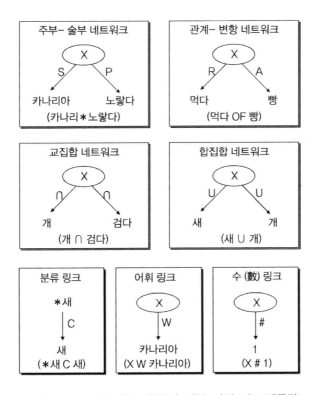

<그림 7-5> ACT 일곱 종류의 기본 지식 지도(템플릿)

(출전: 戸田 1986)

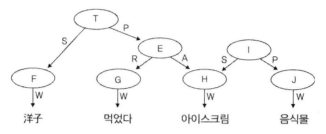

洋子가 아이스크림을 먹었다

(FW 洋子) & (GW 먹었다) &
(HW 아이스크림) & (F * (G OF H))

<그림 7-6> 명제 네트워크 표현과 리스트 표현

ACT에서는 전자를 네트워크에 의한 데이터베이스에 축적하므로 의미 네트워크와 유사하다. 이것은 프로덕션 시스템(생성 시스템)이라 부르는 것이다. 프로덕션은 조건부와 행위부로 나누어지며 함수형 프로그래밍 언어 Lisp나 술어 논리형 프로그래밍언어 Prolog로 작성된다.

ACT는 지식 정보 시스템으로서 다음 세 가지의 부분으로 나누어진다.

① 의미 데이터베이스부　외부 세계에 관한 지식을 명제의 의미 네트 워크로 표현한 것
② 프로덕션부　　　　　절차 프로그램(프로덕션)과 조작을 담당한다.
③ 인터프리터부　　　　프로덕션의 기동과 실행 제어를 담당한다.

<그림 7-5>에 보이는 일곱 종류의 기본구조를 데이터베이스의 요소로 생각하고 있다. 이들의 조합에 의하여 명제를 표현한다. 예컨대「주부-술부 네트워크」는 주부가 술부의 부분집합이라는 상하 관계로 성질을 정의한 것이다.

이와 같이 ACT의 의미 네트워크는 집합론적 해석이 특징이다.

<그림 7-6>은 「洋子가 아이스크림을 먹었다」라고 하는 의미 네트워크이다. T, E, F, G, H, I, J 와 같은 노드들은 개념을 나타낸다. 예컨대 F는 洋子, G는 먹었다는 것, H는 아이스크림에 대응하는 개념이다. 노드 T는 洋子가 그 「아이스크림을 먹은 것」이란 집합의 부분집합의 개념을 나타낸다.

ACT는 지식을 단순히 정적인 의미 네트워크로 한정하지 않고 프로덕션과 조합시키고 있다. 인간 기억의 연상적인 특징을 분석할 수 있다고 한다.

3.3 텍스트 베이스

텍스트 베이스(Kintsch 1973)는 심리학적 접근방법으로 문장(텍스트)의 내용을 분석한다. 이것은 문장 이해를 통하여 인간의 행동 현상을 해명하는 것을 목적으로 하고 있다. 문장의 기본적인 의미 내용은 명제이며 그 관계 구조에 의하여 지식 지도로서 표현된다.

예컨대 다음과 같은 문장이 있다고 하자.

「그 소년은 낡은 도서관이 좋았다. 도서관은 말하자면 그 소년의 지식의 메타포이다. 도서관을 방문한 그 소년은 그 목록을 이용하여 장서를 검색하고 원하는 자신에게 도달한다.」

이 문장에서 다음과 같은 명제가 리스트 구조로 표현된다. 명제는 하나의 술어와 하나 이상의 변항으로 구성된다. 술어로는 동사나 형용사가 사용되고, 변항으로는 명사나 다른 명제를 사용한다. 텍스트 베이스는 이러한 명제 리스트를 주제의 개념 구조로 표현한 것이다. <그림 7-7>과 같이 지식 지도로 그리면 그 구조가 구체적인 것이 된다. 텍스트 베이스의 특징은 극히 단순하며 개념 의존 구조(CD)에서 볼 수 있는 개념의 형(템플릿)을 고려할 필요가 없다.

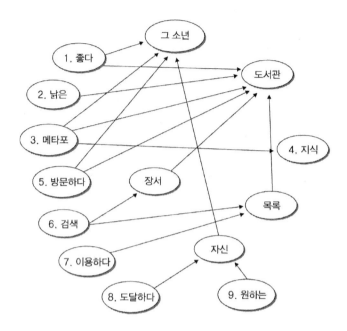

<그림 7-7> 텍스트 베이스의 지식 지도

1. (좋다, 그 소년, 도서관)

2. (낡은, 도서관)

3. (메타포, 도서관, 4)

4. (그 소년, 지식)

5. (방문하다, 그 소년, 2)

6. (검색, 장서, 7)

7. (이용하다, 그 목록)

8. (도달하다, 4)

9. (원하는, 자신)

4. 소프트웨어 공학의 지식 지도

소프트웨어 공학에서의 지식 지도는 여러 가지가 제안되었다.

소프트웨어란 원래 발상을 형태로 만든 것이므로 개념 형성과 이의 기록화는 가시화(도해)를 위하여 필요하다. 그 공정은 시스템 설계와 모듈 설계로 나눌 수 있다. 그 전제로서 요구 정의(개념 형성)에서 결정된 「시방서」가 존재한다(片岡 1988).

그런데 정보 처리의 추상적 개념은 입력 정보를 x로 하고 출력 정보를 y로 하며 그 사이의 변환 함수를 f라고 하면

$$y = f(x)$$

로 표현할 수 있다.

아무리 복잡한 시방서라 하더라도 그곳에 쓰여 있는 것은 $y = f(x)$라는 추상화된 기호로 표현된다.

시스템 설계에서는 이 개념 설계를 한다. 즉, x, y, f를 분석하여 시스템을 구성하는 새로운 개념을 밝힌다. 그 다음은 기능 설계라고 부르는 단계로 여기에서는 새로운 개념을 절차적 지식으로서 정의한다. 이러한 시스템 설계 후에는 구조화 설계나 논리 설계를 하는 모듈 설계가 있다. 모듈이란 작고 하나의 독립되어 있는 기능을 갖는 단위를 말한다.

개념 설계는 시방서(주제)로부터 개념을 명확하게 하는 온톨로지 알고리즘의 과정이다. 이를 위해서는 개념과 포괄 관계에 있는 기능을 선별하는 과정을 반복한다. 톱다운 방향에서 계속하여 기능을 분할해가는 것이 구조화 설계이다. 기능의 중복을 피하기 위하여 기능의 포괄 관계를 명확히 할 필요가 있다.

4.1 SADT

SADT(Structural Analysis and Design Technique)는 소프트웨어 공학의 구조화 설계를 위한 지식 지도의 한 가지 형태이다(石井 1989). 구조화 설계에서는 설계 문서를 도해 기법에 의하여 시각적으로 기술하지만 설계라는 작업에서는 반드시 도면이나 모형을 만들어 제작하고자 하는 대상의 상을 구체화할 필요가 있다. 이를 위해서는 시스템을 많은 요소로 구성되는 계층구조로 보고 각 요소의 기능, 요소 간의 관계 및 각 계층 수준의 설정을 명확히 해나간다. 즉, 복잡한 시스템을 되도록 단순화하고 패턴화함으로써 머릿속에서 생각하기 쉬운 규모로 만들어 좋은 품질의 프로그램을 효율적으로 작성할 수 있게 한다. 그 원리는 시스템을 구성하는 서로 독립성이 강한 요소(모듈)로 분해하여 모듈의 기본이 되는 것을 추출하기 위하여 톱다운 접근방법으로 기능을 분할하는 것이다. 우선, 시스템 전체의 기능과 데이터의 관련도를 스케치하는 것에서 시작하여 단계를 따라 상세 기능에 관한 관련도를 작성해나가며, 마지막으로 데이터 구조와 프로그램의 플로차트까지 도해한다. SADT는 알고리즘이라고 하는 정보 처리 절차를 전달하기 위하여 도해 언어(그래프 언어)를 사용하며 계층구조의 도면을 이용하여 표현한다.

SADT의 도해 언어에는 상자(box) 및 화살표(arrow)에 의하여 정의되는 기본형이 있으며, 이 상자의 네 변에는 각각 「입력, 출력, 제어, 기구」란 의미를 화살표로 부여한다. 이 상자는 분해되는 꼭지(모듈)에 대응하며 상자끼리 묶는 화살표는 서로간의 인터페이스 조건을 나타낸다.

SADT에서는 톱다운으로 상자의 도면을 작성하고 기능을 분할하여 밝힌다. 이 분할 작업을 반복함으로써 단계적으로 상자의 기능을 밝힌다. 예컨대 <그림 7-8>은 「시스템 설계」공정을 SADT 기법으로 표현하고 있다. 상위도는 「시스템을 개발한다」라고 하는 포괄적인 도면이며, 하위도

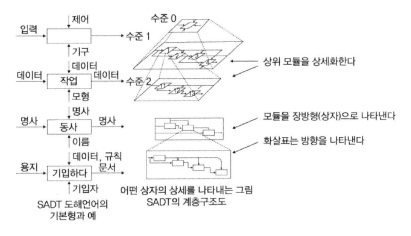

입력

제어

수준 0

수준 1

기구
데이터

데이터

작업

데이터

수준 2

상위 모듈을 상세화한다

모형

명사

명사

명사

동사

명사

모듈을 장방형(상자)으로 나타낸다

이름

화살표는 방향을 나타낸다

데이터, 규칙

용지

기입하다

문서

기입자

어떤 상자의 상세를 나타내는 그림

SADT 도해언어의

SADT의 계층구조도

기본형과 예

<그림 7-8> SADT의 도해

는 「요구 사항을 분석한다, 설계한다, 시스템을 구축하고 검사한다」는 세 모듈로 분해하고 있다. 나아가 하위도에서는 그중에서도 「시스템을 구축하고 검사한다」는 모듈에 주목하여 그 내부를 분해하고 있다.

4.2 ER 모형

ER(Entity Relationship) 모형(渡辺 1988)은 데이터베이스의 개념 설계에서 실세계를 도해하는 지식 지도다. ER 모형의 사고방식은 데이터베이스의 세계를 세 가지 수준으로 구조화하고 있다. 제1 수준에서는 실체와 관련을 추출하고 제2 수준에서는 실체와 관련을 도식으로 표현한다. 그리고 제3 수준에서는 이를 의미의 릴레이션으로서 관계표에 정리한다.

ER 모형의 목적은 실체 집합과 관련 집합에 대한 실체 관계와 관련 관계를 정의하면 정해지는 개념 스키마를 정규화하는 데 있다. 가장 특징적인 것은 제2 수준에서 도식 표현을 한다는 점이다.

ER 모형의 도식 표현은 실체(엔티티)를 장방형, 관련(릴레이션십)을 마름

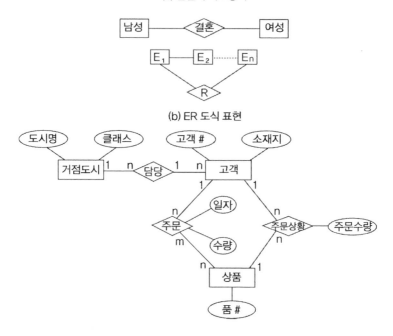

(a) 관련의 사고방식

(b) ER 도식 표현

<그림 7-9> ER 모형의 도해

모꼴, 서로간의 관련을 타원으로 나타낸다.

실체는 대상세계에 있는 「사물」을 나타내는 것으로 사람, 사회, 선박, 부품 등이 해당한다. 실체는 몇 가지 속성을 지니고 있는데, 예컨대 사람이라는 실체가 있다면 이름, 주소, 지위 등이 그 속성이 된다. 구체적인 실체가 「小泉太郎」이라면 이 세 가지 속성의 값은 「小泉太郎」, 「千代田区 관저」, 「수상」이 된다.

관련이란 몇 가지의 실체를 나열한 것이다. 예컨대 두 개의 실체 집합으로서 「남성」과 「여성」이 있으며 각각의 집합 속의 어떤 남성(E1)과 어떤 여성(E2)이 결혼하였다는 관련은 관련 R에 n개의 실체 E1, E2,······ En이 관여하고 있다는 의미로 <그림 7-9>와 같이 나타낸다.

4.3 KADS

KADS(Knowledge Acquisition and Design Structure)를 번역하면 지식 획득과 설계 구조가 되는데, 그 지식이란 지식 관리가 지향하는 비즈니스계의 암묵지와 비슷한 것이라고 할 수 있다. KADS는 지식 베이스 시스템 개발의 지식 지도로서 탄생하였다(友野 2001). 그 원리는 멘탈 모형(인지 모형)에 기초하고 있다. 멘탈 모형은 인간이 환경을 개념적으로 조직화·구조화하여 파악하는 것이다. 소위 개념 형성이다. 인간이 본능적으로 갖고 있는 능력이라 할 수 있다. 멘탈 모형은 일상생활에서 사람들에게 일어나는 여러 가지 만남의 장에서 교환된다. 예컨대 회의 출석자는 회의를 전쟁터로 파악하거나 스포츠 이벤트로 파악하는 등 갖가지 잡념이 머릿속에 떠오른다. 이와 같이 멘탈 모형이 일치되지 않으면 회의는 제대로 진행되지 못한다.

문제 해결의 멘탈 모형은 패턴화할 수 있으며 그 형과 분류를 미리 준비해두고 그 속에서 적당한 것을 선택하여 회의를 진행한다. 이러한 가설이 KADS이다.

KADS는 멘탈 모형의 연구 성과를 소프트웨어 개발에 응용한 것으로 오브젝트 지향 설계에 속한다.

KADS는 KADS 오브젝트라 불리는 템플릿(사고방식의 기본형)을 정하고 있다. 이것은 문제 해결의 템플릿이기도 하다.

사각형은 기대되는 데이터나 정보의 형을 나타내고 타원형은 이러한 데이터나 정보를 이용하는 강조적인 조작이나 행동을 나타낸다. 화살표는 일반적인 문제 해결의 흐름을 표시한다.

<그림 7-10>은 「체계적 분석」 템플릿을 이용하여 「발목의 부상」이라고 하는 문제의 해결(진단)에 적용한 것이다. 시스템 모형은 「인간 생리학」이라고 하자. 시스템 또는 의사가 「다리가 아프다」는 요청을 받는다. 요청의 성질에 따라 시스템 모형에서 서브시스템(정형외과)이 선택된다. 서브시

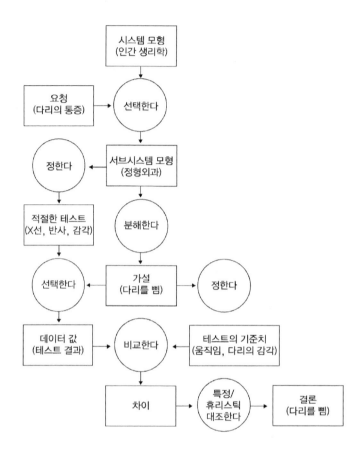

<그림 7-10> KADS의 예 체계적 진단: 발목의 부상 (출전: 友野 2001)

스템 모형에는 정형외과 고유의 「가설」과 「테스트」가 포함되어 있다. 다음
에는 테스트하여 얻은 「데이터 값」과 그 「테스트의 기준치」를 비교하여
「차이」를 판단한다. 이 차이나 이로부터 유도되는 가설에 기반하여 「결론」,
즉 진단에 이른다.

KADS 오브젝트는 이러한 템플릿(인지 모형) 패턴 21가지로 구성되어
있다.

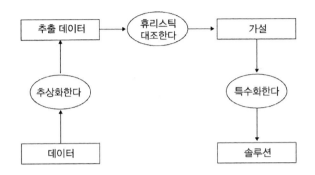

<그림 7-11> KADS 휴리스틱 분류(식별-분류) (출전: 友野 2001)

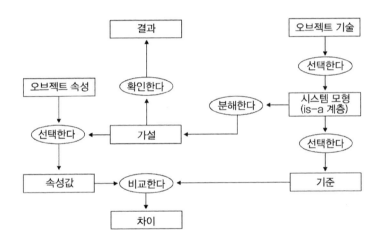

<그림 7-12> KADS 체계적 세련 분류(식별-분류) (출전: 友野 2001)

예컨대 <그림 7-11>은 「휴리스틱 분류」라고 불리는 템플릿이다. 또한 복잡한 것으로는 <그림 7-12>와 같이 「체계적 세련」이라 불리는 템플릿도 있다.

KADS의 특징은 템플릿이라 불리는 문제 해결의 본보기를 준비하고 있다는 것이다. 이와 같은 템플릿은 지식의 획득과 표현의 결과로서 형성되는 것이라 할 수 있다. KADS 오브젝트라고 하는 도구(템플릿)야말로 온톨로지 알고리즘의 결정이라고 할 수 있을 것이다.

5. 비즈니스에서의 지식 지도

도해 기법은 비즈니스나 교육 현장에서 기록물의 주제 생성(구조화 편집), 발상법(기획 기법), 개념 형성의 교육 등에 활용된다. 그 대표적인 지식 지도는 Concept Map이다. 의미 네트워크로 대표되는 것처럼 지식 지도에서는 지도모형을 사용한다. Concept Map은 본질적으로 의미 네트워크와 동일한 것이라 할 수 있다.

5.1 개념 지도

이것은 번역하여 개념 지도라고 부르기보다는 Concept Map이라고 하는 것이 적절할지도 모른다. 「개념」이라고 부르면 지나치게 융통성이 없다. 발상법이나 사고법의 지식 지도이기 때문이다. 물론 학술 연구 목적으로 활용되지만 그 대부분은 교육 도구로서 활용된다.

어떤 복합적인 아이디어의 인상을 세밀하게 조사하여 구조화되고 조작 가능한 모양(전달 가능한 형식)으로 표출하는 과정이 Concept Map이다.

Concept Map은 전달 또는 토론하기 위하여 선택된 복합 현실을 주체화하고 구조화하여 추상화한 총체적 인식이다.

Concept Map은 코넬 대학의 J. D. Novak이 제안하였다(Novak 1983). 그 원리는 인지심리학에서의 D. Ausubel의 학습 연구(Ausubel 1968)에서 구축된 것이다. 이와 동일한 경로를 따라 Minsky의 프레임 모형이나 의미 네트워크가 탄생하였고, 인지 모형에 기반을 두는 지식 지도 역시 이의

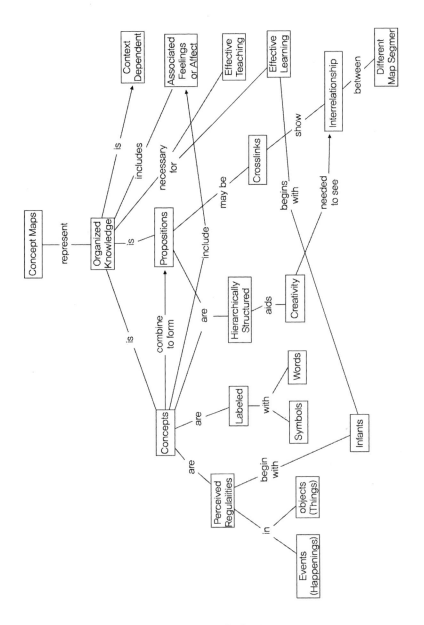

<그림 7-13> Concept Map의 예 (출전: Novak 1983)

영향을 받고 있다.

의미 네트워크가 인공지능이나 지식 공학에서 인간의 지식 모형으로 활용되는 것에 비하여 Concept Map은 비즈니스나 교육 현장에서 영감을 지원하기 위한 가벼운 도구로서 활용된다. 따라서 도해 기법도 평이하고 누구든지 간단히 그릴 수 있도록 되어 있다. 이미 상용 소프트웨어도 개발되어 판매되고 있으며 이름도 Inspiration이라고 한다. 이를 사용하면 <그림 7-13>과 같은 Concept Map을 자동적으로 그려 준다. 물론 개념 형성과 과정은 인간의 머릿속에 있으며 그 작업을 소프트웨어가 지원해줄 뿐이다. 그렇지만 다양한 템플릿이 준비되어 있어서 발상의 지식 지도를 제공해준다.

5.2 KJ법

이것은 일본의 Concept Map이라고 할 수 있는 것으로 Information Mapping처럼 정련되어 있지는 않으나 대신 그만큼 손쉬운 발상의 지식 지도라고 할 수 있다. 문화인류학자인 川喜田二郎이 고안하였다(川喜田 1969). 원래는 그의 전문인 필드워크에서 관찰한 데이터를 분류하기 위한 것이었다. KJ법은 종이 카드를 사용하는 하이퍼텍스트 기법이라고 할 수 있다.

주제(과제)와 목적을 명확히 하고 회의를 진행한다고 하자. 출석자는 모두 각자 생각나는 아이디어를 카드에 적어 나간다. 아이디어는 한 카드에 한 건만 적기로 한다. 그리고 카드를 모아서 분류한다. 내용이 비슷한 것들은 그룹화하고 어울리는 이름을 붙인다. 즉, 분류명사(分類名辭)이다. 이렇게 하여 정리된 카드를 붙여 전체의 구성도를 만든다. 귀납적 접근방법에 의한 주제 생성이라고 할 수 있을 것이다.

KJ법에서 영향을 받은 NM법이라는 지식 지도도 제안되었다. NM법의 中山은 시넥틱스법에서 사용하는 「유추(analogy)」를 중시하였다(中山 1972).

유추는 영감을 불러일으키는 것이라는 가설에 기반을 두었기 때문이다.

시넥틱스(synectics)란「일견 관련이 없어 보이는 것을 묶는다」는 의미를 지닌 그리스어이다. 어떤 주제에 대하여「본질적으로 닮은 것」을 찾아내어 그것을 힌트로 발상하려고 한다. 그 원리에는 두 가지가 있다. 하나는 「이질순화(異質馴化)」라고 하는, 처음 보고 들은 것을 내 주변의 것으로 만드는 방법이며, 기성 개념으로 동화시키는 것이다. 다른 하나는,「순질이화(馴質異化)」이며 친근한 내 주변의 것을 새로운 견지에서 다른 것으로 바꾸는 것이다. 이것은 기성 개념의 타파라고 할 수 있다.

이 기법은 미국의 싱크탱크에 의하여 개발되었으며 신제품의 개발 전략 등에 활용되고 있다. 시넥틱스에서는 유추(analogy)의 발상이 중요하다. 세 종류의 유추, 즉 직접적 유추, 의인적 유추, 상징적 유추를 설정한다.

① 직접적 유추　실례로부터 힌트를 얻는다.
② 의인적 유추　만약 내가 거울이었다면
③ 상징적 유추　거울이라면, 그리다, 사상(写像) 등

6. 검색의 지식 지도

검색은 검색 과정을 중시해야 하며 이때 온톨로지 알고리즘의 발전을 가시화할 수 있는 <그림 7-14>와 같은 검색 지식 지도가 있다면 매우 편리하다.

검색을 위한 지식 지도의 필요성은 논리 연산이나 벡터 연산과 같은 정보검색 기법으로는 이용자의 검색 과정을 획득할 수 없다는 문제를 해결하기 위해서였다.

종래의 정보검색은 하나의 독립된 작업으로 가정된다. 즉, 이용자는 동질의 정보 집합에 대하여 형식적인 질의를 한다. 이를 정보검색이라고 하지만 이것은 트럼프카드를 뒤지는 것과 같아서 회답 정보를 미리 정해진 것 중에서 고르는 것에 지나지 않는다. 이 문제를 해결하기 위해서는 다채로운 대화와 이에 대응하는 다음과 같은 알고리즘에 의하여 작성된 검색의 지식 지도가 도움이 된다(Nielsen 1994).

① 질의 반복에 의한 세련

　　정보원의 부분집합을 반복 참조하여 질의 결과에 포함된 문맥을 조사한다. 이를 위하여 문서 내의 어구 분포를 시각화한다.

② 정보원의 이질성

　　정보원을 모형화하여 정보원과 검색 결과를 표시한다.

③ 병렬로 전환하면서 접근

　　대화에 필요한 시간을 반영하여 복수의 검색 과정을 동시에 다룬다.

④ 보다 광범위한 작업

　　복수의 검색과 브라우저를 통합하여 대규모 정보 집합을 시각화한다.

①에서는 문서 내의 용어 분포를 TileBars 인터페이스(클러스터 지도)로 도시한다. 이것은 기존의 정보검색 시스템에서 자주 볼 수 있는, 질의 용어가 몇 번 나타나는가를 기초로 순위를 부여하는 회답 방식의 단점을 보완하는 것이다. 순위 부여 회답에서는 이용자에게 용어의 빈도만이 정보가 되고 검색된 문서 내에서 개별적인 용어가 어떻게 사용되고 있는지는 알 수 없다. 그러나 TileBars 인터페이스에서는 문서의 상대적인 길이, 문서 내 용어 빈도, 문서 내 용어 분포 상태를 동시에 도시할 수가 있다.

②에서는 정보원의 모형화를 위하여 메타 정보를 표현한다. 메타 정보란 문서의 집합과 이것이 격납하는 항목에 관한 것이며, 정보원이 포괄하는 정보, 그 정보원에서 사용되는 용어의 통계적인 해석, 구조적인 표현 등으

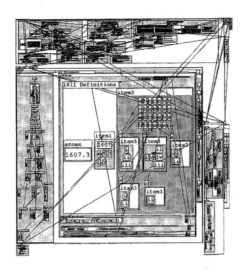

<그림 7-14> 검색의 지식 지도 (출전: Nielsen 1994)

로 구성된다. 또한 정보원의 출처, 정보를 격납하기 위한 구획 속성, 검색의 종류, 성능과 같은 서비스 기능이 기록되어 있다.

메타 정보는 정보원을 공간적인 요소로 매핑하는 정보의 가시화에 유효하다. 이용자는 이 매핑에 의하여 공간상의 배치에 따라 정보원을 기억할 수 있다.

Butterfly는 검색을 위한 지식 지도로서 문헌 데이터베이스 검색을 지원한다. 이용자는 질의를 실행하여 관심 있는 분야의 논문을 검색한다. 그리고 참고문헌이나 인용의 링크를 브라우징하면서 관련된 문헌을 찾아낸다. 이용자는 질의, 브라우징과 같은 복수의 조작을 동시에 실행시킬 수 있고 조작의 진척 상황을 시각적으로 파악할 수 있다. Butterfly는 나비와 같은 모양을 한 표시 요소에 의하여 문서 간의 인용 관계를 도시한다. 나비의 머리에 해당하는 부분이 검색 결과문서의 서지 데이터를 나타내고, 날개에 해당하는 부분이 이 문서의 참고문헌이나 인용하고 있는 문서를 나타낸다.

또한 색을 이용하여 각 요소에 대한 지금까지의 대화 이력이나 인용된 횟수 등을 나타낼 수가 있다. 이 조작은 매우 간단해서 이용자가 날개 위의 항목을 클릭하면 그 문헌의 서지 데이터를 볼 수 있다. 동시에 그 문헌에 대응하는 새로운 나비가 구축된다. Butterfly에서는 시각화된 요소와 대화함으로써 링크를 만들기 위한 질의가 자동 생성된다. 따라서 이용자가 많은 질의를 실행하고 항목이나 인용문헌을 조사함에 따라 시각적 요소는 성장하게 된다.

Butterfly의 실험은 공간에 배치한 정보를 이용하여 검색과 브라우즈, 액세스 관리를 통합한 것이라고 할 수 있다. 이 밖에도 검색을 위한 지식 지도는 다양한 사례가 실험되고 있다. 예컨대 Cone Tree(옥수수 껍질 벗기기)는 디렉터리 등과 같이 계층적인 정보를 표현하는 데 가장 적합하다. 지금까지의 계층도는 공간적인 표현에 어려움이 있으나 이를 이용하면 다차원적인 계층구조를 도시할 수가 있다. 또한 Document Lens는 문서가 주목하는 페이지와 그 전후에 있는 페이지를 동시에 표시하는데, 주목하고 있는 페이지는 상세하게 나타나지만 주위의 페이지는 흐리게 나타난다. 흡사 렌즈를 대고 지식 지도를 보고 있는 듯한 느낌이 된다.

그런데 지식 지도의 장점은 위치, 관계, 차원 등과 같은 「공간의 인식」에 뛰어나다는 것이지만 단점도 있다. 그것은 정지화인 이상 「시간의 표현」이 어렵다는 점이다. 예외로는 일의 순서를 플로차트와 같이 시계열로 좇아 표시하는 PERT 도해라는 것이 있다. 시간의 개념은 지식 지도에서도 중요하다. 아무래도 멀티미디어 동화에 의한 동적 지식 지도가 필요하다.

제8장

온톨로지 알고리즘의 구현

ontology algorithm

「기록, 정보, 지식」의 세계를 가로지르는 온톨로지 알고리즘은 단순히 탁상공론으로 끝나는 것이 아니다. 그것은 다양한 모형화에 의하여 시스템으로 설계되고 실제의 컴퓨터에서 가동시킬 수 있는 소프트웨어로 구현된다. 대규모인 것은 세계 규모의 디지털 도서관 속에서 또는 시맨틱 웹 메타 데이터의 개념 사전으로 개발된다. 또한 소규모의 실험적인 시스템에서는 K-Agent와 K-Map이라 불리는 지식의 획득과 표현의 지식 모형으로 구현된다.

1. 시맨틱 웹

철학의 언어인 온톨로지가 정보 처리의 세계에서 갑자기 각광을 받게 된 것은 시맨틱 웹(Semantic Web)이라 불리는 인터넷 애플리케이션에서 사용되었기 때문이다. 그러나 그 이전에도 스탠포드 대학의 KSL 온톨로지 기능은 알려져 있었다(Gruber 1993).

시맨틱 웹의 목적은 지금까지 무질서하며 기록 형식도 정해지지 않은 웹 세계의 정보에 대하여 의미 지도를 부여하여 신뢰성 있는 정보의 공유화, 정보 유통의 촉진, 표준화를 도모하는 것이다. 이러한 활동은 웹 세계에서는 전자 기록을 표준화하고 데이터의 의미를 명확하게 하기 위하여 XML을 메타 데이터로 이용하여 시험되었다. 또한 전자 정부, 전자 거래, 전자 문서와 같은 애플리케이션을 위한 메타 데이터집(RDF)도 개발되어 있다.

시맨틱 웹은 이러한 메타 데이터나 RDF와는 달리 「온톨로지 기능」이라 불리는 시소러스(개념 사전)가 포함되어 있다. 이것에 의하여 웹 세계의 다양하고 서로 다른 RDF에 포함된 용어 간의 상호 변환을 지원한다. 온톨로지 기능이란 웹 세계에서 공유될 수 있는 메타 데이터의 거대한 사전을 만들어내는 것과 동일하다. 마치 H. G. Wells가 꿈꾸었던 「World Brain」과 같은 세계의 지식 네트워크 사전이 구현되는 것이다.

이 사전의 특색은 보통의 사전이 용어(데이터)의 의미를 밝히기 위한 목적으로 만들어지는 것과는 달리 언어의 문법을 정의하기 위한 초언어(메타 언어)와 그것을 이용하여 기술된 애플리케이션의 사례를 모은 것이다. 즉, 웹 세계의 HTML 문서나 XML 문서와 같은 전자 기록물의 기록 속성(메타 데이터)의 상호 참조를 가능하게 한다. 이에 따라 웹의 특성을 살리고 전자 세계의 어느 곳에서도 접근할 수 있는 의미 네트워크가 전개된다. 다만 종래의 인공지능에서 사용되는 의미 네트워크와는 달리, 하나의 지식 정보 시스템을 위한 작은 지식 베이스가 아니라 인터넷상에서 하이퍼텍스트로 전개되는 거대한 지식 베이스라고 할 수 있다.

시맨틱 웹의 Semantic이란 이와 같은 정보의 상호 변환, 인식되는 개념 형성과 분류를 지원한다는 의미이다. 또한 시맨틱 웹의 「온톨로지」는 철학적인 메타포가 아니며, 그렇다고 온톨로지 알고리즘이라는 포괄적인 모형을 나타내는 것도 아니다. 간단하게 말하면 메타 데이터의 사용법(애플리케이션)을 담은 사전에 불과하다. 물론 사전이라고는 하나 일반적인 어휘를 모아 배열한 것과는 달리 의미에 따라 분류한 것이므로 개념 사전이라고 할 수 있을 것이다. 시맨틱 웹은 인터넷 시대의 웹 기술의 결정체라 할 수 있다. 이는 동시에 온톨로지 알고리즘의 일부 원리를 구현한 것이다.

1.1 시맨틱 웹의 구조

시맨틱 웹은 웹을 탄생시킨 Tim Berners-Lee에 의하여 2000년에 제안된 MCF(Meta Content Framework)에 기초하고 있다. MCF는 RDF의 기초가 된 것으로 1997년에 이미 공표되었다.

현재 시맨틱 웹은 웹 관련 표준화 기관인 W3C(WWW 컨소시엄)에서 표준화의 대상으로 검토되고 있다. 이와는 별도로 DARPA(미국 국방부)에서도 별도의 원리에 기반을 둔 시맨틱 웹으로 DAML(DARPA Agent Markup Language)의 개발을 추진하고 있다. 일본에서는 INTAP(정보 처리 상호운용 기술협회) 등이 중심이 되어 시맨틱 웹의 실현을 위하여 활동하고 있다.

시맨틱 웹에는 우선 그 기초가 되는 RDF M&S(Resource Description Framework Model and Syntax)가 필요하며 그 핵심에는 RDF 메타 데이터가 필요하다.

메타 데이터의 의미와 구조를 정의하는 것은 RDF 스키마이며 이는 애플리케이션 분야에 따라 정의된다. 이것은 기록 구조의 기본형을 나타내는 일종의 템플릿이라고 생각할 수 있다.

다양한 애플리케이션에서 활용되는 RDF 스키마는 전자 문헌의 서지 정보를 위한 Dublin Core 메타 데이터(RDF 스키마)와 같이 디지털 도서관 또는 서지 데이터베이스 이용단체에서의 사용을 전제로 하였다. 예컨대 이를 전자 상거래의 RDF 스키마로서 그대로 사용할 수는 없다. 메타 데이터의 의미가 다르기 때문이다. 그러나 서로 다른 다양한 애플리케이션

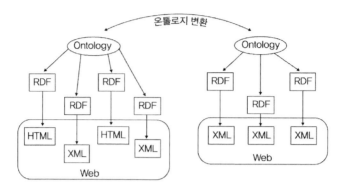

<그림 8-1> 온톨로지 기능(시맨틱 웹의 변환)

사이에서 정보 공유와 상호 이용이 검토되고 있다. 이 경우에는 같은 용어
가 RDF의 차이에 의하여 서로 다른 의미(메타 데이터)로 정의되는 문제를
해결하지 않으면 안 된다. 왜냐하면 자연언어와 마찬가지의 문제, 즉 어휘
의 다의성, 기호와 개념과 의미의 차이, 문법의 차이 같은 의미론의 과제가
발생하기 때문이다. 구체적으로는 애플리케이션마다 개별적으로 사용되
는 RDF 스키마의 호환성을 잃게 된다. 메타 데이터의 구조, 항목명, 속성과
같은 메타 어휘에 일관성이 없어진다.

시맨틱 웹의 온톨로지 기능은 그 문제를 해결한다. 온톨로지 기능은
「온톨로지」 원리에 의하여 애플리케이션의 RDF와 메타 데이터를 제어한
다. 예컨대 <그림 8-1>과 같이 두 웹사이트 간의 항목명, 값, 구조 등의
속성을 상호 변환해준다.

온톨로지 기능은 Rules와 Logic Framework로 구성된다. 이들은 검색
논리식의 해석과 실행에 관한 순서를 정의한다. 시맨틱 웹의 정보검색은
에이전트 기능을 동반한 고도의 지적인 것이며 온톨로지의 교묘한 활용이
중요하다.

예컨대 「藤沢에 있는 치과의사」의 검색을 생각해보자(荻野 2002).

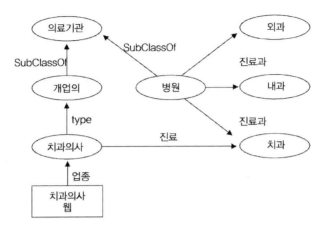

<그림 8-2> 시맨틱 웹의 지식 지도(템플릿)

현재의 검색 엔진에서는 「藤沢」와 「치과의사」의 두 가지 키워드로 검색하지만, 그 결과 藤沢라는 도시명뿐만 아니라 藤沢라는 이름을 가진 전국의 치과의사도 검색된다. 시맨틱 웹의 검색에서는 「치과의사 온톨로지」가 있으므로 이런 문제는 일어나지 않는다. 즉, 더욱 고도의 지적 검색이 가능해진다. 예컨대 「화요일에 개업하고 있는 藤沢의 치과의사」라는 검색에서는 진찰일에 관한 메타 데이터를 부여함으로써 진찰일에 관한 내용도 검색이 가능하게 된다. 또한 온톨로지는 치과의사에 따라 「치과의사」가 아니라 「치과」라고 불리는 경우에는 어휘의 동의어로 상호 참조가 가능하다. 또한 <그림 8-2>가 나타내는 의미 네트워크의 기능에 의하여 「치과의사」와 「치과」는 동일하며 의미 스키마(롤 템플릿)에 의하여 「치과」는 병원의 일부(subClassOf)임을 표현한다. 따라서 검색에서는 「치과」나 병원 속에 있는 「치과」도 검색할 수 있게 된다.

1.2 시맨틱 웹의 온톨로지

시맨틱 웹의 온톨로지 기능은 공유되는 개념화(conceptualization)의 형식화(formal)와 그 명시적(explicit)인 조건을 만족시킬 필요가 있다(Fensel 2001).

우선 개념화란 대상으로 하는 현상의 추상적인 모형을 가리키며 흥미를 갖는 개념과 그 개념 간의 관계를 밝히는 것이다. 즉, 개념 형성에 해당하며 의미 네트워크로 표현한다. 두 번째로 형식화란 RDF와 같은 메타 데이터의 적용을 의미한다. 세 번째로 명시적이란 개념의 타입(종류, 형)과 개념 간의 정의가 명시적임을 의미한다.

그렇다면 웹 세계에서 왜 「온톨로지」가 필요한지 다시 한 번 자세히 설명하도록 한다. 그 원인은 HTML에 의한 기록 형식에 있다.

다음 HTML의 시작 태그 <P>와 종료 태그 </P>로 기술된 간단한 예를 보자.

```
<HTML>
<P>표제 디지털 도서관의 설계와 개발</P>
</HTML>
```

이 예는 문자열로서 "표제 디지털 도서관의 설계와 개발"을 <P>의 표시 양식으로 화면에 표시하도록 브라우저에게 요구하고 있다. 이 경우의 문제는 '표제'라는 「항목」을 정의할 수가 없으며 이는 다른 문자열과 동일한 수준의 「값」(데이터)에 지나지 않는다는 점이다. 따라서 「표제="디지털 도서관의 설계와 개발"」이라는 검색이 불가능하다. HTML은 화면 표시만을 제어하는 마크업이기 때문에 당연한 결과라 할 수 있다.

이 문제를 해결하기 위해서는 「논문」이라는 항목과 그 내용(값)이 되는

「디지털 도서관의 설계와 개발」을 분리하면 된다. 즉, 데이터에 의미를 부여하는 데이터(메타 데이터)를 생각하면 된다.

다음 예에서는 「논문」이라는 기록 정보를 구조화한 마크업을 나타내고 있다. <논문>과 <표제>의 두 가지 「요소」를 태그로서 정의하였다. 데이터에 의미를 갖게 하는 메타 데이터가 부여되어 있다.

```
<논문>
<표제>디지털 도서관의 설계와 개발</표제>
</논문>
```

이와 같이 「논문」이라는 항목명과 그것이 문헌이라는 기록물을 구조화한 속성이라는 의미를 정의한 것이 메타 데이터가 된다. 그리고 전형적인 메타 데이터의 주제별 템플릿이 되는 것이 RDF이다.

그런데 분야에 따라서는 「논문」이라는 항목이 반드시 서지적인 속성을 의미한다고 볼 수는 없다는 문제가 발생한다. 이러한 항목명도 자연언어를 사용하기 때문에 그것이 지시하는 개념은 다의적이 되는 것은 당연하다. 예컨대 「논문」(문헌 RDF)과 「논문」(경전 RDF)처럼 RDF의 문맥을 부여하면 그 차이가 분명해진다. 또한 체계나 상호 간의 차이 또는 관련에 대하여 시소러스로 정리하고 사전(메타 어휘)으로 만들어 두는 것도 가능하다.

시맨틱 웹의 「온톨로지」는 이러한 문제를 해결하는 장치이다.

1.3 메타 데이터의 기술 언어

RDF를 설명하기 전에 메타 데이터와 그 기술 언어인 XML에 대하여 상세하게 설명하고자 한다. 한 예로 서지 정보에서의 메타 데이터란 무엇인가에 대하여 생각해보자. 누구든지 떠올릴 수 있는 것은 저자명, 표제,

출판사, 출판년, 언어, 색인, 초록, 본문 같은 서지 항목이 될 것이다. 이러한 서지 항목은 메타 데이터의 요소가 되며 각각을 영문자로 나타내어 태그로 묶는 XML로 기술하면 다음과 같다. 그 치환 규칙(바꾸어 쓰기 규칙)은 일부만을 보였다.

서지 정보<biblio_info>, 저자명<author>, 표제<title>, 출판사<publisher>, 출판년<date>, 언어<language>, 색인<index>, 초록, 본문<context>

규칙1 <biblio_info>::=<author><title><content><pub_data>
규칙2 <content>:=<index><context>
규칙3 <pub_date>:=<publisher><date><language>
이하 생략

<?xml version="1.0" encoding="Shift_JIS"?>
<body>
<title>기록 정보에 관한 제언</title>
<author>藤沢考</author>
<date>2000년 4월 1일</date>
<language>일본어</language>
<index>기록, 미디어, 하이퍼텍스트</index>
본서는 기록정보학의 영역에 대하여 대담하게 제언하고 있으며 결론으로서 정보 푸시형 디지털 도서관의 구축을 의도하고 있다.
<context>머리말   최근의 인터넷과 멀티미디어는 …… </context>
</body>

이러한 메타 데이터의 정의 기술은 XML로 표현한다. XML(eXtensive Markup Language)은 인터넷에서 문서 구조 기술의 국제 표준 언어를 목표로 하며 그 제정은 비영리단체인 W3C가 담당하고 있다. XML에 의한 메타 데이터의 사례는 이미 다수 제안되어 있으며 그중에서도 RDF(Resource Description Framework)는 메타 데이터의 범용화를 가장 촉진하는 활동이라고 할 수 있을 것이다. RDF는 그 이름 그대로 프레임워크(쥬(主) 스키마)만을 제공하고 있으므로 주제 콘텐츠를 상세하게 정의할 수 있는 부분집합(서브 스키마)이 필요하다. 대표적인 것으로는 나중에 설명할 Dublin Core(Dublin Core Element Set)라 부르는 메타 데이터 표준이 제안되었다.

XML은 SGML(Standard Generalized Markup Language)의 결점을 개선한 것이므로 그 영향이 짙게 남아 있다. SGML은 ISO 8879로서 규격화되었고 CALS 등에서 계층적 구조화 문서의 기록 정보화에 실적을 쌓아 왔다. 그러나 아쉽게도 웹 애플리케이션용으로는 지나치게 무겁다는 문제가 있었다. 현재 HTML, SGML 및 XML의 세 가지는 서로 동일한 마크업 언어이며 거의 같은 구문을 갖고 있다. 다만 HTML과 SGML의 차이는 메타 언어의 기능을 갖추고 있지 않다는 데 있다.

메타 언어는 애플리케이션용 언어를 기술하기 위한 언어이며 「메타 데이터의 정의」도 애플리케이션의 하나로 생각할 수 있다. 이러한 SGML의 이점을 이어받아 웹 애플리케이션에도 적용될 수 있는 것이 XML이다.

1.4 XML의 구성

XML은 물리 구조와 논리 구조로 나눌 수가 있다. 이러한 점에 있어서는 DBMS와 같은 고도의 소프트웨어 시스템이라고 할 수 있다. 물리 구조에 의하여 다양한 실체(ENTITY)를 구성하는 것이 가능해지며 데이터의 부품화나 외부 파일의 이용도 가능하게 된다.

DTD를 포함하는 구조는 다음과 같은 순서로 구성된다.

① XML 선언: 이것은 없어도 된다.
② DTD(문서형 정의): 태그에 의하여 문서 구조를 지배하는 스키마.
③ XML 요소의 집합(XML 실현치): DTD에 따른 XML 인스턴스.

그리고 DTD를 포함하지 않는 구조란 DTD를 배제한 것이며 XML 선언 또한 생략할 수 있다.

DTD는 XML 인스턴스(언어)를 정의하는 언어(메타 언어)라고 할 수 있다. 즉, 한정된 영역 내에서 기능하는 메타 데이터이다. DTD는 「요소형 선언」, 「속성 리스트 선언」, 「실체 선언」 및 「기법(記法) 선언」의 네 가지 선언으로 구성된다. 또한 이러한 선언을 부여하기 위한 「문서형 선언」도 있다.

예컨대, <그림 8-3>의 「논문」이라는 문서를 예로 들어 논리 구조를 기술해보자.

```
<?xml version="1.0" encoding="Shift_JIS"?>
<!DOCTYPE 논문        〔
<!ELEMENT 논문        (장+)>
<!ELEMENT 장          (장표제, 단락*, 절+)>
<!ELEMENT 절          (절표제, (단락|개조서(箇條書)+, 항*)>
<!ELEMENT 항          (항표제, (단락|개조서)+)>
<!ELEMENT 장표제      (#PCDATA)>
<!ELEMENT 절표제      (#PCDATA)>
<!ELEMENT 항표제      (#PCDATA)>
<!ELEMENT 단락        (#PCDATA)><!ELEMENT 개조서 (#PCDATA)>〕>
```

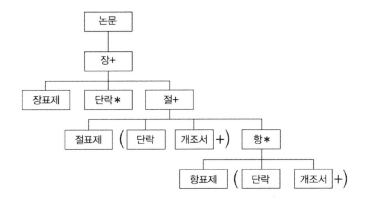

<그림 8-3> DTD에 의한 「논문」의 논리 구조

1행은 XML 선언이며 다음에 이어지는 기호열이 XML임을 선언한다. 2행은 문서형 선언으로 DOCTYPE 선언의 시작(시작기호 '〔'부터 끝기호 '〕'까지) 기호 사이에 문서 실현치를 기술한다. 3행 이하는 요소형 선언이며 태그명(요소형명), 태그의 계층구조(요소 관계)를 선언한다. 4행은 요소형 「장(章)」을 정의하고 그 한 계층 하위의 요소형으로는 「장표제」, 「단락」, 「절」이 이어진다. 그 출현 순서 및 횟수와 관련하여 「장표제」는 「임의횟수 의 단락」과 「임의횟수의 절」의 순번으로 한다. 5행에서는 요소형 「절」의 구조이며, 「절표제」는 「임의횟수의 단락」 또는 「개조서(箇条書)」에 이어지 는 「임의횟수의 항」의 순번이 된다.

6행에는 요소형 「항」의 구조이며 「항표제」는 「임의횟수의 단락」 또는 「개조서(箇条書)」의 순번이 된다. 이러한 정의를 위하여 다음의 기호를 사용하고 있다.

「,」 차례로 출현 「|」 어느 하나가 한 번 출현 「*」0 또는 1회 이상 출현 「+」1회 이상의 출현 「?」0 또는 1회의 출현

1.5 RDF와 이름공간

시맨틱 웹의 온톨로지 기능은 대규모의 RDF 문맥(애플리케이션 분야)을 정의한다. 그리고 어디에서든지 RDF에 접근하여 RDF를 URL 속에 이름을 기술하는 것만으로 참조 및 인용할 수 있도록 한다. 이 기능을 「이름공간(namespace)」이라 한다.

이름공간에 의한 XML 요소의 지정 방법은 매우 강력하게 작동한다. 원래 이름공간의 목적은 서로 다른 애플리케이션 사이에서 RDF 메타 데이터의 요소형명, 속성명 등이 중복되는 것으로 인하여 이용 시점에서 이중정의(충돌)되는 것을 피하기 위한 것이었다. 또한 다른 곳에서 이미 정의된 메타 데이터를 쉽게 추출하여 재이용할 수 있도록 한다.

이제 이름공간의 구조에 대하여 설명하기로 한다. 이미 정의되어 있는 「논문」이라는 문서 구조(메타 데이터)와 「시소러스」라는 문서 구조(메타 데이터)가 있다고 하자. 각각의 이름은 「document」와 「keyword」이며 문서 요소로 「document」에는 <논문>, <장>, <장표제>, 그리고 「keyword」에는 <색인어>, <상위어>, <동의어>가 있다고 한다.

이제 새로이 「논문색인」(dockeyword)이라고 하는 문서 구조를 정의하기로 하자. 이 경우 이름공간을 사용하면 기존에 정의된 두 가지의 문서 구조에서 필요한 문서 요소를 인용할 수 있다. 이것이 이름공간이라 불리는 기능이다.

이름공간은 「이름공간 식별자: 요소형명」 또는 「이름공간 식별자: 속성명」이라는 일반 형식에 의하여 지정한다. 이 예에서는 「xmlns: document」와 「xmlns: keyword」가 된다. 그 결과 「논문색인」이라는 문서는 <그림 8-4>와 같이 지정할 수 있다.

이와 같이 이름공간이라는 기능은 메타 데이터를 공유하는 경우에 유효하다. 표준화된 메타 데이터의 정의문서가 있다면 이를 이름공간에서 인용

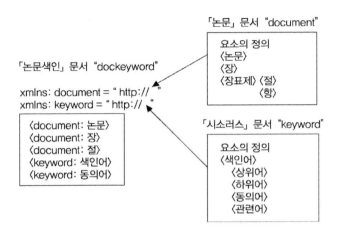

「논문색인」 문서 "dockeyword"

xmlns: document = " http:// "
xmlns: keyword = " http:// "

⟨document: 논문⟩
⟨document: 장⟩
⟨document: 절⟩
⟨keyword: 색인어⟩
⟨keyword: 동의어⟩

「논문」 문서 "document"

요소의 정의
⟨논문⟩
⟨장⟩
⟨장표제⟩ ⟨절⟩
⟨항⟩

「시소러스」 문서 "keyword"

요소의 정의
⟨색인어⟩
⟨상위어⟩
⟨하위어⟩
⟨동의어⟩
⟨관련어⟩

<그림 8-4> 이름공간의 구조

할 수 있기 때문이다. 이름공간에 의한 메타 데이터로서 널리 이용되는
것으로는 PICS(Platform for Internet Content Selection)가 있다. PICS란 인터
넷의 콘텐츠를 규제하기 위한 목적의 메타 데이터이다. 예컨대 음란한
웹문서로부터 어린이를 보호하는 목적으로 이용되기도 한다. PICS의 효과
는 미국에서는 높게 평가되고 있으며 콘텐츠의 객관적인 조사를 위해서도
유효하다고 알려져 있다. 이와 비슷한 것으로 P3P(Platform for Privacy
Preference)가 있다. 또한 마이크로소프트사의 정보 푸시형 서비스로는 CDF
(Channel Definition Format)라 불리는 것이 상용화되어 있다.

이와 같이 애플리케이션별로 사용되는 메타 데이터가 계속해서 개발되
고 있다.

이런 상황에서는 개별 메타 데이터를 기술하기 위한 표준 골격(프레임워
크)이 있다면 안성맞춤일 것이다. 이러한 요구에 부응하여 제안된 것이
RDF(Resource Description Framework)이다. RDF는 메타 데이터의 기본형을
준비하여 줄 뿐만 아니라 DBMS에서의 스키마(데이터 모형)와 비슷한 기능
에 의하여 어떠한 것이 메타 데이터의 정의에 필요한 정보인지 그 형과

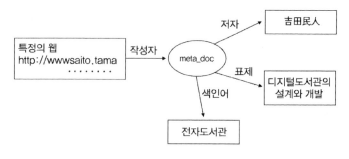

<그림 8-5> RDF의 데이터 모형

값, 구조 등과 같은 데이터 속성에 관한 설정을 지원해준다.

RDF는 극히 단순한 이론이지만 오브젝트 지향을 도입함으로써 정연한 이론이 되었다. 도해 기법에 의하여 데이터 모형은 표현하는 대상세계의 오브젝트 관계를 <그림 8-5>와 같이 방향을 갖는 화살표로 나타낸다. 이것은 수학적으로 생각하면 오브젝트를 노드로 하는 레이블부(付) 유향 그래프라고 할 수 있다(門馬 1999).

RDF에서는 리소스의 속성에 속성값을 할당하고 그 유닛을 Description 이라 부른다. 예컨대 리소스 "meta_doc"에 대하여 속성에는 "저자"를, 속성값에는 "吉田民人"을 할당하는 Description은 다음과 같이 기술한다.

```
<rdf:Description about="meta_doc">
    <medaca:저자>吉田民人</medaca:저자>
</rdf:Description>
```

RDF는 W3C가 추진하고 있으며 웹 리소스(주로 문서)를 위한 메타 데이터(서지 언어)로 발전하고 있다. 서지언어는 데이터 모형(model) 및 문법(syntax), 그리고 이와는 별도로 스키마(schema)의 두 가지를 대상으로 전 세계에서 논의되고 있다.

스키마는 속성명, 속성값과 같이 속성에 관하여 정의한 것으로 애플리케이션별로 준비할 수 있다. 이 스키마의 인용은 이름공간의 기능으로 지정한다. 어느 것이나 RDF라는 메타 데이터 프레임워크를 인터넷으로 교환하기 위하여 XML로 정의한다는 점에서 일치한다.

즉, 간단히 말하면 XML이 메타 데이터의 구조를 정의하고, RDF가 메타 데이터의 의미를 정의한다.

1.6 RDF 문법

RDF에는 다음 두 가지의 문법 표현이 있다.

① Serialization 문법   데이터 모형의 엄격한 정의를 위한 것
② Abbreviated 문법   데이터 모형의 부분집합으로 데이터 교환량을 경감하는 것

RDF의 데이터 모형은 자원(resource), 속성(property) 및 속성값(property value)의 세 가지 조합에 의하여 정의된다는 것은 이미 설명하였으므로 구체적인 예를 보자.

1.6.1 기본 모형

우선 간단한 예로 "吉田民人이 저자인 논문"이라는 문(스테이트먼트)은 데이터 모형의 Serialization 문법으로 다음과 같이 기술된다. 즉, 스테이트먼트는 주어, 술어, 목적어라고 하는 구문 규칙이 된다. 또한 참고로 Abbreviated 문법으로도 기술하였다.

자원(주어): http://wwwsaito.tamacc.chuo-u.ac.jp/yoshida/jikososhiki.doc

속성(술어): 저자

속성값(목적어): 吉田民人

Serialization 문법의 예

<rdf:RDF

  xmlns:rdf="http://www.w3.org/RDF/RDF" xmlns:medaca="http://wwwsaito.
tamacc.chuo-u.ac.jp/meta_medaca/medaca">

  <rdf:Description about=
"http://wwwsaito.tamacc.chuo-u.ac.jp/yoshida/jikososhiki.doc">

       <medaca:저자>吉田民人</medaca:저자>

  </rdf:Description>

</rdf:RDF>

Abbreviated 문법의 예

<rdf:RDF>

<rdf:Description

xmlns:rdf="http://www.w3.org/RDF/RDF"

xmlns:medaca=http://wwwsaito.tamacc.chuo-u.ac.jp/meta_medaca/medaca

about="http://wwwsaito.tamacc.chuo-u.ac.jp/yoshida/jikososhiki.doc"

  medaca:저자="吉田民人"/>

</rdf:/RDF>

1.6.2 복수의 속성에 의한 데이터 모형

다음 예는 "표제=디지털 도서관의 설계와 개발"과 "저자=斉藤孝"라는 스테이트먼트를 기술하였다.

```
<rdf:RDF
xmlns:rdf="http://www.w3.org/RDF/RDF"
xmlns:medaca="http://wwwsaito.tamacc.chuo-u.ac.jp/meta_medaca/medaca">
    <rdf:Description about="http://www.lite.tamacc.chuo-u.ac.jp/Lib.doc">
        <medaca:표제>디지털 도서관의 설계와 개발</medaca:표제>
        <medaca:저자>斉藤孝</medaca:저자>
    </rdf:Description>
</rdf:RDF>
```

1.6.3 계층적 데이터 모형

다음 예는 "표제=디지털 도서관의 설계와 개발"과 "저자=斉藤孝"까지는 복수의 속성과 속성값을 기술하지만, 새로운 속성으로 "색인어"를 추가한다. 다만 그 값이 되는 것은 별도의 이름공간(keyword 리소스)에 있는 "동의어=전자 도서관"이라는 속성 및 속성값이다. 이와 같이 별도의 리소스를 다른 리소스의 값으로 사용할 수 있다.

```
<rdf:RDF
    xmlns:rdf="http://www.w3.org/RDF/RDF"
xmlns:medaca="http://wwwsaito.tamacc.chuo-u.ac.jp/meta_medaca"
xmlns:medaca="http://wwwsaito.tamacc.chuo-u.ac.jp/dic_meta">
    <rdf:Description about="http://www.lite.tamacc.chuo-u.ac.jp/Lib.doc">
        <medaca:표제>디지털 도서관의 설계와 개발</medaca:표제>
        <medaca:저자>斉藤孝</medaca:저자>
        <medaca:색인어>
            <rdf:Description about=
"http://thesaurus.tamacc.chuo-u.ac.jp/kw0001">
```

```
<keyword:동의어>전자도서관</keyword:동의어>
    </rdf:Description>
</medaca:색인어>
    </rdf:Description>
</rdf:RDF>
```

1.7 Dublin Core

RDF를 이용한 서지 기술의 메타 데이터로서 Dublin Core(Dublin Core Metadata Element Set)가 있다. 이를 이용하면 다양한 곳에서 개발된 서지 리소스의 상호 교환이 가능해진다. 다만 그 콘텐츠는 기존의 도서관이나 서지 데이터베이스가 다루는 문헌의 2차 정보에 속해야 한다(杉本 1999).

Dublin Core는 웹 서지 자원의 발견이 목적이며 DLO(Document Like Object)라 불리는 메타 데이터 제안이 그 전신이라고 할 수 있다.

DLO는 이름 그대로 기록 서지와 비슷한 오브젝트를 기술함으로써 낭비 없는 양질의 인터넷 문서를 제공하려는 것이었다. 따라서 Dublin Core에서도 기록 정보의 리소스를 오브젝트라고 부른다. Dublin Core는 문헌 및 도서의 서지 기록에 초점을 두어 다음과 같이 저자, 표제, 주제 등 15가지 요소가 정의되어 있다.

Subject	오브젝트가 다루는 주제와 색인어
Title	오브젝트의 이름
Author	오브젝트의 저자
Creator	저자 또는 작자
Contributor	기여자
Publisher	오브젝트를 이용 가능하게 하는 에이전트나 기관

Date	공표 일시
Type	소설, 사전과 같은 오브젝트의 장르
Format	오브젝트의 형식. 오브젝트를 표시하거나 동작시킬 때 필요한 소프트웨어나 경우에 따라서는 하드웨어를 식별하기 위하여 이용 가능한 정보를 기술한다.
Identifier	오브젝트를 개별적으로 정의하는 기호
Relation	관계. 정보 자원의 식별 기호와 다른 정보 자원과의 관계. 예컨대, 작품의 판(IsVersionOf), 작품의 번역 (IsBasedOn), 책의 장(IsPartOf)이 있다.
Source	출처. 기록 정보를 만들어 내는 데 원천이 된 별도의 정보 자원에 관한 정보
Language	콘텐츠의 언어
Coverage	오브젝트의 공간적 배치 및 계속 시간의 특징
Rights Management	저작권 기술 등 권리에 관한 기술

Dublin Core는 RDF로 다음과 같이 기술된다. 또한 <DC> 태그는 Dublic Core의 정의이다.

```
<?xml:namespace about=
    "http://www.tamacc.chuo-u.jp/RDF/RDF" prefix="RDF"?>
<?xml:namespace about=
    "http://saitolab.fujisawa.ne.jp/DC/" prefix="DC"?><rdf:RDF>
    <rdf:Description RDF:HREF=
        "http://medaca.tamacc.chuo-u.ac.jp">
        <DC:Subject>지적 전자미디어</DC:Subject>
        <DC:Title>정보로부터의 해방</DC:Title>
```

```
    <DC:Author>斉藤孝</DC:Author>
    <DC:Publisher>中央大学</DC:Publisher>
    <DC:ObjectType>기술논문</DC:ObjectType>
  </rdf:Description>
</rdf:RDF>
```

전술한 바와 같이 Dublin Core에는 15가지 요소가 정의되어 있으나 모두 문서 내의 속성일 뿐 문서의 구조를 기술할 수 있는 요소는 포함되어 있지 않다. 이것으로는 인터넷상의 리소스 기술은 가능할지 몰라도 메타 데이터로서 텍스트를 재구성하는 데는 충분하다고 할 수 없다.

그러나 Dublin Core의 사고방식은 세계 디지털 도서관의 표준적인 메타 데이터를 제정하기 위하여 매우 중요하다. Dublin Core는 기존 도서관에서의 장서 목록 정보(메타 데이터)가 이용자와 자료를 연결하는 귀중한 열쇠라는 생각에 바탕을 두고 표준화를 진행함으로써 각 도서관별로 메타 데이터의 작성법이 무질서하게 난립하는 것을 방지하고 있다. 디지털 도서관에서의 통합 검색을 위해서도 어떤 규범을 두고 논리적으로 일관된 메타 데이터의 설계가 필요할 것이다.

1.8 온톨로지 기술 언어

OWL은 시맨틱 웹의 온톨로지를 기술하는 언어이다(清野 2002).

이 언어의 기본 원리는 오브젝트 지향에서의 지식 표현의 클래스와 속성의 개념이다. <그림 8-6>은 클래스 계층을 나타내는 것으로 다음 명제를 기초로 지식을 구조화하고 있다.

동물(Animal)은 나이(age)를 갖는다.

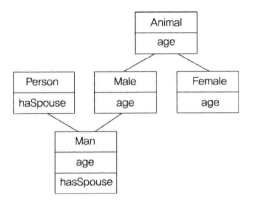

<그림 8-6> 시맨틱 웹의 지식 지도

동물은 수컷(Male)과 암컷(Female)로 나누어진다.

인간(Person) 중에는 배우자(hasSpouse)를 갖는 자가 있다.

남성(Man)은 인간이며 수컷이다.

이 지식을 OWL로는 다음과 같이 기술한다.

PrimitiveClass(Animal, slot(age, range=xsd:integer, required, singlevalue))

이 기술은 Animal이 클래스이며 속성으로서 age를 갖는다는 것을 나타
낸다.

이 경우 age의 값은 필수(required)이고 하나뿐(singlevalue)이며, 값의 범위
는 정수(integer)임을 의미한다.

PrimitiveClass(Male, supers(Animal))

PrimitiveClass(Female, supers(Animal))

이 기술은 Male과 Female은 각각 클래스이며, 상위클래스는 Animal임을 나타낸다.

Disjoint(Male, Female)

이 기술은 클래스 Male과 Female이 서로 배타적임을 나타낸다.

PrimitiveClass(Person, slot(hasSpouse, range=Person, optional, singlevalue))

이 문장은 Person이 클래스이며, 속성으로 hasSpouse를 가진다는 것을 나타낸다.
이 경우 hasSpouse의 값은 재량이고 만일 필요하다면 하나뿐(singlevalue)이며 값의 영역은 Person임을 의미한다.

DefineClass(Man, supers(Person, Male))

이 기술은 Man이 클래스이며 Person과 Male을 상위 클래스로서 갖는다는 의미이다. 또한 Person과 Male을 상위 클래스로서 갖는 클래스는 Man임을 의미한다.

이와 같이 클래스 계층의 정의로부터 다양한 인스턴스(실제 데이터)를 기술하는 것이 가능하다. 예컨대 「23세의 여성인 美佳」라는 인스턴스는 다음과 같이 기술된다.

Individual(Mika, Female, (age, xsd:integer, 23))

이와 같이 OWL의 언어 형식은 술어 논리적이며 프레임 모형과 같다고 생각할 수 있다.

그 특징을 요약하면 상기의 예문에 나타난 계층구조의 표현, 동등성의 표현, 비중복성의 표현, 클래스에 대한 제약의 표현, 집합연산의 표현 등이 가능하다는 것이다.

2. K-Agent

K-Agent는 서지 암묵지를 획득하기 위한 지식 모형이며 지금까지 설명한 다양한 지식 모형의 영향을 받고 있다.

2.1 에이전트 모형

도서의 서평에 대하여 생각해보자. 어떤 독자는 유쾌한 내용이었다, 또 어떤 독자는 그 장면이나 장에서 감격하였다, 많은 사람들에게 도움이 된다 등의 서평을 썼지만 자신은 범작이라고 생각하는 경우도 있다. 만약 독자의 개별적인 평가를 빌린 책에서 얻을 수 있다면 근사할 것이다.

도서관에서는 이용자로부터 얻은 개인적인 독후감은 새로운 이용자에 대한 중요한 조언이 된다. 다만 이러한 이용자의 평가를 알아내는 것은 프라이버시 보호 등의 이유로 실제로는 어렵다. 독서 상담이나 앙케트로 분석하는 방법이 예전부터 시도되었지만 결국 사람 간의 커뮤니케이션이 되기 때문에 반드시 쌍방의 지식을 형식화하는 데 최적이 아닌 경우가 발생한다. 상대가 사람이라면 아무래도 본심을 말하기 어려운 상황이 생긴다. 즉, 듣는 사람의 기량이나 주제에 관한 지식에 크게 의존한다. 따라서 듣는 사람을 의인화한 에이전트 모형을 이용한다면 「암묵지」를 털어놓고 이야기해줄지도 모른다는 가정을 해볼 수 있다. 이러한 모형이 있다면 최상의 이용자 인터페이스가 될 수 있는 자기 자신(분신)을 시스템 속에 생성하여 그것과 대화하는 것이 가능하기 때문에 극히 개인적인 지식(암묵지)을 획득할 가능성도 있다.

이 가설을 실증하는 장소로 도서관을 택해보자. 그 대상이 되는 것은 「도서관의 장서」에 관한 지식이며 이는 장서 속성에 관한 서지 지식이 된다. 예컨대 이용자가 장서로부터 얻은 개인적인 독후감, 타인과의 독서를 통한 의견 교환, 어떻게 자신이 선호하는 도서를 찾아냈는지에 대한 탐색 전략, 그리고 독서 기록과 같은 「서지 암묵지」라 할 수 있는 것들이다. 서지 암묵지는 개인의 내면적인 지능을 드러내는 것이기도 하여 간단히 얻어낼 수는 없다. 이를 에이전트 모형(K-Agent)으로 시도하는 것이다.

2.2 LibAvatar 시스템

<그림 8-7>은 K-Agent가 기능하는 LibAvatar 시스템을 나타내고 있

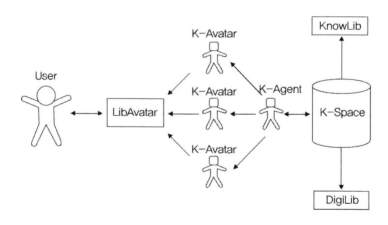

<그림 8-7> LibAvatar와 K-Space

다. 이용자가 LibAvatar에 접하면 지식분신(K-Avatar)을 생성한다. 그리고 이용자는 독후감, 탐색 전략과 같은 자신의 서지에 관한 지식을 표현하는 K-Avatar를 만들어 낸다. K-Avatar는 이용자가 선호하는 지식 캐릭터로서 이용자 앞에 나타나지만 그것을 조종하는 것은 이용자에게는 직접 보이지 않는 K-Agent다. K-Avatar의 서지 암묵지는 K-Agent에 의하여 지식 베이스(K-Space)에 축적되고 이용자의 필요에 따라 검색할 수 있다. 또한 KnowLib과 DigiLib은 지적 인터페이스의 이름이다.

2.3 서지 암묵지

어떤 이용자가 도서관에 왔다고 하자. 그 사람은 K-Agent와 면회하기 위하여 개인용 컴퓨터 앞에 앉는다. 그러면 동영상 카메라가 그 사람의 영상을 촬영하여 개인용 컴퓨터 화면에 표시한다. 같은 화면의 다른 장소에 가이드 역할을 하는 K-Agent가 등장한다. 그리고 양자의 간단한 대화에 의하여 그 사람의 분신(K-Avatar)을 만들어 내게 된다. K-Avatar는 버추얼 아이돌(캐릭터)과 비슷한 것이라고 할 수 있다.

이용자는 K-Avatar를 생성하기 위한 대화를 반복한다. 그 대화의 내용은 처음에는 자기소개 정도의 내용부터 시작하지만 곧 도서관에 온 목적, 무엇을 찾고 싶은지, 그 요구 내용, 과거의 독서 경험, 도서관의 이용방법, 사서에 대한 인상, 세상 돌아가는 이야기와 같이 자기를 표현하는 상세한 내용(서지 암묵지)이 된다. 각 이용자의 서지 암묵지는 K-Avatar의 속성으로서 곧 K-Agent에게 포착된다.

K-Agent는 이용자 앞에 그 모습을 드러내지 않는다. 또한 이용자는 K-Agent의 존재를 의식하지 않고 자기를 표현한 K-Avatar를 육성해나간다. 그리고 만들어진 다양한 K-Avatar는 <그림 8-8>과 같이 K-Agent에 의하여 조종된다.

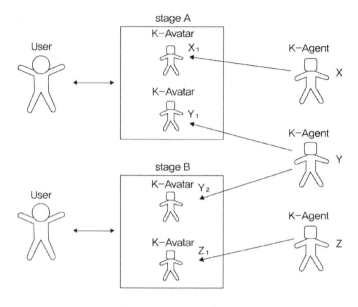

<그림 8-8> K-Avatar과 K-Agent

예컨대, K-Agent x는 장면 A에서 K-Avatar x1을 조종하고, K-Agent y도 그곳에서 K-Avatar y1을 연출한다. 또한 다른 장면 B에서 K-Agent y는 K-Avatar y2를 조종하고 있다.

2.4 K-Avatar의 역할

일본 사람은 캐릭터를 대단히 좋아한다고 한다. 어디에서도 캐릭터 상품을 볼 수 있다. 동물이나 신화, 인기 애니메이션이나 아이돌도 섞여 있다. 모습은 사람과 다르지만 의인화되어 있기 때문에 이를 가진 사람은 자신의 감정을 이입시켜 부담 없이 공감할 수 있다.

K-Avatar는 캐릭터와 비슷한 것이라고 할 수 있다. K-Avatar는 분신 인형을 화면 속에 만들어냄으로써 이야기를 전개해나간다. 예컨대 익명,

출신지, 나이, 생일, 가족 구성, 신체 치수, 혈액형, 성격, 잘하는 과목, 좋아하는 꽃, 음악, 음식, 최근 감동한 영화, 좋아하는 스포츠, 동물, 연예인, 지금 가장 관심이 있는 것 등과 같은 개인적인 내용이다. 이용자는 감정이입으로 시작하여 곧 지식이입에 이르는 대화가 이루어진다. K-Avatar는 다음과 같은 기본 속성을 가지고 있다.

① 이름(닉네임)

　　K-Avatar의 인식명이며 이용자의 익명이다. 특별히 제약은 없지만 동일한 이름이어도 시스템이 부여하는 고유번호의 차이로 식별된다. 그 밖의 선택 항목으로는 성별, 나이, 직업이 있다.

② 패스워드

　　이용자가 부여하는 코드이며 그 K-Avatar를 삭제하거나 내용을 갱신할 때 이용자가 관리하기 위하여 사용한다.

③ 자기소개

　　K-Avatar의 성격이나 프로필을 기술한 것으로 이용자 자신의 자기소개를 겸하며 독서에 대한 견해, 선호하는 도서, 취미, 사상, 경력과 같은 개인적인 정보를 기술한다.

④ 탐색 전략

　　어떤 방법으로 목적하는 도서 문헌을 찾았는지 그 서지 정보에 관한 탐색 전략과 경위가 기록된다.

⑤ 독후감

　　이용자가 실제의 도서 문헌의 내용을 읽은 후에 감상, 소견, 비평 등 개인적인 독후 정보를 기술한다. 또한 감성어(感性語)라 불리는 SD 분석용의 척도도 필요에 따라 기입한다.

⑥ 키워드

　　이용자가 K-Avatar에 부여하는 키워드이며 자연어로 여러 개를 기술할 수 있다.

2.5 LibAvatar 시스템의 구성

LibAvatar 시스템은 다음 기능을 갖는 서브시스템으로 구성된다.

① K-Agent

  K-Agent는 서지 암묵지의 선도자 역할을 한다. 이는 대상도서(기록물)
  의 모범적 서지 정보를 기록하며 그 속에는 이용자가 매력을 느끼고
  다가설 만한 서평이나 의견 등이 기술되어 있다. K-Agent는 일종의
  미끼 또는 모형과 비슷한 역할을 한다.

② K-Space

  지식 베이스(K-Space)는 K-Agent와 K-Avatar, 그리고 이들이 성장
  및 분화한 것이 사는 둥지라고 할 수 있으며 서지 암묵지의 데이터베
  이스이다.

③ K-Avatar

  지식분신(K-Avatar)은 이용자가 지식 베이스에서 검색한 K-Agent나
  파생 K-Avatar를 참고로 하여 자신의 의견, 감상, 서평 등과 같은
  서지 암묵지를 기술한 것이다. K-Avatar는 이용자의 서지 암묵지를
  끌어내는 역할을 수행한다.

2.6 기본적인 절차

LibAvatar 시스템의 기본 순서는 다음과 같다.

① 지식 획득의 입안

지식 선도 에이전트(K-Agent)와 지식분신(K-Avatar), 이들의 집합이 축적되는 지식 베이스(K-Space)를 준비한다. 그리고 지식 인터페이스의 관리자(경영자)는 이용자의 서지 암묵지의 획득 방침을 입안한다.

② 지식분신의 생성

이용자는 K-Space를 검색하여 선호하는 K-Space와 그 파생 K-Avatar (지식분신 나무)를 찾아내 자신의 지식분신(K-Avatar)을 생성하고 육성한다.

③ 지식 콜러보레이션

K-Space는 서지 암묵지의 교류의 장(콜러보레이션 스페이스)을 제공하고 여기서 이용자의 서지 암묵지의 학습과 발달을 지원한다.

④ 지식 베이스의 조직화

K-Space의 지식 콜러보레이션에 의하여 다양한 서지 암묵지(지식분신 나무)가 성장한다. 이 지식분신 나무의 성장 모양에 따라 「성장도」와 「관심도」가 분석되어 불필요한 가지의 트리밍, 갱신, 분류와 같은

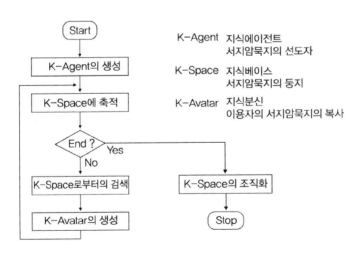

<그림 8-9> 실험 처리의 흐름

K-Space의 조직화가 이루어진다.

<그림 8-9>는 LibAvatar 처리의 흐름을 나타낸다.

3. K-Map 모형

K-Map은 서지 암묵지의 지식 모형이며 그 결과는 지식 지도로 처리된다. K-Map의 목적은 다음과 같은 재귀적인 온톨로지 알고리즘의 나선 과정을 평가하는 것이다.

① K-Map은 이미 누군가의 손에 의하여 작성된 온톨로지 알고리즘을 이해할 수 있고 그것을 적용할 수 있는 암묵지를 가지고 있다. 이 암묵지는 온톨로지 알고리즘의 발전 사이클에 의하여 곧 형식지로 변환된다.
② K-Map을 작성할 수 있다는 것은 자기 자신의 온톨로지 알고리즘을 표현할 수 있는 형식지가 있다는 것이다.
③ ①→② 및 ②→①이라는 재귀적인 온톨로지 알고리즘의 나선 과정을 반복하여 서지 암묵지와 형식지는 자기 조직화된다.

K-Map은 서지 암묵지의 작은 지식 모형에 지나지 않는다. 실세계의 서지 정보를 대상으로 온톨로지 알고리즘의 나선 과정에 의하여 추론된다. 그 과정 속에서 모형과 현실의 차이가 명확하게 드러난다.

3.1 서지 암묵지의 표현

K-Avatar에 의하여 획득된 서지 암묵지는 K-Agent에 의하여 지식으로 표현된다. 우선, 양자의 관계를 명확히 해두자. K-Avatar는 이용자가 스스로 조작하여 기술하는 서지 암묵지라는 항목에 대응시킨 문자열이다. 이대로 지식 베이스에 축적할 수는 없다. 지식 베이스에는 시스템의 내부 표현으로 전개된다. 그 내부 표현이 K-Agent에 의한 지식 표현이다. 서지 암묵지는 프레임 모형으로 기술된다.

구체적으로 서지 암묵지의 예를 들어보자. 독후감 코너(장면)의 다음과 같은 채팅 기능이다. 이는 복수의 K-Avatar에 의한 대화의 광장에서 일어난다. 여기서는 주최자가 K-Avatar「이치로-」이며 화제가 되고 있는 것은 『천국의 계단』이라는 책이라고 하자.

K-Avatar(유카리)

안녕하세요, 이치로-. 그 『천국의 계단』을 읽었습니다. 어두운 이야기지만 사람이 사람을 생각하고 피가 사람을 생각한다. 그 생각에 눈물이 났습니다. 소설은 이렇게 재미있구나 하고.

K-Avatar(이치로-)

유카리 씨. 이것은 정말로 어른의 소설입니다. 몸이 찢겨지면서도 연인을 생각하는 슬픈 정열에 가슴 두근거렸습니다.

K-Avatar(김)

작자는 白川道라고 하는 사람. 40대던가요. 참 이런 비극을 잘 쓰네요.

K-Avatar(유카리)

이처럼 절절한 느낌은 처음이에요. 주인공 柏木의 너무나도 잔혹한 운명을 생각하면 가슴이 뜨거워지고 눈물이 그치질 않아요.

K-Avatar(신타)

　주인공과 옛 연인의 재회 장면. 이건 대연애소설(大戀愛小說)이라고 생각하였습니다.

K-Avatar(유카리)

　텔레비전이나 영화와 같은 영상으로는 맛볼 수 없는 소설이 갖는 힘에 압도되었어요.

K-Avatar(김)

　「인간은 왜」라고 가슴 속에 여러 가지 생각이 넘쳐서 울었습니다.

K-Avatar(유카리)

　미스터리죠. 혹시 일본 문학의 명저로서 빛나게 되지는 않을까요?

　이 K-Avatar 「이치로-」에 의하여 그의 K-Agent는 다음과 같이 지식을 표현한다. 우선, 추출되는 키워드는 「천국의 계단, 白川道, 소설, 연애, 미스터리, 비극, 주인공 柏木, 잔혹한 운명」이 된다.

　이러한 K-Avatar끼리의 대화에 의한 지식 형성은 비정형의 문자열에 지나지 않으므로 장황하고 불필요한 대화도 포함되어 있지만 있는 그대로의 형태로 K-Agent로 넘겨진다. 이 단계부터 K-Agent의 활약이 시작된다. 대화 기록을 담화 분석하고 형식화한다. 즉, 주제 분석과 색인화라고 하는 온톨로지 알고리즘을 적용한다. 이를 위하여 K-Agent는 메타 데이터 태그에 기초하여 구조화한다.

　즉, K-Avatar가 한 대화에서 서지 정보만을 추출하여 K-Map을 작성한다. 이 예에서는 다음과 같은 메타 데이터 태그가 부여된다.

　RecordnoSubject(0100045)

　TitleSubject(천국의 계단)

　DateSubject(081501)

AuthorSubject(白川道)

TypeSubject(소설)

TypeSubject(연애)

TypeSubject(미스터리)

TextObject(*chat*)

TextObject(*keyword*)

또한 *chat*와 *keyword*는 TextObject의 변수이며 각각의 값에는 다음 내용이 기록되어 있다.

chat: K-Avatar와 이용자의 채팅 내용. 전술한 『천국의 계단』의 채팅 문자열.

keyword: 추출된 키워드의 문자열. 예컨대 천국의 계단, 白川道, 소설과 같은 키워드.

3.2 K-Space의 구조

<그림 8-10>은 K-Map의 기본 구조를 나타낸다. K-Agent를 기반으로 하여 K-Object와 그 속성(Attribute) 및 다른 K-Object와의 관계(Relation)를 나타낸다. 어떤 개념이나 주제(K-Subject)는 몇 가지의 K-Object를 묶어 표현되며 K-Agent는 지식을 몇 가지의 K-Subject로 표현한다.

K-Agent는 복수의 지식 주제를 가지고 있어서 각각이 K-Subject라는 프레임으로 표현된다. K-Subject는 슬롯에 상당하는 오브젝트(K-Object)로 표현된다. K-Subject와 K-Object는 모두 주제를 가시화(감성 변수)하여 변환하고 위에서부터 계층적으로 도식화된다. 그 계층 관계는 전체와 부분(Whole-Part)이라는 단순한 관계로 분해된다. 또한 K-Agent가 있는 장소라

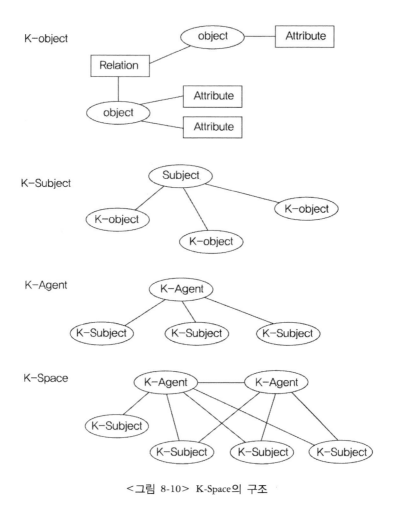

<그림 8-10> K-Space의 구조

고 할 수 있는 것이 **K-Space**라 불리는 지식 베이스이다. **K-Space**에서는
K-Agent가 의미 네트워크(지식 공간)를 형성한다.

일반형식은 다음과 같다.

```
{K-Subject: <subject-name>;
    K-Object <metadata> 1: object-value1;
    K-Object <metadata> n: object-value n;}
```

여기에서 지식 모형(이론), 지식 베이스(写像) 및 관계 데이터베이스(実装)의 대응 관계에 대하여 정리해보자. 우선, 지식 모형을 보면 술어 함수로 다음과 같이 나타낼 수가 있다.

Subject(x, y, z)

기록 지식 베이스(K-Space)에서의 구조는 다음과 같이 나타낸다.

K-Subject K-Object x; K-Object y; K-Object z;

그리고 관계형 데이터베이스에서는 다음과 같은 커맨드에 의하여 정의된 관점별의 관계표가 성립한다.

```
create view K-Subject-view(x, y, z)
    as select x, y, z
        from K-Subject
            where conditional formula;
```

이제 구체적인 사례를 보도록 하자. 다음과 같은 지식을 묘사하는 경우를 예로 생각해보자.

K-Agent에 「중앙대학 문학부 斉藤 연구실의 날리지 라이브러리」라는 주제를 표현한다. <그림 8-11>은 그 의미 네트워크(K-Map)를 나타낸다.

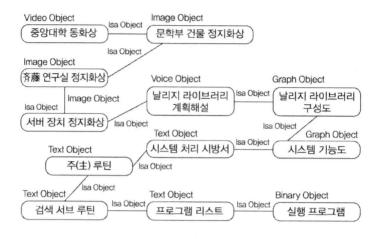

<그림 8-11> K-Subject의 지식 지도(K-map)

이 예제는 약 20분가량의 비디오이며 **MPEG2**로 디지털화한 콘텐츠이다. 이 간단한 스크립트는 초두의 장면에서 중앙대학의 전경을 비추며 多摩 캠퍼스의 자연환경 속에 흩어져 있는 각 학부의 교사(校舍)로 장면이 옮아 가고, 문학부 교사 내를 걸어 斉藤 연구실에 닿는다. 다음 장면에서는 斉藤 연구실의 내부와 다양한 **IT** 기기를 보이고 목적하는 날리지 라이브러리가 실장되어 있는 서버기기로 눈이 옮아가도록 되어 있다. 그동안 내레이션에 의하여 날리지 라이브러리에 대한 개요도 해설된다. 주제의 초점은 날리지 라이브러리가 어디서, 누구에 의하여, 어떤 환경에서 개발되었는지를 전달하는 것이지만 날리지 라이브러리시스템의 구성과 그 프로그램까지 소개하고 일부 프로그램을 실행하는 지식 베이스도 중요하다. 이러한 사례로부터 알 수 있는 것은 오브젝트와 그 속성은 영상, 문장, 사진, 도면, 실행프로그램 등을 포함하는 멀티미디어라는 것이다. 이 사례의 **K-Subject**는 다음과 같다.

{K-Subject 날리지 라이브러리

  IsaObject (VideoObject (중앙대학 동화상) ImageObject (문학부

  건물 정지 화상));

    IsaObject (ImageObject (斉藤연구실 정지 화상) ImageObject

    (서버 장치 정지 화상));

      IsaObject (VoiceObject (날리지 라이브러리 계획 해설)

    GraphObject (날리지 라이브러리 구성도));

        IsaObject (GraphObject (시스템 기능도)

TextObject (시스템 처리 시방서));

        IsaObject (TextObject(주 루틴) TextObject(검색 서브 루틴));

        IsaObject (TextObject (프로그램 리스트)

BinaryObject (실행 프로그램));}

3.3 K-Map 템플릿

K-Map이란 지식 베이스로서 K-Space에 축적되며 그 최소 단위인 K-Subject는 슬롯에 상당하는 오브젝트(K-Object)로 표현된다. 슬롯은 롤 (role)이라 불리는 범주이며 다음과 같은 기능을 나타낸다.

① 주체(actor)　　　　　작용을 일으키는 주인(主因)

② 객체(object)　　　　　작용을 받는 대상

③ 작용(act)　　　　　　동작, 프로세스

④ 수단(instrument)　　　작용을 일으키기 위한 수단

⑤ 결과(state)　　　　　작용에 의하여 생성된 상태

⑥ 조건(condition)　　　작용된 상황

이들 롤에 의하여 관계를 맺은 K-Map 템플릿은 의미 네트워크를 형성한다. 그리고 K-Space(지식 베이스)에 축적되고 그 속에서 이용자는 분류 대상에 적합 혹은 근사한 K-Map 템플릿을 적용하는 과정을 반복한다. K-Map 템플릿의 작성과 적용은 시소러스의 작성 및 그 이용 과정과 유사하다. K-Map 템플릿은 최초의 단계에서는 극히 소박한 지식 지도의 부분도에 지나지 않지만 사용되면서 점차 유형화되어 템플릿의 형태로 변화한다. 그 과정에서 지도의 쓸모없는 가지라고 할 수 있는 중복이나 무의미한 부분은 트리밍된다. 이상적인 템플릿의 모습은 정연하게 망 모양으로 전개되는 네트워크형 시소러스라고 할 수 있다.

3.4 메타 데이터 태그

K-Object의 속성을 결정하는 함수가 메타 데이터 태그이다. 이 메타 데이터 태그에는 기본 메타 데이터 태그와 오브젝트 메타 데이터 태그의 두 종류가 있다.

① 기본 메타 데이터 태그
이는 서지 메타 데이터 태그와 유사한 것으로 어떤 주제 집합이라는 레코드에 관한 관리 속성을 나타낸다.

RecordnoSubject	주제의 인식 기록 번호
TitleSubject	주제의 표제
DateSubject	주제의 생성 연월일
TypeSubject	주제의 타입(도서 문헌, 음악, 영화 등)
AuthorSubject	주제의 작성자
LangSubject	주제의 언어

② 오브젝트 메타 데이터 태그

K-Object의 속성(Attribute)과 관계(Relation)를 나타내는 메타 데이터 태그이다.

IsaObject	오브젝트 간의 계층 관계
VoiceObject	음성 속성
TextObject	문서 속성
ImageObject	정지화상 속성
GraphObject	도형 속성
BinaryObject	프로그램 실행 속성
VideoObject	동화상 속성

여기서는 오브젝트 메타 데이터 태그를 이용하여 전술한 예제가 있으므로 이를 이용하여 설명하기로 하자. 이는 동화상에 의한 K-Subject의 기술이다. 따라서 주제가 되는 본체 오브젝트의 기술은 메타 데이터 태그 VideoObject에 의하여 그 속성이 정의된다.

VideoObject(중앙대학 동화상)

다음으로 주제를 한정하여 주목해야 할 "문학부"라는 오브젝트에 초점을 맞추기 위하여 그 정지화상을 대상으로 한다. 여기서는 메타 데이터 태그 ImageObject를 사용하여 그 속성을 정의한다.

ImageObject(문학부 건물 정지화상)

그리고 양자의 오브젝트 간의 관계는 IsaObject에 의하여 정의된다.

IsaObject(VideoObject(중앙대학 동화상) ImageObject(문학부 건물 정지화상))

3.5 K-Facet

K-Space에서는 K-Agent가 가지고 있는 지식과 이를 표현한 주제(K-Subject)의 집합이 서로 링크에 의하여 묶여 의미 네트워크를 형성한다. 이러한 지식 공간은 공 모양으로 비유된다. 지식 패싯(K-Facet)이란 지식 베이스(기록 지식 베이스)를 이용하는 검색자의 관점을 말한다. 그 의미는 공 모양으로 비유되는 개념과 주제에 대한 분류, 즉 구면(球面)의 슬라이스를 뜻한다. 이는 <그림 8-12>와 같이 구(3차원 공간)에서 특정한 면(2차원

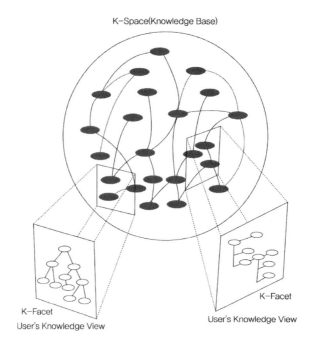

<그림 8-12> K-Space의 K-Facet

면)을 취한 것이다. K-Facet은 지식 베이스의 지식 검색 인터페이스라 할 수 있다.

이용자는 다른 사람의 지식이나 자신의 지식을 확인하기 위하여 지식 베이스 내에서 K-Agent를 찾는다. 다만 그 검색 방법은 K-Agent를 구축한 지식 축적과는 구조가 다르다. 의미 네트워크로 복잡하게 전개되는 K-Space에 접근하는 것은 쉬운 일이 아니다. 이 경우에 도움이 되는 것이 검색 관점을 정해주는 K-Facet이다.

K-Facet에는 K-Facet 연산이라 부르는 지식 공간(의미 네트워크) K-Space에서 관점을 정하여 2차원의 지식 계면 K-Facet으로 변환하는 조작이 있다. 이를 위하여 다음과 같은 기본 연산이 준비되어 있다.

① 계층화　　전체와 부분(whole-part/generic-specific) 키워드 간의 계층 관계로 사상(写像)된다.
② 교집합　　어떤 키워드가 지식 공간에서 복수 주제의 교집합으로 사상된다.
③ 동의　　　별도의 키워드로 사상되어 있으나 주제는 동일하다.
④ 합치　　　키워드와 주제가 1대1로 사상된다.
⑤ 합집합　　하나의 키워드가 복수의 주제에 사상된다.
⑥ 미정의　　키워드에 대응하는 주제가 없거나 주제에 대응하는 키워드가 없다.

이러한 K-Facet 연산에 의하여 지식 공간에서 주제를 잘라 내어 2차원의 K-Facet 표를 생성한다.

4. 실험

이 연구의 목적은 「도구의 연구」와 「인간의 연구」 두 가지이며 두 가지 모두 정보와 지식 시스템의 설계와 개발에 필요한 소재를 얻기 위한 것이다. 그 최종적인 목표는 다음 두 가지이다(斉藤 2003).

① 새로운 도서관 이용자 인터페이스(새로운 비즈니스 모형)의 제안
② 기존 검색 모형(정보검색 시스템)의 문제 해결

4.1 지식 인터페이스의 연구

그 목적에 대하여 자세히 설명하도록 하자.

① 「도구의 연구」: 「소박한 지식」을 지원하는 인터페이스
도구의 연구에서는 정보 시스템 및 지식 시스템에 대한 최종 이용자 지향 인터페이스 시스템(End User Oriented Interface System)의 설계에 필요한 지침을 얻는다. 예컨대 이용자를 끌어들이기 위한 시스템 모형과 소박한 이용자의 이용자 모형을 위한 설계 조건 등이다. 여기서 확인해두고 싶은 것은 종래 이러한 인터페이스로서 「지적 인터페이스」라는 것이 알려져 있으나 이는 「지식 인터페이스」와는 다르다는 것이다. 「지적(Intelligent)」이라는 해석에는 대개 고도의 정보지원과 전문적 지식을 제공한다는 이미지를 가지고 있으며 일반 이용자들이 원하는 서비스를 제공하는 것은 아니다. 「지식 인터페이스」는 이용자의 수준에 맞춘 것으로 「소박한 지식」의 획득과 학습을 지원한다.
② 「인간의 연구」: 기록 정보를 둘러싼 이용자의 지식 행위

이와 같은 「도구의 연구」는 기록 정보와 그 정보 시스템(지식 시스템)을 둘러싼 이용자의 정보 행위(기록 지식 행위)를 탐색하는 「인간의 연구」를 한다. 그 대상은 정보 시스템의 정보 지향 이용자이며 지식 시스템의 지식 지향 이용자이기도 하다. 결과로서 「인간의 연구」의 데이터는 「도구의 연구」에 반영된다.

4.2 연구의 효과

지식 인터페이스의 연구 목적에 대하여 더욱 자세하게 설명하면 다음과 같이 요약할 수 있다.

① 도서관의 이용자 인터페이스 설계

이 연구 성과는 도서관이나 정보검색 시스템(정보 시스템)의 지적 인터페이스의 설계 지침을 제공한다. 이는 보통의 이용자들이 가지고 있는 암묵지를 우선적으로 다루는 지식 시스템(지식 인터페이스)의 모형이 된다.

② 정보 리터러시의 지침, 「독서지도」와 「자기학습」

정보 리터러시란 기록 정보의 취급에 관한 것으로 기록 지식의 획득 그 자체가 정보 리터러시(독서 지도)에 상당한다. 특히 도서에 관한 독서라는 리터러시(서지 암묵지의 획득) 교육에 효과적이다. 또한 이용자의 기록 지식의 획득과 학습, 그리고 발달이라는 「자기학습」의 지원에도 활용할 수 있다. 이용자 자신이 서평을 읽고, 스스로 서평을 쓰고, 타인의 서평을 평가하고, 서평 채팅에 참가하는 등 정보 리터러시를 즐기면서 실제로 체험할 수 있기 때문이다.

③ 도서관 경영의 새로운 비즈니스 모형

이 연구에서 독서 지도, 도서 선정 등 도서관 경영의 입장에서 필요한 이용자의 요구 실태와 생생한 목소리를 얻을 수 있다. 공공도서관을 예로 들어 보자. 원래 공공도서관은 「독서의 광장」이며 종이로 된 도서를 전제로 이용자의 지식을 육성하는 장소이다. 그러나 현실은 그렇지 않다. 현재 공공도서관은 「지식의 장」에서 세태를 반영하여 매우 저렴한 「인생의 휴식처」가 되고 있다. 공공도서관 활성화의 열쇠는 청소년층을 다시 불러들이는 데 있으며 이를 위해서는 종래의 고전적인 독서 활동이나 도서관 서비스라는 정공법만으로는 대처할 수 없다. 청소년층에 초점을 둔 「도서관의 새로운 비즈니스 모형」이 요망된다.

④ 정보검색 시스템의 「검색 모형」 제안

지식 베이스(서지 암묵지)에서 얻어진 다양한 데이터는 정보검색 시스템과 그 검색 모형에 대하여 큰 임팩트를 준다. 예컨대 서지 암묵지의 지식 베이스를 자연언어 처리로 분석함으로써 정보 시스템에 필요한 색인어의 설계, 주제 분석 기법의 개량, 그리고 정보 시스템에 대한 새로운 평가 척도를 얻을 수 있다. 특히 서지 암묵지는 이용자의 가공되지 않은 자연어에 의하여 기술되고 있으므로 이를 대상으로 언어학적 분석을 할 수 있다. 그 방법은 통계적인 내용 분석, 인지심리 학적 분석과 같이 다양한 각도에서 선택할 수 있다. 지금까지 수많은 정보 시스템에서 채택된 「검색 모형」은 극히 단순한 부울 모형이며 부울 연산 기호만을 이용하여 집합 연산을 한다. 이용자는 주제를 지시하는 키워드(색인어)를 선택하고 그 조합을 통하여 탐색하고 싶은 주제(개념)를 좁혀 나간다.

따라서 색인어의 품질이 가장 중요한 과제가 되며 이를 개선하기 위하여 이용자 요구의 참조를 고려하고 있지만 실제로 좀처럼 실현되지 못하고 있다. 어떻게 하면 풍부한 색인어를 제공할 수 있는지에 대한 방법도, 이를 제어하기 위한 색인어 사전(시소러스)을 제공하는 검색 인터페이스도 고안되었다. 원래 시소러스는 전문가에 의하여 구축되어 있으므로 색인어와 편성 방식이라는 고도의 지식을 이용자에 강요하는 단점이 있다.

색인어에 의한 검색 모형은 자연언어에 의한 기록물의 기술에서 추출된 키워드를 기반으로 한 것이 많으며, 이들의 의미가 문맥 속에서는 명확하지만 해당 상황에서 벗어난 경우에는 모호해지며 다의성을 갖게 된다. 더욱이 전문(全文) 검색과 같이 어구를 그대로 키워드로 삼아 검색하는 경우에는 의미적인 잡음(노이즈)이 다수 발생한다. 이래서는 정보검색이 아니라 잡음검색이 되는 단점이 있다. 이와 같이 검색 모형에서는 많은 문제가 산적되어 있으나 본 연구를 통하여 다음과 같은 해결의 실마리를 발견할 수 있다.

(A) 전문가의 서지 암묵지

이와 같은 전문(全文) 검색이나 자연어 검색의 문제점을 해결하기 이전 단계에도 문제가 있다. 이는 기록물 그 자체의 품질을 향상할 필요가 있으나 정보 시스템의 입장에서 기록물의 생산자(기록 알고리즘의 당사자)에게 이를 요구해야 하므로 그 실현은 극히 어렵다.

정보 시스템(검색 모형)이 관여할 수 있는 것은 기록물에서 기록 정보를 가공하는 주제 분석과 색인어의 부여와 같은 정보 알고리즘 단계이다. 이 단계에서는 기록 정보의 생산자가 어떠한 주제 분석을 하고 색인어를 설계하고 부여하였는지가 명확해진다. 이를 구체적으로 서지 정보에 맞추어 본다는 것은 색인자의 주제 분석과 색인어의 부여에 관한 전문가 지식(전문가의 서지 암묵지)의 공개를 의미한다.

(B) 감성 검색 및 감정 검색

정보검색 시스템의 본질적인 문제를 해명하는데 이르러서는 인간의 추론이나 연상, 감성과 같은 비선형적인 지식 구조에 바탕을 둔 정보검색인터페이스 모형을 검토할 필요가 있다. 멀티미디어의 유행에서 볼 수 있듯이 사실이나 사상(事象)에 관한 논리적 지식 정보를 단순히 받아들이는 시대로부터 누구나 내면에 가지고 있는 형태가 없는 감정이나 이미지와 같은 감성적 측면을 도입하여 보다 개성적인 정보를 찾는 시대로 향하고 있다.

따라서 어떤 형태로든 인간의 내면에 존재하는 것을 시스템에 표현하려는 「검색 모형」의 연구는 인간 마음의 지식 모형을 실현한다는 관점에서 중요한 의미를 갖는다.

감정은 인간 고유의 느끼는 방법이며 지식, 기억, 학습, 경험 등과 강하게 연결되어 있는 인간의 정신활동이다. 이것은 인간의 지식, 기억, 학습, 경험과 감정 간의 관련성이라는 인간의 감정이 환기되는 메커니즘을 연구하는 것이며, 한마디로 표현하면 「인간의 연구」가 된다. 그 구체적인 방법은 많은 분야에서 다양하게 시도되고 있다. 예컨대 인지과학적으로 고찰하면서 감정의 지식 알고리즘을 인지 모형에 의하여 구축하려는 시도가 있다.

4.3 방법

지식 인터페이스의 서지 암묵지 모형은 LibAvatar라 부른다. LibAvatar 는 표면적으로 도서관 이용자의 인터페이스로 활용되었으며 공공도서관 이용자의 「서지 암묵지」의 획득을 위하여 실험되었다(宮田 2001a). 또한 그 이론적인 근거를 더욱 확증할 목적으로 이를 독후감 검색 시스템에 응용하는 시도가 있었다(宮田 2001a).

LibAvatar의 기본적인 가설은 다음과 같다.

이용자에게 가장 사용하기 쉽고 편리한 지식 인터페이스는 이용자 자신에 의한 서지 암묵지의 획득과 학습이다. 이는 자기 자신의 지식분신을 생성 및 성장시키는 것이다.

4.4 서지 암묵지의 획득 실험

LibAvatar 시스템의 선도자라 할 수 있는 K-Agent는 독서 안내용으로 준비된 것은 아니다. 이것은 독자로부터 「서지 암묵지」를 끌어내는 실마리로 설정되고 대부분의 독자는 이를 열람함으로써 다양한 분신(K-Avatar)의 생성이 촉진된다. 이것을 나쁘게 말하면 「속임수」나 은어를 낚기 위한 「미끼」와 비슷한 역할을 한다. 여기서 다시 한 번 강조하지만 서지 암묵지는 「서평」이 아니다. 이것은 도서라는 기록물을 통하여 얻을 수 있는 기록물의 정보에 관한 지식이며 주제 분석과 비슷한 행위라 할 수 있다.

소설과 같은 일반도서는 원래 주제를 텍스트 구조로 전개한 것이다. 이를 독자가 어떻게 읽고 어떻게 그 감상을 말할지, 즉 서지 행위(독서력)는 독자의 예비 지식에 크게 의존한다. 이러한 독서력은 우선 기본적으로 「리터러시」를 필요로 하며 이를 기반으로 개인의 지식, 교양, 생활, 경험이 가미되어 발달해나간다. 이 과정에서 서지 암묵지는 마치 「지식 지도」처럼 성장(확대)하여 나간다고 생각된다.

4.4.1 서지 행위

「서지 행위」는 일반적으로 말하는 광의의 독서력과는 달리 「서지 암묵지」의 형성과 관계되는 것에 초점을 맞춘 것이다. 이용자는 도서에 포함된 주제를 대상으로 <그림 8-13>에 나타낸 서지 암묵지의 콜러보레이션을 통하여 이러한 서지 행위를 전개한다. 이것은 어떤 의미에서는 집단(콜러보레이션)을 통하여 「주제 분석」을 하는 것이다. 이 결과는 주제와 그 주제 구조가 이용자의 소박한 언어(개념)와 링크 구조를 이루어 명확하게 K-Map으로 표현된다. 즉, 온톨로지의 공유와 학습이 일어난다.

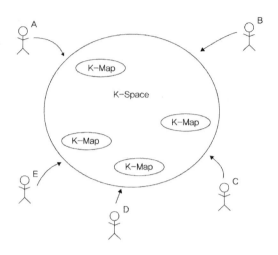

<그림 8-13> 서지 암묵지 콜러보레이션에 의한 주제 분석

4.4.2 사례 연구

이 사례는 『해변의 카프카』(村上春樹 新潮社 2002)라는 베스트셀러를 대상으로 한 것이다. 베스트셀러이므로 누구나가 읽고 싶어 하는 책이며 따로 독서 안내도 필요하지 않을 것이다.

중요한 것은 베스트셀러라 하더라도 독자의 소박한 「서지 암묵지」를 어떻게 획득할 것인가라는 것이다.

(순서 1) K-Agent의 생성

우선 관리자(연구자)는 지식 시스템의 운용 방침에 따라 「암묵지의 획득」을 입안할 필요가 있다. 예컨대 어떤 베스트셀러 도서에 대하여 독자는 어떤 감상을 갖고 있는가? 극히 평범한 독자(도서관의 이용자)의 독후 서평을 알고 싶다. 그것도 독자의 생생한 말로 기술되어 있는 내용을 분석하고 싶다. 이러한 관리자(연구자)의 계획에 따라 K-Agent에는 그 베스트셀러의 모범적 서평이 입력된다. 이 경우 동일한 대상에 대해서도 복수의 K-Agent

가 나름대로 별개의 선도적인 내용을 기술하게 된다. 즉, K-Agent를 어떤 선도자로 삼을 것인가, 그리고 어떤 동작을 연출할 것인가는 「암묵지의 획득 전략」에 의하여 결정된다.

이 실험에서 K-Agent는 다음 다섯 종류가 설정되었다.

Nav-Agent(주제 유도)	전체의 주제 구조를 유도하는 보조 역할
Lit-Agent(문예평론가)	문예평론가의 입장에서 서평처럼 진술한다.
Soc-Agent(사회학자)	사회학자의 입장에서 의견을 진술한다.
Ref-Agent(도서관 사서)	도서관 사서의 입장에서 개인적인 의견을 진술한다.
Stu-Agent(어떤 대학생)	대학생 입장에서 평균적인 감상을 진술한다.

각 K-Agent는 문예평론가나 사회학자, 또는 평범한 대학생 등의 선도자로 등장한다. 그리고 각각 전문적인 입장에서 개성적인 의견을 진술한다. 아래에는 각 K-Agent의 선도적인 의견의 예를 보인다.

∽ ∽ ∽

Nav-Agent
캐치프레이즈   불가사의한 이름이다. 하지만 그것이 이름입니다.
            말, 문자, 문장, 책이라는 것을 주역으로.

이 소설 『해변의 카프카』의 주인공은 소년이다. 15살이 되는 생일 전날 밤, 두 번 다시 돌아오지 않을 결심으로 여행에 나선 소년의 이야기와 소년기에 특이한 체험을 한 범상치 않은 초로의 남성의 여행이 상호 간에 진행된다. 이 소설에는 말, 문자, 문장, 책 등을 주역으로 하고 싶으나 이를 메타포하는 인물들이 등장한다. 그리고 중요한 무대는 사립도서관이다.

주요 등장인물은 田村카프카, 나카타 씨, 大島 씨, 星野 씨, 佐伯 씨이다. 또한 田村카프카는 프란츠 카프카(1883~1924)에서 유래한다. 그는 프라하에서 태어나 독일어를 구사하는 유대계 소설가, 실존주의 문학의 선구자로서 제2차 세계대전 후의 문학에 큰 영향을 미쳤다. 소설 『변신』, 『심판』, 『성(城)』 등이 있다.

서지 링크   『성(城)』, 『심판』, 『변신』

주제 링크   田村카프카, 나카타 씨, 大島 씨, 星野 씨, 佐伯 씨, 메타포

∾ ∾ ∾

(주석)

캐치프레이즈   K-Agent나 K-Avatar의 표제어구

서지 링크   도서(서지 정보 데이터베이스)와 연결되는 포인터이다.

주제 링크   인용된 주제를 기술한 K-SubAgent와 연결되는 포인터이다.

∾ ∾ ∾

K-SubAgent는 주제 링크에 의하여 부모 Agent에서 인용되는 것으로 주제를 보족하는 내용이 기록되어 있다. 예컨대 「田村카프카」라는 주제 링크는 그 주인공의 프로필과 링크된다.

Nav-SubAgent(田村카프카)

주인공인 「나」(자칭, 田村카프카)는 책읽기를 좋아하는 15살의 소년이다. 쉬는 시간이 되면 언제나 학교 도서관에 가서 탐욕스럽게 책을 읽었다. 그는 中野区의 자택에서 나와 四国의 高松에 있는 사립 도서관을 방문한다. 그리고 그곳에서 만난 大島라는 사서의 도움으로 그 도서관에 머물게 된다. 그는 도서관에서 다음 날도 그 다음 날도 책을 읽는다. 일시적으로 도서관을 떠나

高知의 깊은 산속에 있는 大島 씨의 형 소유인 오두막에 몸을 숨기게 되었을 때도 그는 많은 책을 읽는다.

∽ ∽ ∽

다음 예는 문예평론가로서 선도해주는 K-Agent이다. 글 속에 있는 『오즈의 마법사』나 村上春樹라는 키워드로부터의 서지 링크에 의하여 관련되는 도서를 참조할 수 있다.

Lit-Agent(문예평론가)

캐치프레이즈   세계문학 수준으로 독후감은 압도적

이 소설은 『오즈의 마법사』식의 소설문법으로 쓰여 있다. 글 속에 星野 청년이 혼신의 힘으로 「입구의 돌」을 뒤집고 다른 세계로 들어가는 장면이 있는데 글쓴이도 무엇인가를 뒤집고 있다.

독후감은 압도적이다. 세계문학 수준으로 지금까지의 村上春樹의 작품에서 완전히 벗어났다고 느꼈다. 더 이상 수수께끼 놀이가 아니라는 것이 그 증거이다. 현실의 인력(引力)이 소설 속에서 살아 있어서 비현실적인 일이 현실처럼 보여 이상하다고 느껴지는 것이 수수께끼이지만 이 소설은 더 이상 그런 수수께끼 놀이의 욕망을 일으키지 않는다.

서지 링크   『오즈의 마법사』, 村上春樹

주제 링크   「입구의 돌」

∽ ∽ ∽

다음은 사회학자를 가장하는 에이전트의 예이다. 좀 딱딱한 사회학적인 코멘트 같은 내용이어서 이를 열람하고 의견을 진술하는 분신을 생성하려는 독자는 적을지도 모른다.

Soc-Agent(사회학자)

캐치프레이즈　시점(視点) 인물은 마음을 닫은 15세의 소년

　　　　　　　소년은 어린 시절 어머니에게 버림받고

시점 인물은 마음을 닫은 15세의 소년으로 독자의 공감을 얻기 어려운 설정이다. 소년은 어린 시절 어머니에게 버림받아 사실 완전히 피폐하여 있다.

왜 아버지에게 구애되는가, 증오하는가가 명확하게 드러나지 않는다. 모든 것은 소년의 망상일지도 모른다. 그러나 엉터리로라도 이야기를 꾸며 내고 그 이야기를 풀어야만 밖으로 나올 수 있는 일이 현실에는 자주 있다. 여기에는 그 회복의 절실함이 잘 나타나 있다.

흔히 있는 「성스러운 바보」를 주역의 한 사람으로 삼고 오이디푸스를 이야기의 근간으로 잡고 있다. 동서고금의 문학자나 철학자들의 말이 등장인물들의 입을 통하여 나오며 오이디푸스의 영향이 강하게 느껴진다.

서지 링크

주제 링크　　　「성스러운 바보」, 오이디푸스

∞ ∞ ∞

다음은 사서의 입장에서 선도해주는 에이전트의 예이다. 이 소설의 무대가 사립도서관이라는 것에서 도서관과 책이라는 미디어에 주목하고 있다.

Ref-Agent(도서관사서)

캐치프레이즈　도서관을 무대로 하고 있다

　　　　　　　데이터베이스의 메타포이다

　　　　　　　나카타는 책이 한 권도 없는 도서관과 같은 사람입니다

나카타는 텅 비어 있습니다. 나카타는 책이 한 권도 없는 도서관과 같은 사람입니다. 주인공인 소년이 가출한 후 신세를 지는 곳이 도서관이다. 그러나 도서관을 무대로 하고 있으면서도 도서관적인 리얼리티는 떨어진다. 스토리의 대부분이 도서관 또는 책이 많이 있는 산의 오두막 속에서 전개된다.

책이라는 기록 미디어의 저장고로서의 도서관은 말하자면 데이터베이스의 메타포이다. 도서관을 찾는 사람은 목록(인덱스)을 이용하여 장서를 검색하고 원하는 책에 도달한다. 이는 아날로그 데이터베이스이며 이곳에서 일하는 大島 씨가 입에 올리는 인용은 바로 그 데이터베이스로부터의 한 아웃풋인 것이다.

서지링크

주제링크　　　데이터베이스, 메타포

∽ ∽ ∽

(순서 2) K-Space(지식 베이스)에 축적

<그림 8-14>는 다섯 종류의 K-Agent와 이들과 관련된 주제 링크 K-SubAgent를 K-Space에 축적하는 것을 보여준다. 이때 필요하다면 미끼 역할을 하는 K-Avatar도 축적한다.

예컨대 다음과 같은 K-Avatar이다. 주제 링크와 그 링크 앞에 있는 것은 K-SubAgent이다.

∽ ∽ ∽

Nav-Avatar 1

캐치프레이즈　문예 평론을 추리소설처럼 전개하였다.

이 소설의 주역은 인간이 아니다. 이는 철학, 사상, 문학론 등 문예평론을

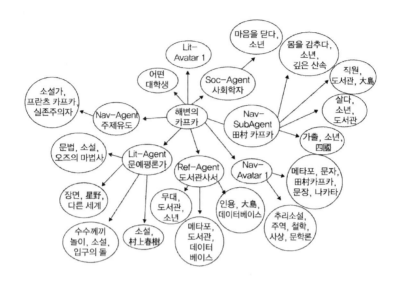

<그림 8-14> K-Agent의 예

추리소설처럼 전개한 것이다. 이 소설의 전개는 田村카프카와 나카타 씨의 두 가지 이야기가 동시에 진행된다. 이 메타포는 문자나 문장과 같은 것들이다. 15세의 田村카프카는 문자나 문장을 천재적으로 숙지하고 있으나 초로의 나카타 씨는 대조적으로 문자를 읽지 못하는 사람으로 설정되어 있다.

∽ ∽ ∽

(순서 3) K-Space의 검색

이용자는 전문 검색 기능을 이용하여 K-Space 속에서 원하는 정보(서지 암묵지의 형성에 관한 정보)를 검색한다. 그리고 이용자가 선호하는 K-Agent 나 K-Avatar, 그 집합인 「지식분신 나무(K-Avatar Tree)」를 발견한다.

지식 베이스에 있는 지식 에이전트 및 지식분신은 각각 기록 정보를 축적한 기록 베이스(서지 데이터베이스)에 링크되어 있다. 따라서 이용자가 대상 도서에 대하여 알고 싶다면 그 서지 정보를 참조(정보검색 시스템의 이용)할 수 있다. 또한 필요에 따라 그 현물인 도서를 대출해주는 도서 대출 시스템과 연동하는 것도 가능하다.

K-Space의 검색에서는 예컨대 「카프카」라고 입력하면 화면상에 리스트가 표시된다. 여기에는 에이전트와 분신의 캐치프레이즈가 함께 표시된다. 이용자는 그 리스트 속에서 적당한 것을 선택하고 이를 기초로 링크되어 있는 관련 지식분신 나무(K-Avatar Tree)를 열람한다. 이를 참고로 하면서 순서 4를 위하여 자신의 감상, 독후감 등과 같은 의견을 기술하고 새롭게 자신의 분신(K-Avatar)을 생성한다. 그리고 자신이 선호하는 지식분신 나무에 연결할 준비를 한다.

∽ ∽ ∽

(순서 4) K-Avatar의 생성

이용자는 검색한 타인의 서지 암묵지(지식분신 나무)를 참고하면서 자신의 독후 의견, 감상 등을 기술하여 익명 지식분신(K-Avatar)을 생성한다. 그리고 순서 2로 진행한다.

예컨대 이용자 X씨는 자신의 분신 Lit-Avatar1을 생성하고 Lit-Agent 아래에 연결하였다.

∽ ∽ ∽

Lit-Avatar 1

캐치프레이즈   아름다운 음악과 같은 이야기

『해변의 카프카』는 아름다운 음악과 같은 이야기였습니다. 여러 가지 악기가 각 파트에서 조용히 시작되어 돌연 드라마틱해지기도 하고 조용해지기도 하고 미묘하게 코드를 바꾸어 가고 마지막에는 하나의 선율을 연주하면서 클라이맥스로 순식간에 흘러갑니다. 메타포의 바다에 떠 있으면서 숨은 그림

속에 숨어 있는 또 다른 그림을 찾아 미지의 세계에 들어가는 듯한 독서를
오랜만에 즐겼습니다.

∽ ∽ ∽

(순서 5) K-Space(지식 베이스)의 조직화
K-Space의 조직화에는 서지 링크와 주제 링크의 작성, 분신 나무의
트리밍, 색인 작성, 주제 분석 지도(지식 지도 지식 베이스의 추이 상태도)의
작성 등이 필요하다. 이것은 「서지 암묵지」의 획득을 관리하는 것이다.
K-Agent를 정점으로 하는 K-Avatar의 구조는 K-Avatar가 계속 탄생하
면 나무의 가지가 늘어나듯이 성장해나간다. 이를 「지식분신 나무(K-Avatar
Tree)」라고 부른다. 이는 「서지 암묵지」의 학습과 발달을 나타내는 「지식
지도」이다.
다만 이러한 서지 암묵지의 발달이 반드시 정상적인 것은 아니다. 그
속에는 엉터리 지식분신이나 예상이 어긋난 것, 그리고 잘못된 지식 에이전
트와의 링크도 있다. 이러한 쓸모없는 지식 분신을 퇴치(삭제)해야 한다.
이러한 처리를 「지식분신 나무(K-Avatar Tree)」의 트리밍이라 부른다.

4.4.3 지식분신 나무의 상태 추이
K-Space에서의 지식분신은 지식분신 나무(K-Avatar Tree)로 성장(상태
추이)한다. 예컨대 이용자 A, B, C, D가 있어서 다음과 같은 대화가 있었다
고 가정한다.

① K-Agent의 생성과 K-Space에 축적
K1이라는 지식 에이전트가 생성되고 지식 베이스에 축적되었다.
② K-Avatar의 생성과 K-Space에 축적
이용자 A는 자신의 지식분신을 마음에 들어 하는 지식 에이전트

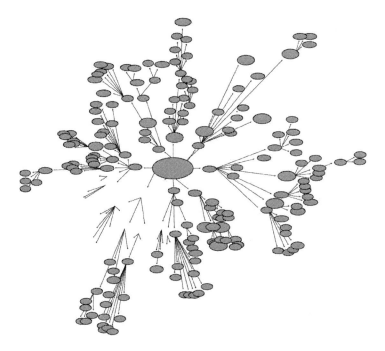

<그림 8-15> 지식분신 나무(K-Avatar Tree)의 숲

K1 아래에 링크를 만들었다.

③「지식분신 나무」의 탄생

또한 다른 이용자 B도 마찬가지로 지식 에이전트 K1 아래에 링크를 만들었다.「지식분신 나무」의 탄생과 성장의 과정을 반복한다. 이에 따라 지식 베이스에서의 서지 암묵지 숲이 <그림 8-15>와 같이 확대되어간다.

④ 인용 링크

인용 링크는「관심도」와「성장도」를 평가할 수 있는 것으로, 후술하는 Weblog의 Trackback을 이용하여 인용 링크 네트워크로 표시된다.

예컨대 이용자 C는 「지식분신 나무」K1 속에서 지식분신 A에 자신의 지식분신 C를 링크하여 파생 지식분신을 탄생시킨다. 또한 이용자 D가 파생 지식분신 C에 링크를 생성하였다. 이는 「성장도」를 보이는 것이며 주제 K1에 대한 서지 암묵지의 발달을 나타낸다. 이와 같이 「지식분신 나무」는 탄생과 성장을 반복한다. 그 탄생은 주제에 대하여 이용자의 관심이 많다는 「관심도」를 나타낸다. 또한 이의 성장은 수준의 심도를 측정함으로써 주제에 대한 논의가 밝혀지기 때문에 「성장도」를 나타낸다.

4.4.4 「관심도」와 「성장도」

정량적인 지식 베이스의 평가는 「지식분신 나무(K-Avatar Tree)」를 대상으로 「관심도」와 「성장도」라 불리는 척도를 사용한다.

① 「관심도」

K-Agent 아래에 링크된 K-Avatar의 수는 관심도를 나타낸다. 다수의 지식분신이 그곳에 달려 있는 링크 상태는 해당 지식 에이전트에 대한 이용자의 관심이 많다는 것을 나타낸다.

② 「성장도」

이는 지식분신 아래의 링크로 나타나는 파생 지식분신의 상태를 나타내는 것으로, 수준이 깊어진다는 사실은 「지식분신 나무」의 성장을 나타낸다. 즉, 서지 암묵지의 발달을 의미한다.

관심도나 성장도가 나쁜 「지식분신 나무」는 K-Agent나 파생 지식분신에 원인이 있다. 이러한 「지식분신 나무」는 트리밍의 대상이 된다.

4.4.5 조직화에 의한 분석

조직화된 지식 베이스에서 다양한 서지 암묵지를 분석할 수 있다. 예컨대 정상적으로 성장한 「지식분신 나무」의 평가, 지식분신 나무의 상태추이, 지식분신의 유별화, 자기조직화의 상태 등이 있다. 또한 지식분신의 내용 분석에서는 자연어처리에 의한 말, 용어의 빈도 및 그 통계분석을 할 수 있다.

그 결과는 색인어의 설계에 필요한 용어나 정동어(情動語)나 감성어 등이 므로 언어학적인 평가에 도움이 된다. 여기에서는 온톨로지 알고리즘에 의한 조직화를 적용해본다. 다시 한 번 확인하지만 온톨로지 알고리즘이란 두 가지로 요약할 수 있다. 즉, 「분류의 작성과 활용 능력」이다.

① 어떻게 자기류의 분류 시스템과 시소러스를 작성할 수 있는가?
② 어떻게 기존의 분류 시스템과 시소러스를 활용할 수 있는가?

우선, 「분류 시스템 원리」(제5장에서 해설)에 의한 개념, 명사(名辭), 내포, 외연, 유 개념, 종 개념, 피분류체, 분류지(分類枝), 분류 원리 등 아홉 항목에 대하여 분석한다.

예컨대 "도서관"이라는 개념은 "도서관에 간다", "도서관은 무대", "도서관의 책을 읽는다", "도서관에서 책을 읽는다" 등의 용례 속에서 정의된다. 이 예에서 "도서관의 책을 읽는다", "도서관에서 책을 읽는다"의 두 용례는 "의"와 "에서"라는 기능어의 차이에서 "도서관"과 "책을 읽는다"의 사이에는 작용(Act)이 일어나는 장소(place)라는 롤이 있음이 밝혀진다.

다음으로 ①에 대해서는 주제의 지식 지도(좁은 의미의 K-Map)를 작성하고 ②에 대해서는 K-Space 템플릿(주체, 객체, 작용, 수단, 결과, 조건과 같은 롤)을 적용한다. 주제의 지식 지도는 K-Space(템플릿)에서 주제별로 K-Agent를 정점으로 하여 K-Subject 프레임으로 분해된다. 그리고 K-Subject는 슬롯(롤)에 상당하는 오브젝트(K-Object)에 의하여 전체와 부분(Whole-Part)이라는 단순한 관계로 표현된다.

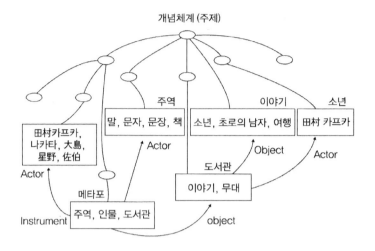

<그림 8-16> 서지 암묵지의 도해 (지식 지도)

<그림 8-16>은 Nav-Agent를 예시한 것으로 대략 다음과 같은 순서로 작성되었다.

① 문맥으로부터 명제를 추출한다. (정보의 구조화)
② 개념을 형성한다. (정보의 압축화)
③ 이름표를 붙인다. (정보의 색인화)
④ 분류와 구조화를 한다. (정보의 분류)
⑤ 공간적으로 전개하고 의미 구조를 발견한다. (정보의 내용 분석)
⑥ 인과 관계 등에 주목하여 롤로 관계를 부여한다. (정보의 지식 지도)

이는 소설의 주제를 개념 체계로 하여 서지 암묵지라는 것이 어떻게 형성되어가는가를 도해한 것이며 소설의 주제 분석이나 내용 분석을 표현한 것은 아니다. 중요한 것은 어떻게 소설의 주제를 충실하게 반영하는가가 아니라 서지 암묵지라는 지식의 표현과 획득을 통하여 온톨로지 알고리즘을 습득하는 일이다.

실험에서는 Nav-Agent(주제 유도), Lit-Agent(문예평론가), Soc-Agent(사회학자), Ref-Agent(도서관 사서), Stu-Agent(어떤 대학생) 등 다섯 종류 K-Agent의 서지 암묵지(지식 모형)를 기반으로 다양한 K-Avatar의 접촉과 대화의 누적에 의하여 서지 암묵지가 확대되었다. 이 성장 추이는 지식 지도(K-Map)로서 가시화되었다. K-Map은 대화와 응답(채터링)의 과정을 나타내는 것으로 Semantic Network라는 말의 연상 지도이다. 서지 암묵지란 이러한 말의 연상 지도에서 획득된다는 것이 밝혀졌다.

4.4.6 「소문 전파」의 활용

서지 암묵지는 K-Space에서 이용자의 콜러보레이션에 의하여 성장한다. 이 콜러보레이션의 특징은, 선호하는 독서에 관한 암묵지를 공유하는 멤버로 구성된 집단 내에서는 극히 주관적인 언어(암묵지)로 표현된 것이라도 불특정의 상대에게 추천할 수 있다는 것이다. 즉, 책이 베스트셀러나 추천 도서라는 평가보다 어떤 동일한 가치관을 가진 집단의 평가를 기준으로 한다. 이것은 「Recommendation 수법」(松村 2003)이라 부르며 K-Space의 K-Agent와 K-Avatar의 동료들이 얻은 암묵지를 추천하여 「소문 전파」와 같이 확대하여간다.

「소문 전파」를 평가하는 도구로서 Weblog(田口 2003)를 사용하였다. 이 시스템이 갖는 Trackback이라 불리는 기능을 이용하면 K-Map 템플릿의 인용횟수와 그 인용처를 확인할 수 있다. Trackback은 Memex의 trail braiser와 같은 작용에 의하여 서지 암묵지의 확대를 도해해준다. 어떤 의미로는 Citation Index와 비슷한 구조이기도 하다.

Weblog는 어떤 이용자가 WWW에서 발견하여 감명을 받거나 비판하고 싶은 홈페이지에 대하여 자신의 의견을 인용 사이트의 본문(화제 기사)과 함께 작성하는 것이다. 그리고 이를 범주별로 분류하여 Weblog

에 게재한다. 그렇게 하면 후에 이를 다른 이용자가 읽고 새로이 자신의 의견을 추가한다. 이때 인용에 대한 인용 링크가 생성된다. 인기 있는 화제나 의견이라면 인용 링크 네트워크는 크게 확대되며 Trackback을 클릭하면 즉시 그 인용 링크 네트워크가 표시된다. 이 인용 링크 네트워크는 암묵지의 지식 지도라고 할 수 있으며 「소문 전파」를 검증하는 도구이기도 하다.

4.4.7 독후감 검색 시스템

K-Agent의 독후감 검색 시스템(宮田 2001a; 宮田 2001b)은 서지 암묵지의 「감성」에 대한 기술을 검색한다. 이를 위하여 예컨대 「귀신의 집」이라는 어구에는 「공포」나 「두려움」, 「가슴이 터지다」, 「놀라다」 등의 감성어를 부수적으로 연결할 필요가 있다. 다만 「감성」은 논리적인 구조도 모호하지만, 일반적으로 「아름답다」라든가 「상쾌하다」와 같은 말로 표현되는 것이란 인상을 가지고 있다. 사람은 소설을 읽거나 그림을 보거나 음악을 들을 때 「감성」을 의식한다고 생각된다.

독후감의 등록에서는 소설의 장르, 키워드로 표현되는 테마, 줄거리, 엔딩 등 소설의 주제를 다면적으로 파악하기 위한 코멘트, 감정 표현 이미지와 그 강도 항목에 대하여 이용자가 서지 암묵지를 기술하고 그 과정이 기록된다. 그리고 독후감의 검색에서는 K-Avatar의 닉네임 검색이나 키워드 검색, 장르 검색, 감정의 표현 이미지에 의한 검색이 가능하다. 그리고 「재미있었다」, 「기운이 났다」, 「두근두근하였다」, 「슬퍼졌다」 등의 개인적인 독후감의 감정으로부터 「기운이 날 듯한 책을 읽고 싶다」, 「감동을 주는 책을 읽고 싶다」와 같은 이용자가 읽고 싶은 책을 찾아낸다.

감정의 표현 이미지에 의한 검색 기능은 감성어라는 것을 설정하고 그 상위에는 「ENJOY」, 「HAPPY」, 「SAD」, 「ANGRY」, 「SURPRISE」, 「EXCITE」, 「LOVE」, 「WONDER」, 「FEAR」와 같은 상위 개념의 감성어

가, 그 각 하위에는 「기운이 펄펄 나는」, 「기력이 가득 찬」과 같은 하위 개념의 감성어가 부여되어 있다.

4.4.8 K-Space의 범주화

이 경우의 범주화는 K-Avatar에 기록된 「감성어」로 소설과 같은 작품의 성질을 정량화하여 분류하는 것을 말한다. 이것은 감성을 정량화하는 「관능검사법」으로 유명한 SD(Semantic Differential)법(井上 1985; 中森 2000)이다. SD법에서는 샘플을 n개의 형용사쌍으로 표현되는 n차원 공간의 점으로 매핑한다. 우선, 감성에 기초하는 평가결과를 정량화하고 이를 다시 클러스터링함으로써 샘플을 분류한다.

다양한 실험 예가 보고되어 있다(椋木 2001; 眞鍋 1992; 中作 1997; 谷口 1995). 예컨대 독서 과정에서의 인상(印象) 전이를 연구하고 있는 中作恭子은 아동에게 동화를 들려주고 동화 속 주인공의 이미지가 동화의 줄거리의 전개와 함께 어떻게 변하는가를 SD법으로 분석하고, 동화형식을 취한 문장을 제시함으로써 정서적 의미의 전달 과정에 관한 수량적인 파악을 시도하였다(中作 1963). 콘셉트로서 浜田廣介의 저서 『검은 나무꾼과 하얀 나무꾼』의 「검은 나무꾼」 등을 초등학생 남녀를 대상으로 들려주고 동화의 독서 과정에서의 감정전이를 조사하고 있으며, 이를 위하여 미리 주요 인물의 행위가 변화하는 단락에 거의 대응시켜 설정된 5 또는 7단계의 단락에 대한 이미지를 조사해둔다. 동화를 아동에게 들려준 후, 동화 속 주인공의 감성 표현 이미지에 대하여 「좋다-나쁘다」, 「아름답다-추하다」, 「밝다-어둡다」, 「새롭다-낡았다」, 「강하다-약하다」, 「크다-작다」, 「무겁다-가볍다」, 「활발하다-활발하지 않다」, 「긴장하다-느슨하다」, 「뜨겁다-차갑다」 등과 같은 감성언어쌍 10가지 척도로 SD법 평정(評定)을 적용하였다. <그림 8-17A>는 거의 동일한 규모를 가진 복수의 클러스터가 공간 전체에 존재하고 있는 경우에는 적확한 범주화가 이루어졌다는 것을 의미한다.

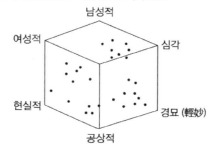

A 적확한 범주화가 되는 클러스터의 분포

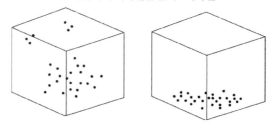

B 적확한 범주화가 되지 않는 클러스터의 분포

<그림 8-17> SD법에 의한 범주화

만일 <그림 8-17B>와 같이 클러스터가 공간의 일부에만 편중된 경우에는 범주화는 적확하지 않다고 판단된다.

5. 서지 암묵지의 도구

K-Agent나 K-Map과 같은 지식 연구의 도구로서 간단한 것으로는 BBS나 「소문 전파」용의 채팅 시스템 등을 이용할 수 있다. 또한 LibAvatar와 같은 전용시스템도 매우 편리한 도구이지만 대규모의 것으로는 RCT (Remote Collaboration Tool)라는 오픈 소스를 이용할 수 있다. RCT는 캘리포니아 대학의 Walters(Walters 1997)가 개발하였으며 원격지에서의 콜러보

레이션을 위하여 Java와 CORBA으로 개발된 웹 애플리케이션이다. 이는 시공을 초월한 지적 공동 작업이 목적이며 주로 원격지 교육에 적합하다. 다만 교사로부터 학생으로의 일방통행식 교육이 아니라 학생끼리, 교사와 학생, 그 이외의 연구자가 어떤 교육 주제를 기반으로 쌍방향으로 정보를 교환하고, 서로 지식을 육성하며, 소박한 지식으로부터 전문 지식까지 서로 협조하고, 그 지식 베이스를 인터넷상에 구축할 수 있다(Walters 1999).

예컨대 교사와 학생이 서로 다른 장소에서 어떤 주제로 인터랙티브하게 수업을 진행한다. 학생은 교실의 칠판이나 노트에 상당하는 것을 각자의 개인용 컴퓨터 화면에 표시해둔다. 물론 멀티 윈도우 화면이다. 이 화면에는 수업의 주제, 진도, 선생님의 강의, 교재 메뉴가 표시되며 학생으로부터의 질문, 각 학생의 대화 상황 등도 표시된다. 문자, 음성, 영상, 그리고 이들이 조합된 멀티미디어 정보가 서로 교환된다.

RCT는 컴퓨터에 의한 학습 지원 시스템처럼 보이지만 이와 크게 다른 점은 우선 교실이라는 개념이 전 세계에서 인터넷을 통하여 접속하는 개인용 컴퓨터에 형성된다는 것이다. 말하자면 가상적인 세계 교실인 것이다. 다음으로는, 다양한 주제를 중심으로 논의하고 이것이 데이터베이스에 모아져 보존되므로 후에 검색하여 활용할 수 있도록 되어 있다는 점이다.

이러한 RCT의 특색이 있으므로 이를 <그림 8-18>과 같은 온톨로지 장치로 응용할 수도 있다.

여기서는 RCT를 응용하는 전략을 설명하고자 한다. 우선, 이용자는 RCT의 주제 칠판을 이용하여 익명의 서지 암묵지 그룹을 생성한다. 이용자는 언어, 지역, 시간을 뛰어넘어 인터넷상에서 전개되는 가상 도서관에 있는 셈이다. 장서를 보유하고 있는 현실세계의 도서관과 동일한 상황을 시뮬레이션할 수 있는 것이다.

이용자가 선호하는 장서에 대하여 이를 어떻게 찾아냈는지, 키워드의 선택과 검색식의 작성 요령 등과 같은 탐색 전략 및 이에 의하여 검색된

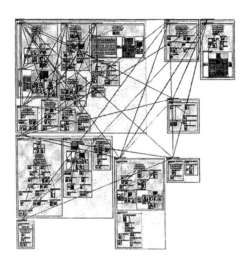

<그림 8-18> 온톨로지 장치의 출력 예

서지 정보, 나아가 독후의 소견과 감상 등을 기록한다. 이러한 비정형 문자열은 RCT의 데이터베이스에 축적되고 서지 암묵지 데이터베이스로서 관리된다.

세계의 이용자는 우선 서지 암묵지 데이터베이스를 검색하여 자신이 선호하는 것을 알고 이에 대하여 새로이 자신의 의견을 추가한다. 이리하여 서지 암묵지 데이터베이스는 다양한 이용자의 서지 암묵지를 축적하며 성장해간다. 결국 서지 암묵지 데이터베이스는 「형식지」로 변환되고 「지식 베이스(K-Space)」로 구축하기 위하여 중복된 서지 암묵지를 분류하고 정리하게 된다. 그리고 「지식 베이스」는 마치 자율적인 K-Agent와 같이 콜러보레이션과 자기조직화에 의해 증식해나간다.

맺음말

　분류는 지식의 결정이며 분류화의 지적 과정에는 온톨로지의 「안다」는 것은 곧 「나눈다」는 것이라는 인류의 지식 획득과 지식표현의 역사가 새겨져 있다. 온톨로지 알고리즘(개념의 시방서)은 기록, 정보, 지식의 세계를 가로지르는 원리이다. 본서에서는 세 가지의 온톨로지에 대하여 논하였다. 여기에서 다시 한 번 요약해두고자 한다.

　① 철학적 온톨로지　　원점이 되는 「존재론」과 「인식론」으로부터
　　　　　　　　　　　　의 계보
　② 사전적 온톨로지　　자연 언어 처리의 개념 사전이나 시맨틱 웹
　　　　　　　　　　　　의 온톨로지 기능
　③ 정보학적 온톨로지　본서의 온톨로지 알고리즘

　그런데 12세기 이후 서구 각지에서 창설된 대학은 아리스토텔레스 이래 「리버럴 아츠」를 기반으로 교과 과정을 정하였다. 즉, 「문법학」, 「수사학」, 「논리학」이라는 세 기본 학과에 추가하여 「산술」, 「기하학」, 「천문학」, 「음악」으로 구성되는 「자유 7학과」(리버럴 아츠)이다. 이 자유란 자유인을 뜻하며 자유인에게 필요불가결한 학문을 의미한다. 당시 기술이나 공학은 리버럴 아츠에 포함되지 않는 노예의 기법으로 간주되고 있었다. 이는 분명

온톨로지가 없었기 때문일 것이다. 노예에게 온톨로지를 생각할 우아한 시간은 없었다.

21세기는 유비쿼터스 정보화 사회라고 불린다. 우리가 위구심을 품는 것은 허용량을 넘어 폭발할 듯한 정보 공간 속에서 사람들이 노예처럼 주야로 일이나 놀이에 쫓겨 온톨로지를 잊어버리는 것이다.

학문을 배우는 리터러시라는 말은 그 어원이 기록(기록물)에 있으며 이것과 대화할 수 있는 능력을 뜻한다. 그러나 원래 학문은 서로 간의 대화에 의하여 이루어지는 것이었다. 지식도 그 대화에서 획득되었다. 그러나 이것을 기록할 수 있게 됨에 따라 인간과 기록물 간의 대화가 학문인 것처럼 착각을 가져오고 지식도 기록물에서 획득하는 것이 더 우위에 있는 것처럼 오해받게 되었다.

지식의 계승은 기록물에 의존하게 된다. 이렇게 되면 인간을 지식화(개념 형성과 분류)하는 온톨로지 알고리즘보다 기록물이라는 외재화된 기억 장치와 그 문자나 문법과 같은 기술적 제약이 계승된 내용 자체에 영향을 주기 시작하였다. 생각하기 위한 지식보다 기록물을 획득하는 것, 그것이 학문이라고 믿게 된다. 온톨로지 알고리즘을 잊고 기록물의 정보검색에만 주목하게 되는 것이다.

IT 시대에서의 진정한 리터러시는 종래와 같은 정보 리터러시의 교육으로는 충분치 않으며 지식화 과정을 밝히는 인식·개념 형성과 논리체계화·분류라고 하는 온톨로지 알고리즘을 교육하는 것이다. 다양하고 새로운 학제적 분야의 탄생은 시대의 흐름을 보면 당연하다고 할 수 있으나 어떠한 학제적인 시스템 과학이더라도 그 구성 요소로서 온톨로지 알고리즘은 필요불가결하다. 무엇보다도 온톨로지 알고리즘 교육을 우선해야 한다. 온톨로지 알고리즘의 도입부는 전통적인 리버럴 아츠를 체계화하는 철학, 논리, 언어, 기호론, 수학, 역사, 분류학과 같은 기본 원리를 이해하는 것에서 시작한다. 온톨로지 알고리즘은 IT 기술을 구사하는 지식 공학이나 인지과학, 기록정보학, 그리고 다방면의 과학을 지탱하게 될 것이다.

마지막으로 본서는 교과서를 목적으로 집필하였지만 충분히 세부적인 내용까지 이르지 못한 것을 사죄하면서, 坂本賢三 씨, 沢田允茂 씨, 戸田正直 씨, 松岡正剛 씨, 細野公男 씨, 上田修一 씨, 西岡文彦 씨, 長尾真 씨, M. Buckland, R. Walters 등 여러 위대한 선구자의 저작과 이야기를 인용할 수 있었던 것에 대하여 다시 한 번 깊은 감사를 드리고 싶다.

참고문헌

〔岡谷 2003〕岡谷大, 尾関周二, 『ターミノロジー学の理論と応用−情報学・工学・図書館学−』, 2003, 東京大学出版会.

〔高辻 1985〕高辻正基, 『記号とは何か ブルーバックス』, 講談社, 1985.

〔谷口 1992〕谷口祥一, 「80年代における情報検索モデル研究の展開: 文献レビュー」, *Library and Information Science*, No.13, pp.59-76, 1992.

〔谷口 1995〕谷口高士, 「音楽作品の感情価測定尺度の作成および多面的感情状態尺度との関連の検討」, 『心理学研究』, 65(6), pp.463-470, 1995.

〔菅井 1988〕菅井勝男, 『認知・学習理論』, 宇都宮敏男 監修, 教育情報科学 教育とシステム, 第一法規, 1988.

〔広瀬 1994〕広瀬健, 『論理 現代応用数学の基礎』, 日本評論社, 1994.

〔宮田 2001a〕宮田聡子, 小林久恵, 桑田てるみ, 「図書館空間におけるナレッジ マネジメントシステム: 読書感検索システムの構築」, 『情報メディア学会第2回研究会発表資料』, pp.31-32, 2001.

〔宮田 2001b〕宮田聡子, 小林久恵, 桑田てるみ, 斉藤 孝, 「読書感検索システムの設計と開発: 暗黙知を対象にする利用者インタフェースの研究」, 『第38回情報科学技術研究集会予稿集』, pp.49-54, 2001.

〔鬼界 2003〕鬼界彰夫, 『ウィトゲンシュタインはこう考えた』, 講談社, 2003.

〔近藤 1964〕近藤洋逸, 好並英司, 『論理学概論』, 岩波書店, 1964.

〔根本 1981〕根本彰, 「知識の組織化と百科事典」, 『図書館学会年報』, 27(1), pp.23-30, 1981.

〔根本 1992〕根本彰, 糸賀雅児 訳, Stevens, N. D. 著, 「情報史」, 『情報の科学と技術』, 42(3), pp.269-283, 1992.

〔吉永 1992〕吉永良正, 『ゲーデル・不完全性定理』, 講談社, 1992.

〔吉田 1990〕吉田民人，『自己組織性の情報科学』，新曜社，1990.

〔吉田 1993〕吉田正幸，『分類学からの出発 プラトンからコンピュータへ』，岩波書店，1993.

〔吉田 1994〕吉田右子，「図書館情報学とコミュニケーション科学－学問的系譜を中心とした関係性の考察－」，『図書館学会年報』，41(1)，pp.17-30，1994.

〔南出 1989〕南出康世，内田聖二 訳，『談話分析: 自然言語の社会言語学的分析』，研究社，1989.

〔大須賀 1986〕大須賀節雄，『知識ベース入門』，オーム社，1986.

〔大塚 1987〕大塚明朗，栗本慎一郎，他，『創発の暗黙知 マイケル ポラニー その哲学と科学』，青玄社，1987.

〔徳永 1999〕徳永健伸，『情報検索と言語処理』，言語と計算5，東京大学出版会，1999.

〔渡辺 1988〕渡辺豊英 訳，『データベース設計技術』，啓学出版，1988. (Furtado, A., Formal Techniques for Data Base Design, Springer-Verlag, 1986.)

〔藤川 1965〕藤川正信，「文献検索における意味の問題」，Library Science, No.3, pp.191-220, 1965.

〔藤川 1997〕藤川正信，「図書館情報学の中心課題: 記号，情報，人間」，*Journal of Library and Information Science*, Vol.10, pp.67-82, 1997.

〔椋木 2001〕椋木雅之，田中大典，池田克夫，「対義語対からなる特徴空間を用いた感性語による画像検索システム」，『情報処理学会論文集』，42(7)，pp.1914-1921, 2001.

〔椋田 1988〕椋田直子 訳，『コンピュータ言語進化論・思考増幅装置を求める知的冒険の旅』，アスキー，1988. (Levine, H. and Rheingold, H., *The Cognitive Connection*, New York, Prentice-Hall Press, 1987.)

〔瀬戸 1995〕瀬戸賢一，『メタファ思考』，講談社，1995.

〔木嶋 2001〕木嶋恭一，『ドラマ理論への招待－多主体複雑系モデルの新展開－』，オーム社，2001.

〔武者小路　1992〕 武者小路澄子，「情報メディアの分析－評価と展望－」，*Library and Information Science*, No.30, pp.21-41, 1992.

〔門馬 1999〕門馬敦仁，「XMLとメタデータ」，『情報の科学と技術』, 49(1), pp.16-22, 1999.

〔北 1999〕北克一,「電子図書館 新しい情報環境の確立を目指して」,『情報の科学と技術』, 49(6), pp.264-269, 1999.

〔北川 1997〕北川敏男,『情報科学的世界像』, ダイヤモンド社, 1997.

〔北沢 1968〕北沢方邦,『構造主義』, 講談社, 1968.

〔山本 1987〕山本信, 黒崎宏 編,『ウィトゲンシュタイン小事典』, 大修館書店, 1987.

〔山田 1963〕山田宗睦 編,『コミュニケーションの社会学』(現代社会学講座 Ⅳ), 有斐閣, 1963.

〔山田 1983〕山田純,『ことばを心理する人と言葉に何を託すか』, 有斐閣, 1983.

〔杉本 1996〕杉本重雄,「デジタル図書館に関する最近の話題－大学図書館の利用環境ディジタルコレクション　メタデータ」,『情報管理』, 39(7), pp.473-482, 1996.

〔杉本 1999〕杉本重雄,「メタデータについて－Dublin Coreを中心として－」,『情報の科学と技術』, 49(1), pp.3-10, 1999.

〔上野 1985〕上野晴樹,『知識工学入門』, オーム社, 1985.

〔上田 1992〕上田修一, 倉田敬子,『情報の発生と伝達』, 勁草書房, 1992.

〔西岡 1984〕西岡文彦,『図解発想法 知的ダイアグラムの技術』, JICC, 1984.

〔西岡 1991〕西岡文彦,『編集的発想 知とイメージをレイアウトする』, JICC, 1991.

〔石崎 1984〕石崎俊 訳, R. C. Shank 著,『考えるコンピュータ』, ダイヤモンド社, 1984.

〔石井 1989〕石井康雄,『ソフトウェア工学入門』, 日科技連出版社, 1989.

〔細野 1985〕細野公男,「ファジィ集合理論に基づく重み付き文献情報検索システム」, *Library and Information Science*, No.23, pp.137-14, 1985.

〔細野 1989〕細野公男,「システム志向から情報要求者志向へ」,『情報管理』, 32(6), pp.489-500, 1989.

〔細野 1991〕細野公男,「情報検索理論・技法の問題点とその解決の方向」, 情報処理学会研究報告,『情報基礎』, No.91-FI-24, 1991.

〔小谷 1982〕小谷高明 編,『記憶と知識－認知心理学講座3』, 東京大学出版会, 1982.

〔松岡 1990〕松岡正剛 監修, 編集工学研究所 編,『情報の歴史』, NTT出版, 1990.

〔松岡 1991〕松岡正剛,『情報と文化 多様性・同時性・選択性』, NTT出版, 1991.

〔松岡 2000〕松岡正剛,『知の編集術 発想・思考を生み出す技法』, 講談社, 2000.

〔松村 2003〕松村, 他,「影響の普及モデルに基づくオンラインコミュニティ参加者のプロファイリング」,『人工知能学会論文誌』, 18(4), pp.20-25, 2003.

〔神門 1992〕 神門典子,「情報メディアの構造: 伝達内容の分析と利用」, *Library and Information Science*, No.30, pp.1-19, 1992.

〔児玉 2000〕児玉文雄,「デジタル産業革命」, 立花隆 編,『新世紀デジタル講義』, 新潮社, 2000.

〔安西 1985〕安西祐一郎,『問題解決の心理』, 中央公論社, 1985.

〔岸田 1998〕岸田和明,『情報検索の理論と技術』, 勁草書房, 1998.

〔野中 1990〕野中郁次郎,『知識創造の経営』, 日本経済新聞社, 1990.

〔淵 1982〕淵一博 編,『認知科学への招待』, NHKブックス 446, 日本放送出版協会, 1982.

〔往住 1997〕往住彰文,『メディア理解と感性 感性の科学』, 東京, サイエンス社, 1997.

〔外山 2002〕外山滋比古,『エディターシップ』, 改訂新版, みすず書房, 2002.

〔友野 2001〕友野康子, 友野晶子 訳,『認知パターン オブジェクト技術のための問題解決フレームワーク』, ピアソン・エデュケーシュン, 2001.

(Gardner, K. M. et al. *Cognitive Patterns: Problem-Solving Frameworks for Object Technology*, Cambridge University Press, 1998.)

〔長尾 1983〕長尾真, 淵一博,『論理と意味』(岩波講座 情報科学7), 岩波書店, 1983.

〔長尾 1987〕長尾真,『言語工学』(人工知能シリーズ2), 昭晃堂, 1987.

〔長尾 1988〕長尾真,『知識と推論』(岩波講座ソフトウェア科学14), 岩波書店, 1988.

〔長尾 1992〕長尾真,『人工知能と人間』, 岩波書店, 1992.

〔斎藤 1992〕斎藤泰則,「情報探索と質問定式化－オンライン目録探索を中心に－」, *Library and Information Science*, No.30, pp.77-92, 1992.

〔田口 2330〕田口和裕,『ウェブログ入門』, 翔泳社, 2003.

〔前原 1967〕前原昭二,『記号論理入門』, 日本評論社, 1967.

〔井上 1985〕井上正明, 小林利宣,「日本におけるSD法による研究分野とその形容詞対尺度の構成の概観」,『教育心理学研究』, No.33, pp.253-260, 1985.

〔斉藤 1969〕斉藤孝,「電算機による情報の蓄積と検索システムの設計－ALISS Sの開発と応用－」, *Library and Information Science*, No.7, pp.191-194, 1969.

〔斉藤 1971〕斉藤孝,「自然言語の処理を目的とするIRシステムのプログラム的考察」, *Library and Information Science*, No.9, pp.439-458, 1971.

〔斉藤 1974〕斉藤孝,「時分割処理による対話型文献検索システムIDEAS/1」,『情報管理』, 15(11), pp.874-881, 1974.

〔斉藤 1984〕斉藤孝,「電子ドクメンテーションコンセプトの提案」,『ドクメンテーション研究』, 34(1), pp.15-23, 1984.

〔斉藤 1985a〕斉藤孝,「電子図書館システムとエレクトニックライブラリサイエンス」,『ライブラリアンズフォーラム』, 2(2), pp.39-50, 1985.

〔斉藤 1985b〕斉藤孝,「電子図書館システムの開発」, 日本科学技術情報センター 第22回情報科学技術研究集会発表論文集』, pp.17-23, 1985.

〔斉藤 1987a〕斉藤孝,『パソコンRDBMS比較言語論』, CQ出版社, 1987.

〔斉藤 1987b〕斉藤孝, 『電子情報管理システム入門』, HBJ出版局, 1987b.

〔斉藤 1989〕斉藤孝, 『わかりやすいハイパーテキスト』, 日本実業出版社, 1989.

〔斉藤 1992a〕斉藤孝, 『マルチメディアがわかる本』, HBJ出版局, 1992.

〔斉藤 1992b〕斉藤孝, 「光ディスク技術と光ディスクファイリング システムの展望」, 『情報の科学と技術』, 42(1), pp.9-16, 1992.

〔斉藤 1993a〕斉藤孝, 『電子出版』, 日本経済新聞社, 1993.

〔斉藤 1993b〕斉藤孝, 『UNIXの情報世界』, HBJ出版局, 1993.

〔斉藤 1995〕斉藤孝, 『LAN構築とインターネット活用』, エーアイ出版, 1995.

〔斉藤 1996〕斉藤孝, 「情報ビジュアライザと情報エージェント」, 『中央大学文学部紀要社会学科』, 6(165), pp.43-73, 1996.

〔斉藤 1997a〕斉藤孝, 「サーチャーのためのイントラネット」, 『情報の科学と技術』, 47(10), pp.495-501, 1997.

〔斉藤 1997b〕斉藤孝, 「デジタルライブラリの構築 (3)」, 『中央大学文学部紀要社会学科』, 7(169), pp.1-80, 1997.

〔斉藤 1997c〕斉藤孝, 『インターネットによるデジタルライブラリの構築』, 日本技連出版社, 1997.

〔斉藤 1998a〕斉藤孝, 「情報リンクの基本理念」, 『情報の科学と技術』, 48(12), pp.670-677, 1998.

〔斉藤 1998b〕斉藤孝, 「イントラネットによるデータベース構築技法」, 『情報管理』, 41(3), pp.190-199, 1998.

〔斉藤 1998c〕斉藤孝, 「情報プッシュ技術とSDI」, 『中央大学文学部紀要社会学科』, 8(174), pp.29-55, 1998.

〔斉藤 1998d〕斉藤孝, 『第2世代イントラネット―情報プルから情報プッシュへ』, エーアイ出版, 1998.

〔斉藤 1999a〕斉藤孝, 「情報プッシュ型デジタルライブラリのコンテンツ構築」, 『中央大学文学部紀要社会学科』, 9(179), pp.49-71, 1999.

〔斉藤 1999b〕斉藤孝, 『リレーショナルデータベース教科書』, SRC, 1999.

〔斉藤 2000〕斉藤孝,「メタデータの考察 ハイパーテキストからテキストへの還元機構」,『中央大学文学部紀要社会学科』, 10(183), pp.95-133, 2000.

〔斉藤 2001a〕斉藤孝,「失われた10年を取り戻す＜教育・訓練功労賞＞」,『情報の科学と技術』, 51(10), pp.537-538, 2001.

〔斉藤 2001b〕斉藤孝,「知識を写し取るナレッジライブラリ−KnowLibの設計と開発−」,『中央大学文学部紀要社会学科』, 11(188), pp.51-88, 2001.

〔斉藤 2001c〕斉藤孝,「ユビキタス社会と情報からの解放」, NTTデータ(社)日本コンピュータ・ユーティリティ協会, TWINET, No.77, pp.14-15, 2001.

〔斉藤 2001d〕斉藤孝,「ITと図書館」,『中央評論』, 5月号, pp.15-21, 2001.

〔斉藤 2002〕斉藤孝,「知識エージェントによる図書館利用者インタフェースの研究」,『中央大学社会学紀要』, 193号, pp.95-120, 2002.

〔斉藤 2003a〕斉藤孝,「記録情報学の再構築 Documentation Studiesから Knowledge Studiesへ」, 中央大学社会学紀要, 198号, pp.108-141, 2003.

〔斉藤 2003b〕斉藤孝,「書誌暗黙知による知識インタフェースの研究」,『あいみっく』, 24(1), pp.4-15, 2003.

〔佐藤 2000〕佐藤正美,『論理データベース論考 データ設計の方法: 数学の基礎とＴ字形ＥＲ手法』, ソフトリサーチセンター, 2000.

〔中谷 1997〕中谷広正,「自然語文による画像データベース検索」, 辻三郎 編,『感性の科学』, 東京, サイエンス社, 1997.

〔中山 1972〕中山正和,『発想の論理: 発想技法から情報論へ』, 中央公論社, 1972.

〔中森 2000〕中森義輝,『感性データ解析』, 森北出版, 2000.

〔中作 1963〕中作恭子, 芳賀純,「Semantic Differentialにおける童話中の主要人物の意味把握の変化」,『計量国語学』, Vol.25, pp.1-12, 1963.

〔中村 1998〕中村行雄,『情報検索理論の基礎』, 共立出版, 1998.

〔池上 1975〕池上嘉彦,『意味論: 意味構造の分析と記述』, 大修館書店, 1975.

〔池上 1984〕池上嘉彦,『記号論の招待』, 岩波書店, 1984.

〔織田 1989〕織田守矢,『概念形成と平価』, コロナ社, 1989.

〔真鍋 1992〕真鍋浩二, 松原行宏, 長野三生,「感性工学エキスパートシステムにおけるイメージ合成手法の提案」,『ヒューマン・インタフュース・シンポジウム論文集』, Vol.8, pp.305-310, 1992.

〔津田 1990〕津田良成 編,『図書館・情報学概論』, 勁草書房, 1990.

〔川本 1982〕川本茂雄 編,『言語学から記号論へ』, 勁草書房, 1982.

〔川喜田 1969〕川喜田二郎,『発想法創造性開発のために』, 中央公論社, 1969.

〔清野 2002〕清野正樹, 他,「セマンテックWebとオントロジ記述言語」, *IPSJ Magazine*, 43(7), pp.727-733, 2002.

〔草薙 1985〕草薙裕,『自然言語とコンピュータ言語』, 講談社, 1985.

〔村上 1994〕村上篤太郎,「大学図書館における電子図書館への対応」,『情報の科学と技術』, 44(12), pp.672-678, 1994.

〔村上 2001〕村上泰子,「図書館とメタデータ: 米国議会図書館の戦略を中心に」,『情報の科学と技術』, 51(8), pp.402-408, 2001.

〔村主 1994〕村主朋英,「情報史のための枠組みと方法論」, *Library and Information Science*, No.32, pp.43-64, 1994.

〔萩野 2002〕萩野達也, 他,「セマンテックWebとは」, IPSJ Magazine, 43(7), pp.709-717, 2002.

〔沢田 1970〕沢田允茂, 1970,『現代論理学入門』, 岩波新書 452, 岩波書店.

〔坂本 1982〕坂本賢三,『'分ける'こと'わかる'こと 新しい認識論と分類学』, 講談社, 1982.

〔片岡 1988〕片岡雅憲,『ソフトウェア モデリング ソフトウェア再利用のための設計パラダイム』, 日科技連出版社, 1988.

〔下嶋 1998〕下嶋篤,「チャンネル理論でなにができるか」,『日本ファジィ学会誌』, 10(5), pp.775-784, 1998.

〔戸田 1984〕戸田正直,『認知とは何か: 認知心理学講座 1』, 東京大学出版会, 1984.

〔戸田 1986〕戸田正直, 阿部純一, 他,『認知科学入門: '知'の構造へのアプローチ』, サイエンス社, 1986.

〔丸山 1986〕丸山昭二郎, 岡田靖, 渋谷嘉彦, 『主題組織法概論』, 紀伊国屋書店, 1986.

〔横井 1990〕横井俊夫, 『日本語の情報化』, 共立出版, 1990.

〔黒川 1988〕黒川利明 監修, 東条敏 著, 『自然言語処理入門』, 近代科学社, 1988.

〔Alavi 2001〕Alavi, M. and Leidner, D. E., "Knowledge management and knowledge management system: conceptual foundations and research issues." *MIS Quarterly*, 25(1), pp.107-136, 2001.

〔Anderson 1980〕Anderson, J. R., *Cognitive Psychology and Its Implication*. Freeman, 1980. (豊田達彦, 他訳, 『認知心理学概論』, 誠信書房, 1982.)

〔Arms 2000〕Arms, W. Y., *Digital Libraries*. Cambridge, The MIT Press, 2000.

〔Atchison 1987〕Atchison, J. and Gilchrist, A., *Thesaurus Construction*. London, Aslib, 1987. (内藤衛亮 訳, 『シソーラス構築法』, 丸善, 1989.)

〔Ausubel 1968〕Ausubel, D. P., *Educational Psychology: A Cognitive View*, New York, Holt, Rinehart and Winston, 1968.

〔Barrett 1989〕Barrett, E. ed., *The Society of Text: Hypertext, Hypermedia and Social Construction of Information*, The MIT Press, 1989.

〔Belkin 1978〕Belkin, N. J., "Information Concepts for information science." *Journal of Documentation*, 34, pp.55-85, 1978.

〔Belkin 1982〕Belkin, N. J., "ASK for information retrieval: part l. background and theory." *Journal of Documentation*, 38(2), pp.61-71, 1982.

〔Belkin 1987〕Belkin, N. J. and Croft, W. B., "Retrieval techniques." *Annual Review of Information Science and Technology*, Vol.22, pp.109-144, 1987.

〔Belkin 1990〕Belkin, N. J., "The cognitive viewpoint in information science." *Journal of Information Science*, 16(1), pp.11-16, 1990.

〔Berlinski 2000〕Berlinski, D., *The Advent of the Algorithm: The Idea That Rules the World*. New York, Harcourt, 2000. (林大 訳, 『史上最大の発明

アルゴリズム: 現代社会を造りあげた基本原理』, 早川書房, 2001.)

〔Berners-Lee 1994〕 Berners-Lee, T. et al., "The World-Wide Web." *Comm. of the ACM*, 37(8), pp.76-82, 1994.

〔Blackler 1995〕 Blackler, F., "Knowledge, knowledge work and organization: an overview and interpretation." *Organizational Studies*, 16(6), pp.1021-1046, 1995.

〔Bolter 1991〕 Bolter, J. D., *Writing Space: The Computer, Hypertext and the History of Writing*. New York, Lawrence Erlbaum Associates Inc, 1991. (黒崎政男, 他訳, 『ライティング スペース』, 産業図書, 1994.)

〔Bookstein 1985〕 Bookstein, A., "Probability and fuzzy-set application to information retrieval." *Annual Review of Information Science and Technology*, Vol.20, pp.117-151, 1985.

〔Borko 1963〕 Borko, H. and Bernick, M., "Automatic document classification." *Journal of the Association for Computing Machinery*, 10(1), pp.151-162, 1963.

〔Borko 1978〕 Borko, H. and Bernier, Ch. L., *Indexing Concepts and Methods*. New York, Academic Press, 1978.

〔Bradford 1934〕 Bradford, S. C., "Sources of information on subjects." Engineering, 137, pp.85-86, 1934.

〔Brookes 1975〕 Brookes, B. C., "The fundamental equation of information science." In *Research on the Theoretical Basis of Information*, Moscow, International Federation for Documentation, 1975.

〔Brookes 1980〕 Brookes, B. C., "The foundations of information science: Part 1 Philosophical aspects." *Journal of Information Science*, 2, pp.125-133, 1980.

〔Buchanan 1971〕 Buchanan, B. G. and Lederberg, J., "The heuristic DENDRAL program for explaining empirical data." *Proc. IFIP 71 Cog.*, IFIP, 1971.

〔Buckland 1991a〕 Buckland, M. K., "Information as thing." *Journal of the*

American Society of Information Science, 42(5), pp.351-360, 1991.

[Buckland 1991b] Buckland, M. K., *Information and Information Systems*. New York, Praeger, 1991.

[Buckland 1994] Buckland, M. K., *Redesigning Library Services: A Manifesto*, 1994. (高山正也, 桂啓壮 訳, 『図書館サービス再構築』, 勁草書房, 1994.)

[Buckland 1995] Buckland, M. K., "Documentation, information science, and library science in the USA." *Information Processing and Management*, 32(1), pp.63-76, 1995.

[Buckland 1997] Buckland, M. K., "What is a 'document'?" *Journal of the American Society for Information Science*, 48(9), pp.804-809, 1997.

[Buckland 1999] Buckland, M. K., "The landscape of Information science: The American Society for Information Science at 62." *Journal of the American Society for Information Science*, 50(11), pp.970-974, 1999.

[Budd 2001] Budd, J. M., *Knowledge and Knowing in Library and Information Science: A Philosophical Framework*. Boston, Scarecrow Press, 2001.

[Bush 1945] Bush, V., "As we may think."(1945) in Nyce, J. M. and Kahn, P. *From Memex to Hypertext: Vannevar Bush and the Mind's Machine*. New York, Academic Press, 1991.

[Campbell 1989] Campbell, J., *The Improbable Machine What the Upheavals in Artificial Intelligence Research Reveal about How the Mind Really Works*. New York, Simon and Schuster, 1989. (中島健 訳, 『柔らかい機械』, 青土社, 1990.)

[Chandrasekaran 1988] Chandrasekaran, B., "From numbers to symbols to knowledge structure: Artificial intelligence perspectives on the classification task." *IEEE Transactions on Systems, Man and Cybernetics*, 18(3), pp.416-423, 1988.

[Chomsky 1965] Chomsky, N., *Aspects of the Theory of Syntax*. The MIT Press, 1965.

[Cleverdon 1974] Cleverdon, C. W., "User evaluation of information retrieval systems." *Journal of Documentation*, 39(2), pp.170-179, 1974.

[Compton 1990] Compton, P. and Jansen, R., "A philosophical basis for knowledge acquisition." *Knowledge Acquisition*, 2(3), pp.241-257, 1990.

[Cooke 1994] Cooke, N. J., "Varieties of knowledge elicitation techniques." *International Journal of Human-computer Studies*, 41, pp.801-849, 1994.

[Date 1986] Date, C. J., *A Guide to the SQL Standard*. New York, Addison-Wesley, 1986. (芝野耕司 監訳, 岸本令子 訳, 『標準SQL アジソン ウェスレイ トッパン』, 1988.)

[Davenport 1990] Davenport, E. and Cronin, B., "Hypertext and the conduct of science." *Journal of Documentation*, 46, pp.175-192, 1990.

[Davenport 1998] Davenport, T. H and Prusak, L., *Working Knowledge: How Organizations Manage What They Know*. Boston, Harvard Business School Press, 1998.

[Davis 1986] Davis, P. J. & Hersh, R., *Descartes' Dream*. Harcourt Brace Jovanovich, 1986. (椋田直子 訳, 『デカルトの夢』, アスキー, 1988.)

[Day 2001] Day, R. E., *The Modern Invention of Information: Discours, History, and Power*. Illinois, Southern Illinois University Press, 2001.

[Debons 1980] Debons, A., "Foundation of information science." In Harbo, H. ed. *Theory and Application of Information Research*. London, Mansell, 1980.

[Doyle 1961] Doyle, L. B. "Semantic road maps for literature searchers." *Journal of the ACM*, 8, pp.553-578, 1961.

[Dretske 1981] Dretske, F. I., *Knowledge and the Flow of Information*. Cambridge, The MIT Press, 1981.

[Ellis 1989] Ellis, D., "A behavioral approach to information retrieval system design." *Journal of Documentation*, 45(3), pp.171-212, 1989.

[Fairthorne 1961] Fairthorne, R. A. *Towards Information Retrieval*. London, Butterworths, 1961.

[Fairthorne 1985] Fairthorne, R. A., "Temporal structure in bibliographical classification." *Theory of Subject Analysis: A Sourcebook*. Libraries Unlimited, 1985.

[Farkas-Corn 1990] Farkas-Corn, I., *From Documentation to Information Service*. New York, Greenwood, 1990.

[Farradane 1976] Farradane, J., "Towards a true information science." *Information Scientist*, 10, pp.91-101, 1976.

[Farrow 1991] Farrow, John F. A., "A cognitive process model of document indexing." *Journal of Documentation*, 47(2), pp.149-166, 1991.

[Fensel 2001] Fensel, D. et al., "An ontology infrastructure for semantic web." *IEEE Intelligent Systems*, March/April, pp.38-45, 2001.

[Ford 1993] Ford, K. M. and Bradshaw, J. M., *Knowledge Acquisition as Modeling*. New York, John Wiley & Sons, 1993.

[Foskett 1972] Foskett, D. J., "Facet analysis." *Encyclopedia of library and Information Science*, Vol.8, pp.338-346, 1972.

[Garfield 1979] Garfield, E., *Citation Indexing: Its Theory and Application in Science, Technology, and Humanities*. New York, John Wiley & Sons, 1979.

[Genescreth 1994] Genesereth, M. R. and Lytinen, S. L., "Software agents." *Communication of ACM*, 37(7), pp.48-53, 1994.

[Gordon 1984] Gordon, J. and Shortliffe, E. H., *Rule-based Expert Systems*. New York, Addison-Wesley, 1984.

[Gruber 1993] Gruber, T. R., "A translation approach to portable ontology specifications." *Knowledge Acquisition*, 5(2), pp.199-200, 1993.

[Guarino 1995] Guarino, N., "Formal ontology, conceptual analysis and knowledge representation." *International Journal of Human-computer Studies*, 42, pp.625-640, 1995.

[Horn 1989] Horn, R. E., *Mapping Hypertext, Information Mapping*. Inc, 1989. (松原光治 監訳, 『ハイパーテキスト情報整理学』, 日経BP社, 1991.)

[Ingwersen 1986] Ingwersen, P. and Pejtersen, M. A., "User requirementsempirical research and information systems design." In: Ingwersen et al. ed. *Information Technology and Information Use*. London, Taylor Graham, 1986.

[Ingwersen 1988] Ingwersen, P., "Towards a new research paradigm in information retrival." In: Wormell, I. ed. *Knowledge Engineering*. London, Taylor Graham, 1988.

[Ingwersen 1993] Ingwersen, P., *Information Retrieval Interaction*. London, Taylor Graham Publishing, 1993. (藤原鎮男 監訳, 細野公男, 他訳, 『情報検索研究－認知的アプローチ』, トッパン, 1995.)

[Kay 1987] Kay, A., "Personal dynamic media." *IEEE Computer*, 10(3), pp.31-43, 1987.

[Kent 1958] Kent, A. and Perry, J. W., *Tools for Machine Literature Searching*. New York, Inter-science, 1958.

[Kintsch 1973] Kintsch, W. and Keenan, J., "Reading rate and retention as a function of the number of propositions in the base structure of sentences." *Cognitive Psychology*, 5, pp.257-274, 1973.

[Kling 1988] Kling, R., Rosenbaum, H. and Hert, C. A.(Co-editors), "Special issue on social informatics." *Journal of the American Society for Information Science*, 49(12), pp.1010-1022, 1988.

[Kling 1988] Kling, Rob and Roberta Lamb, "Analyzing visions of electronic publishing and digital libraries." in Scholarly Publishing, 1988: In G. B. Newby and R. M. Peek(eds.), *The Electronic Frontier*. Cambridge, The MIT Press, 1996.

[Kling 1997a] Kling, Rob and Lisa Covi, *Digital Libraries and the Practices of Scholarly Communication*. Working Paper 97-03, Center for the Study of Social Informatics, Indiana University, Bloomington, 1997.

[Kling 1997b] Kling, Rob and Elliot, Margaret, "Digital library design for organizational usability." *Journal of the American Society for Information Science*, 48(9), pp.1023-1035, 1997.

〔Kochen 1983〕 Kochen, M., "Library science and information science." In Machlup, F. and Mansfield, U. eds. *The Study of Information*. New York, Wiley & Sons, 1983.

〔Lancaster 1978〕 Lancaster, F. W., *Toward Paperless Information Systems*. New York, Academic Press, 1978.

〔Lancaster 1986〕 Lancaster, F. W., *Vocabulary Control for Information Retrieval*. Arlington, Information Resource Press, 1986.

〔Lawrence 1999〕 Lawrence, S. and Giles, C. L., "Digital libraries and autonomous citation indexing." *IEEE Computer*, 32(6), pp.67-71, 1999.

〔Luhn 1957〕 Luhn, H. P., "A statistical approach to mechanised encoding and searching of library information." *IBM Journal of Research and Development*, 1, pp.309-317, 1957.

〔Machlup 1983〕 Machlup, F. and Mansfield, U., *The Study of Information*. New York, Wiley & Sons, 1983.

〔Maron 1960〕 Maron, M. E. and Kuhns, J. L., "On relevance, probabilistic indexing and information retrieval." JACM, 7(3), pp.102-113, 1960.

〔Meadows 1987〕 Meadows, A. J.(ed.), *Origins of Information Science*. London, Taylor Graham, 1987.

〔Mean 2001〕 Mean, E. and Illarramendi, A., *Ontology-based Query Processing for Global Information Systems*. London, Kluwer Academic Publishers, 2001.

〔Miller 1995〕 Miller, G. A., "WordNet: A lexical database for English." *Comm. of the ACM*, 38(11), pp.39-41, 1995.

〔Minsky 1985〕 Minsky, M., *The Society of Mind*, 1985. (安西祐一郎 訳, 『心の社会』, 産業図書, 1991.)

〔Nelson 1981〕 Nelson, T. H., *Literary Machines*, Swathmore, 1981. (ハイパーテクノロジー・コミュケーションズ 訳, 『リテラシーマシン』, アスキー, 1994.)

〔Newell 1976〕 Newell, A. and Simon, H. A., "Computer science as empirical inquiry: symbols and search." *Comm. of the Association for Computer Machinery*, 19(5), pp.113-126, 1976.

[Nielsen 1990] Nielsen, J., *HyperText & HyperMedia*. Academic Press, 1990. (斉藤孝 訳, 『HyperText & HyperMedia』, HBJ出版局, 1991.)

[Nielsen 1994] Nielsen, J., *Multimedia and Hypertext: The Internet and Beyond*. Sunsoft, Academic Press, 1994.

[Novak 1983] Novak, J. D. and Gowin, D. B., "The use of concept mapping and knowledge mapping with junior high school science students." *Science Education*, 67, pp.625-645, 1983.

[Nyce 1991] Nyce, J. M. and Kahn, P., *From Memex to Hypertext: Vannevar Bush and the Minds Machine*. New York, Academic Press, 1991.

[Olson 1999] Olson, H. A., "The future of knowledge organization." *Knowledge Organization*, 26(2), pp.63-64, 1999.

[Otlet 1990] Otlet, P., *International Organization and Dissemination of Knowledge: Selected Essays*. (FID 684) Amsterdam, Elsevier, 1990.

[Popper 1973] Popper, K., *Objective Knowledge: An Evolutionary Approach*. Oxford, Charendon Press.

[Rangannathan 1967] Rangannathan, S. R., *Prolegomena to Library Classification*. Madras, Asian Publishing House, 1967.

[Rayward 1994] Rayward, W. Boyd, "Vision of Xanadu: Paul Otlet(1868-1944) and hypertext." *JASIS*, 45, pp.235-250, 1994.

[Rayward 1999] Rayward, W. Boyd, "The origins of Information Science and International Institute of Bibliography Federation for Information and Documentation(FID)." *Journal of the American Society for Information Science*, 48, pp.289-300, 1999.

[Salton 1988] Salton, G., *Automatic Text Processing: The Transformation, Analysis, and Retrieval of Information by Computer*. New York, Addison-Wesley, 1988.

[Saracevic 1975] Saracevic, T., "Relevance: a review of and a framework for the thinking on the notion in information science." *JASIS*, 26(6), pp.321-343, 1975.

[Saracevic 1988] Saracevic, T., "A Study of information seeking and retrieving." *JASIS*, 39, pp.161-216, 1988.

[Saracevic 1992] Saracevic, T., "Information science: origin, evolution, and relations." In Cronin, B. and Vakkari, P. eds. *Conceptions of Library and Information Science. Proc. Of the First CoLIS Conf.*, London, Taylor Graham, 1992.

[Sawyer 2000] Sawyer, S. and Rosenbaum, H., "Social informatics in the information science: Current activities and emerging directions." *Informing Science*, 3(2), 2000.

[Schank 1975] Schank, R. C., *Conceputal Information Processing*. North-Holland, 1975.

[Shannon 1949] Shannon, C. E. and Weaver, W., *The Mathematical Theory of Communication*. Urbana, University of Illinois Press, 1949.

[Shapiro 1995] Shapiro, F. R., "Coinage of the term information science." *Journal of the American Society for Information Science*, 46(5), pp.384-385, 1995.

[Shera 1972] Shera, J. H., *The Foundation of Education for Librarianship*. New York, Wiley, 1972.

[Shimojima 2001] Shimojima, A. et al., "Informational and dialogue-coordinating functions of prosodic features of Japanese." *Speech Communication*, 36(1-2), pp.113-132, 2001.

[Sparck 1973] Sparck, J. K. and Key, M., *Linguistics and Information Science*. London, Academic Press, 1973.

[Stevens 1970] Stevens, M. E., *Automatic Indexing: a State of the Art Report*. Washington D.C., National Bureau of Standards(NBS Monographs, 91), 1970.

[Sutton 1999] Sutton, A. S., "Conceptual design and development of a metadata framework for educational resources on the internet." *Journal of the American Society for Information Science*, 50(13), pp.1182-1192, 1999.

〔Taube 1995〕 Taube, M., "Storage and retrieval of information by means of the association ideas." *American Documentation*, 6(1), pp.1-18, 1995.

〔Tiwana 2000〕 Tiwana, A., *The Knowledge Management Toolkit: Practical Techniques for Building a Knowledge Management System*. New Jersey, Prentice Hall, 2000.

〔Vickery 1975〕 Vickery, B. C., *Classification and Indexing in Science*. London, Butterworths, 1975.

〔Vickery 1987a〕 Vickery, B, C., *Faceted Classification*. London, Aslib, 1987.

〔Vickery 1987b〕 Vickery, B. C. and Vickery, A., *Information Science: In Theory and Practice*. London, Butterworth & Co., 1987. (津田良成, 上田修一監訳, 『情報学の論理と実際』, 勁草書房, 1995.)

〔Walters 1997〕 Walters, R. F. and Blake, R. J., "Distance learning at University of California: Barriers, successes, and challenges." Proc.28 ICDE World Conf., Pennsylvania State University, 1997.

〔Walters 1999〕 Walters, R. F. and Douglas, R. J., "Interactive tools and language acquisition." *Multilingual Computing*, 11(1), pp.35-39, 1999.

〔Weinberg 1986〕 Weinberg, "Why Indexing fails the researcher." The Indexer, 16(1), pp.84-113, 1986.

〔Wells 1938〕 Wells, H. G., *World Brain*. London, Methuen, 1938. (浜野輝訳, 『世界の頭脳: 人間回復をめざす教育思想』, 思索社, 1987.)

〔Wersig 1975〕 Wersig, G. and Neveling, V., "The phenomena of interest to information science." *Information Scientist*, 9, pp.127-140, 1975.

〔Wiener 1961〕 Wiener, N., *Cybernetics: Or Control and Communication in the Animal and Machine*. 2nd ed. Cambridge, The MIT Press, 1961.

〔Winograd 1983〕 Winograd, T., *Language as a Cognitive Process*. Addison-Wesley, 1983.

〔Yeh 2000〕 Yeh, J. and Chang, J., "Content and knowledge management in digital library and museum." *Journal of the American Society for Information Science*, 51(4), pp.371-379, 2000.

[Zipf 1932] Zipf, G. K., *Selected Studies of the Principle of Relative Frequencies of Language*. Cambridge, Mass, 1932.

찾아보기

지은이

斉藤孝(Takashi Saito)

<약력>
1942년 출생
1969년　　　　慶応義塾大学 大学院(図書館·情報学 専攻) 수료
1969-1984년　　(株) 東芝 電子計算機시스템 技術部
1984-1990년　　愛知淑徳大学 교수
1990-현재　　　中央大学 교수
2002년　　　　캘리포니아대학 데이비스교 객원교수

<전공>
기록정보학, 전자도서관, 사회정보학

<저서>
『わかりやすいハイパーテキスト入門』(日本実業出版社)
『電子出版』(日本経済新聞社)
『インターネットによるデジタル ライブラリの構築』(日科技連出版社)
『コンピュータ リテラシー入門』(朝倉書店)
『UNIX情報の世界』(HBJ出版局)
『リレーショナルデータベース教科書』(SRC) 외

옮긴이

최석두(崔錫斗)　한성대학교 지식정보학부 교수
한상길(韓相吉)　대림대학교 문헌정보과 교수

한울아카데미 **1036**

온톨로지 알고리즘 **I**

기록 · 정보 · 지식의 세계

지은이 ┃ 斉藤孝
옮긴이 ┃ 최석두 · 한상길
펴낸이 ┃ 김종수
펴낸곳 ┃ 한울엠플러스(주)

초판 1쇄 발행 ┃ 2008년 6월 30일
초판 2쇄 발행 ┃ 2020년 1월 25일

주소 ┃ 10881 경기도 파주시 광인사길 153 한울시소빌딩 3층
전화 ┃ 031-955-0655
팩스 ┃ 031-955-0656
홈페이지 ┃ www.hanulmplus.kr
등록번호 ┃ 제406-2015-000143호

Printed in Korea.
ISBN 978-89-460-6854-4 93020

* 책값은 겉표지에 표시되어 있습니다.